CARLO DEGLI ESPOSTI - GIANCARLO ROVERSI
ORIANO TASSINARI CLÒ - FABIA ZANASI

BOLOGNA

alma mater studiorum

Verlag
ITALCARDS
bologna Italien

Alleinvertrieb für Bologna und die Provinz
Via S. Pio V, 19/A - ☎ 550487 - 40131 BOLOGNA

Layout:
Federico Frassinetti

Fotos:
Ascanio Ascani / Forlì

Andere Fotos:
CNB & C. - Cabicar - Publi Aer Foto / Milano - Gebrüder Gnani - Federico Frassinetti - Bruno Marino - Ezio Quiresi / Cremona - Mario Rebeschini - Studio Image Line

edizioni **ITALCARDS** 1993

Bearbeitung der Neuauflage:
Unter Leitung von Oriano Tassinari Clò

Deutsche Neufassung:
Stefan Tappert

Auf Seite 1: Das «Sigillum magnum Studii generalis bononiensis», von Augusto Sezanne aus Anlaß der Achthundertjahrfeier der Universität (1988) gezeichnet. Das Siegel trägt den berühmten Spruch LEGUM BONONIA MATER - PETRUS UBIQUE PATER, ein Kreuz und das Stadtwappen. Das gotische Polyptychon zeigt heilige Figuren und Szenen: Madonna mit Kind und die hl.Katherina von Alexandria (Wappen der «Universitas Iuristarum»); die Heiligen Cosma und Damiano («Universitas Artistarum»); Madonna mit Kind und vier knienden Doktoren («Collegium Iuridicum Pontificium»); den Evangelisten Lukas («Collegium Medicum et Artisticum») und die Verkündigung («Collegium Iuridicum Civilis»).

Lage und urbanistische Entwicklung

Zwischen Norditalien und dem Ende der italienischen Halbinsel gelegen, ist Bologna das bedeutendste Verbindungsglied des nationalen Wegenetzes. Hier laufen die wichtigsten Straßen-, Eisenbahn- und Luftverbindungen zwischen Nord-, Mittel- und Süditalien, sowie zwischen der tyrrhenischen und der adriatischen Küste zusammen. Der Eisenbahnknotenpunkt Bologna ist der bedeutendste für die ganze Halbinsel und der Güterbahnhof Bologna-S.Donato, östlich der Stadt, ist einer der größten Europas.

Bologna, das größte wirtschaftliche und kulturelle Zentrum der Emilia-Romagna ist auch das Verwaltungszentrum der Region und dank seiner Lage von allen Orten der Umgebung einfach zu erreichen.

Bologna liegt am Fuße der ersten Ausläufer des Apennin und ist zum Süden hin von anmutigen Hügeln umgeben. Diese sind reich an Vegetation, die nur von Villen, Parks und alten Klöstern durchbrochen ist, und bieten einen wunderschönen Ausblick auf die Stadt und die Poebene bis zu den Voralpen von Verona und den Euganeischen Hügeln. Zur anderen Seite erstreckt sich eine fruchtbare und intensiv bewirtschaftete Ebene, die viele Ortschaften aufeinanderfolgen läßt. Die Stadt hat sich besonders nach Norden (mit den Bezirken Bolognina und Corticella) und in Ost-West-Richtung entlang der Via Emilia, der wichtigen Verkehrsader, ausgedehnt. Die neuen Wohnsiedlungen haben zur sogenannten «Ölteppich»-Verbreiterung des Stadtkerns beigetragen, begünstigt auch durch das Anwachsen von kleinen und mittleren, hoch spezialisierten Betrieben und dem Entstehen vieler Markt- und Handelszentren auf dem gesamten Stadtrandgürtel. Fast unberührt ist

1. Die Türme und Kampanile prägen die Silhouette von Bologna

1

2

dagegen das Hügelland geblieben, das eine eindrucksvolle Landschaft bildet und als «grüne Lunge» kostbar für die Stadt ist.

Der historische Stadtkern, einer der am besten erhaltenen in Europa, und in Italien gleich nach Venedig an zweiter Stelle stehend, ist von Ringstraßen umschlossen. Diese entsprechen dem letzten der alten Mauerringe, von dem Reste sowie zehn seiner ursprünglich zwölf Tore noch zu sehen sind.

Der noch ältere, aus einer römischen Siedlung stammende Stadtkern, von dem viele Überreste erhalten sind, und der sich vom 11. Jahrhundert an, nach einem Rückgang während des Frühmittelalters, allmählich ausdehnte, hat die Form eines Kreises. Seine wichtigsten Straßen sind strahlenförmig angeordnet und laufen an zwei Hauptpunkten zusammen, die den beiden ehemaligen Enden der innerstädtischen Strecke der Via Emilia entsprechen: Die Piazza Malpighi im Westen und die Piazza di porta Ravegnana (Tor von Ravenna) im Osten, von der die Due Torri (Zwei Türme) emporragen.

Das Straßengewebe der Stadt ist durch Reihen von langen, verschiedenartigen Säulengängen geprägt, die eines ihrer typischen Merkmale bilden und zugleich ein phantastisches Spiel von Halbschatten und Bildausschnitten hervorzaubern. Mit seinen 35 km öffentlichen Laubengängen, von hölzernen der mittelalterlichen Häuser zu strengen und spitzbogigen des 14. und 15. Jahrhunderts, von weitläufigen der Renaissance und der Barockzeit bis hin zu bescheidenen und engen der ärmsten Straßen, bietet Bologna eine faszinierende und in ihrer Art einzige Anthologie der Architektur, weshalb sie mit Recht als die eindrucksvollste Stadt der Welt bezeichnet werden kann.

Ein weiteres Merkmal des Stadtkerns ist der warme Farbton der Ziegel- und Backsteine seiner Bauwerke. Er verleiht Bologna seine unverkennbare rötliche Färbung.

3

1. Der Palazzo dei Drappieri (Palast der Stoffhändler) aus dem 15. Jahrhundert. 2. Das Grabmal von Odofredo sowie die Apsis und die Kampanile von S.Francesco im Hintergrund. 3. Eine besondere Perspektive: Der Asinelli-Turm überragt die Basilika S.Bartolomeo. 4. Die Piazza Maggiore vom Arengo-Turm aus gesehen.

4

In der historischen Innenstadt, wo einige Straßen bereits Fußgängerzonen oder auch verkehrsberuhigte Bereiche sind, befinden sich die wichtigsten diplomatischen und Handelsvertretungen, öffentliche Gebäude und kulturelle Einrichtungen (Universität, Museen, Bibliotheken usw.), große Paläste ehemaliger Adliger und die bedeutendsten Kirchen, all dies unter der Obhut einer Vielzahl zum Himmel emporstrebender mittelalterlicher Türme, die, in verschiedensten Formen bis heute erhalten, der Stadt das Attribut «türmereich» verliehen haben.

Das die innere Stadt umgebende Netz von Bauten und Straßen ist im Bezug auf die Stadtstruktur ebenfalls interessant: Selbst in den ärmsten Bezirken wurde die Bewahrung der Gebäude gewährleistet und durch eine Sanierung sowohl der Umwelt- als auch der Sozialsphäre eine urbanistische Wiedergewinnung von typischen und populären Stadtvierteln (S.Leonardo, Miramonte, S.Carlo und S.Caterina) erreicht.

Im Rahmen einer rationellen Dezentralisierung der Dienstleistungsunternehmen sind in den letzten Jahren einige wichtige wirtschaftliche und kulturelle Einrichtungen (ein ständiges Messegelände, der Handelspalast und die Börse, der Palast für Kunst und Kongresse, die städtische Gemäldegalerie für moderne Kunst, der Palast der Region, Sitz der Banca del Monte di Bologna e Ravenna, der SIP - der italienischen Telefongesellschaft - und der RAI - der nationalen italienischen Rundfunk- und Fernsehanstalt) am nördlichen Stadtrand erbaut worden. Sie bilden zusammen mit dem Messeglände mit seinen herrlichen, von Architekt Kenzo Tange entworfenen Türmen, den Schwerpunkt des modernen Bologna. Andere große Zentren, wie das Schlachthaus, der Viehmarkt, das Interporto (ein Zentrum für die Güterverteilung und Verzollung mit Eisen- und Autobahnanbindung) und ein Großhandelsmarkt (das Centergross), sind ebenfalls in der Peripherie der Stadt angesiedelt worden, während den Einwohnern in den Vorstadtbezirken multifunktionale Zentren zur Verfügung stehen.

Historischer Überblick

Schon im 9.Jahrhundert v.Chr. haben Völker, die vorwiegend Landwirtschaft und Viehzucht betrieben und auf das Schmelzen von Bronze spezialisiert waren, die günstige Lage des Gebiets von Bologna am Rande der auslaufenden Appenninkette erkannt und es als ihren Ort für einen Siedlungsbau gewählt. Dies wird durch zahlreiche Funde in der Umgebung von Bologna be-

1

1. Das Herz des historischen Zentrums zwischen S.Pietro und S.Petronio. Die Zwei Türme als Ausgangspunkt für das strahlenförmige Straßennetz der Stadt.

1

2

3

zeugt, wobei die Ortschaft Villanova di Castenaso als außergewöhnlich reichhaltiger Fundort der gleichnamigen Kultur ihren Namen gab.

Von der zweiten Hälfte des 6.Jahrhunderts v.Chr. an wurde die Siedlung dank der Etrusker zu einem Zentrum kommerzieller und strategischer Bedeutung. Die von ihnen gegründete Stadt *Felsina*, die von den alten *princeps Etruriae* ihren Namen erhielt, besaß ein eigenes Heiligtum auf einem nahegelegenen Hügel, der von Gräbern umgeben war. Im 4. Jahrhundert v.Chr. wurde sie von den Stämmen der Gallier besetzt, auf die der neue Name der Stadt «Bononia» zurückgeführt wird. Dieser Name, der vermutlich aus dem keltischen Etymon *bona* (= Bau) stammt, wurde auch von den Römern beibehalten, die 191 v.Chr. die Stadt eroberten. Zwei Jahre später siedelten sich dreitausend, von den Senatoren Lucius Valerius Flaccus, Mark Attilius Seranus und Lucius Valerius Tappo geführte Familien latinischer Kolonen in Bononia an. Nach der Einweihung der Via Emilia im Jahre 187 v.Chr. wurde Bononia zu einem Knotenpunkt des römischen Straßennetzes, nicht zuletzt wegen der Verbindung mit Arezzo durch die *Via Flaminia minor* und mit Aquileia durch die *Via Emilia altinate*. Im Jahre 88 v.Chr. zum Munizipium erklärt, besaß die Stadt einen quadratischen Grundriß mit einem gitterartigen Straßennetz von sechs *cardi* (Hauptstraßen in Nord-Süd-Richtung) und acht *decumani* (Hauptstraßen in Ost-West-Richtung), das bis heute erhalten ist. Sie besaß auch ein leistungsfähiges Abwassersystem und einen etwa 20 km langen Aquädukt, der das Wasser vom Apennin bis in die Stadt leitete und verteilte. Während der römischen Zeit wuchs die Bevölkerung von Bononia auf ungefähr 20.000 Einwohner an. Es wurden Tempel und riesige öffentliche Gebäude errichtet, darunter die Thermen, ein Theater (dessen imposante Überreste 1982 in der heutigen via Carbonesi zum Vorschein gebracht wurden) und höchstwahrscheinlich eine Arena, in der Nähe einer heutigen, den Heiligen Vitale und Agricola gewidmeten Kirche. Als Treffpunkt verschiedener Kulturen wurde die Stadt in einem Epigramm von Martial mit der Bezeichnung *«culta Bononia»* bedacht. Pomponius Mela zählte sie im 1.Jahrhundert n.Chr. zu den fünf reichsten Städten Italiens. Bononia wurde durch einen in der Regierungszeit des Kaisers Claudius ausgebrochenen Brand schwer beschädigt. Nero, der der Stadt wohlgesonnen war, ließ sie wieder aufbauen und stattete sie mit neuen und riesigen öffentlichen Gebäuden aus. Nach einer langen

1. Der hölzerne Säulengang des Palazzo Grassi (13.Jh.). 2. Der Säulengang des Palazzo Poggi (16.Jh.). 3. Der Palazzo Malvezzi Campeggi vom Säulengang von S.Giacomo (15.Jh.) aus gesehen. 4. Zwischen dem Palazzo Re Enzo und dem Palazzo del Podestà ragt der Arengo-Turm empor. 5. Die «rote» Stadt auf dem Hintergrund der grünen Hügel.

4

5

1

2

Periode des Niedergangs (Ende des 4. Jahrhunderts bezeichnete sie der hl. Ambrosius als «die Leiche einer halb zerstörten Stadt») blühte sie im 5. Jahrhundert, in der Zeit des Bischofs Petronius, der später der Schutzheilige der Stadt wurde, wieder auf. Ihm werden der Legende nach wichtige städtische Bauten sowie die Gründung des kirchlichen Gebäudekomplexes von St. Stephan zugeschrieben. Dieser ist durch die Stationen des Leidensweges Christi in Jerusalem inspiriert.

Nachdem sie für die Byzantiner zum Brückenkopf an der äußersten westlichen Grenze des Exarchats von Ravenna geworden war, wurde die Stadt - die von einem kleinen rechteckigen Mauerring umgeben, den größten Teil des verfallenden, ehemaligen römischen Stadtkerns außerhalb bleiben ließ - im Jahre 728 von Liutprand erobert und somit in das langobardische Reich eingegliedert. Zu dieser Zeit wurde der Komplex um die Basilika Santo Stefano wegen seiner symbolischen Bedeutung und des Vorhandenseins der sterblichen Überreste der ersten Bologneser Märtyrer zu einer der wichtigsten Andachtsstätten Norditaliens, an der auch Karl der Große im Jahre 786 halt machte.

Im 11. Jahrhundert war Bologna, das damals eine Periode von demographischem und wirtschaftlichem Wachstum erlebte, eine der ersten Städte, die sich freie kommunale Institutionen gab, indem sie 1164 in den Lombardischen Bund gegen Kaiser Friedrich Barbarossa eintrat. Zur gleichen Zeit - die Tradition setzt 1088 als Anfangsjahr fest - wurde das *Studium* lebendig. Es entstand die älteste der europäischen Universitäten, zu deren Ruhm berühmte Professoren der Rechte (die sogenannten «Glossatori») beitrugen, wie zum Beispiel Irnerio, Bulgaro, Martino, Rolandino de' Romanzi, Ugo, Iacopo, Azzone und Accursio. Diese Persönlichkeiten lockten starke Scharen von Jugendlichen aus allen Ecken Europas an: Die «citramontani» (diejenigen, die von diesseits der Berge kamen) aus der Lombardei, Toskana und Rom und die «ultramontani» (diejenigen, die von jenseits der Berge kamen) und zwar Franzosen, Spanier, Engländer, Burgunder, Pikarden, Studenten aus der Provence, aus dem Poitou, aus Tours und aus Le Mans, Normannen, Katalanen, Ungarn, Polen und Deutsche. Selbst Dante, Petrarca und Boccaccio besuchten die Bologneser Hochschule. Inzwischen hatte die Stadt, auch wegen ihrer Ausdehnung seit dem 12. Jahrhundert, einen neuen Mauerring erbaut, auch «Ring des Jahres eintausend» oder der

3

1. Das gotische Portal des Palazzo della Mercanzia mit einem Bogenrücken von Rubbiani. 2. Der Palazzo Bolognini (15. Jh.) bei S. Stefano. 3. Alte Häuser, von der Loggia der Kaufleute aus gesehen. 4. Die Via D'Azeglio beim Torre dell'Orologio (Uhrenturm).

4

1

2

3

«torresotti» (Türmchen) genannt. In der zweiten Hälfte des 13. Jahrhunderts wurde ein noch breiterer Mauerring begonnen, der den heutigen Ringstraßen entspricht und erst im folgenden Jahrhundert vollendet werden sollte. Dieser war notwendig geworden, um die neuen, außerhalb des ursprünglichen Ringes errichteten Häuser mit einzuschließen.

Das 13. Jahrhundert bedeutete für Bologna die Zeit seines höchsten Glanzes und seiner größten politischen, militärischen und wirtschaftlichen Macht: Dies nicht nur wegen der Anziehungskraft seiner Universität, sondern auch wegen des entscheidenden Sieges über das kaiserliche Heer in der Schlacht von Fossalta 1249, in der König Enzo, der Sohn Friedrich des Zweiten, gefangengenommen wurde. Trotz der Drohungen und Verheißungen seines Vaters dauerte seine komfortable aber unbeugsame Gefangenschaft in dem Palast, der später nach ihm benannt wurde, bis zu seinem Tode an. Das 13. Jahrhundert stellt aber auch eine Zeit großer sozialer und wirtschaftlicher Reformen dar, deren wichtigste das Gesetz vom Paradies war. Durch diese, 1256 inkraftgetretene Reform schaffte Bologna als erste Stadt in ganz Europa die Leibeigenschaft ab, indem die Sklaven mit öffentlichen Geldern freigekauft und in die Landwirtschaft aufgenommen wurden. Diese benötigte wegen des zunehmenden Wirtschaftswachstums, das durch den Zustrom ausländischer Studenten und dem daraus folgenden Reichtum bedingt war, dringend Arbeitskräfte: Ein Reichtum, der dazu beitrug, neue Gelegenheiten für den Handel und neue Produktionsformen zu schaffen, sowie die Landwirtschaft anzutreiben und große Vorräte an Lebensmitteln aller Art zur Verfügung zu stellen. Es war gerade in dieser Zeit, daß sich die Beinamen von Bologna als die «fette» und «gebildete» verbreiteten. Inzwischen war der Stadtkern durch einen dichten Wald von Türmen und Turmhäusern, die eines der typischen Merkmale der Stadt bildeten, bereichert worden. Noch heute kann

1. Das Archiginnasio: Der strenge Hof (16. Jh.). 2. Der Palazzo Bevilacqua (15. Jh.) mit seinem anmutigen Hof. 3. Konsolen und Loggien im Hof des Palazzo Ghisilardi Fava (15. Jh.). 4. Die Prunktreppe (18. Jh.) des Palazzo Caprara (Präfektur).

4

1

2

3

man die Überreste von ungefähr vierzig Türmen sehen. Zur selben Zeit errichtete man imposante öffentliche Gebäude und Klöster, wie die der neuen Bettelorden der Dominikaner und Franziskaner. Im Jahre 1294 zählte Bologna deshalb zu den zehn bevölkerungsreichsten Städten Europas.

Gewaltige innere Zwistigkeiten - die im Jahre 1274 zur Vertreibung der ghibellinischen Fraktion der Lambertazzi führten - und schwere militärische Niederlagen, wie jene gegen die Modenaer 1325 bei Zappolino, verursachten einen schnellen politischen und wirtschaftlichen Verfall, der seinen Höhepunkt im dritten Jahrzehnt des 14.Jahrhunderts erreichte und die Stadt endgültig in den Machtbereich der Kirche fallen ließ. Dies hatte erhebliche Folgen für die weitere Geschichte der Stadt, da ihr die volle Souveränität de facto aber nicht nominell entzogen wurde. Bologna beanspruchte allerdings immer wieder seine Unabhängigkeit und fühlte sich dem Papst gegenüber nur durch ein Bündnis verpflichtet. Nach der kurzen aber erfolgreichen Herrschaft von Taddeo Pepoli (1337-47) unterlag die Stadt der Familie Visconti und kehrte wegen der entschlossenen Politik und militärischen Strategie des Kardinals Egidio Albornoz 1360 unter die päpstliche Macht zurück.

Danach wechselten Perioden der Unabhängigkeit und republikanischer Regierung - wie die Zeit der «Erneuerer des Freiheitsstaates», die 1377 begann und in der neue und prächtige Bauwerke entstanden, wie St.Petronio oder die Loggia der Kaufleute - mit der Fremdherrschaft der Visconti (mächtige Mailänder Familie) und der strengen päpstlichen Vormundschaft, währenddessen die bedeutendsten Familien der Stadt um die Vorherrschaft stritten. Gegen Mitte des 15.Jahrhunderts gewann die Familie Bentivoglio mit Sante (1445-62) und vor allem mit Giovanni II. (1462-1506) die Oberhand .

Zur Zeit der Bentivoglio erfuhr Bologna nicht nur eine einzigartige urbanistische Erneuerung und ein außer-

1. Das Grabmal von Rolandino de'Romanzi bei S.Francesco. 2. Das Grabmal von Rolandino Passaggeri bei S.Domenico. 3. Detail des Marmorsarkophags von Giovanni da Legnano. 4. Detail des Grabmals von Bonifacio Galluzzi.

4

1

2

gewöhnliches Wiederaufblühen der Kunst, sondern auch ein grandioses kulturelles Wiederaufleben sowohl an der Universität als auch an dem kleinen Hof von Giovanni II. Die Umstrukturierung von Bauwerken, die Errichtung von Kirchen und Palästen, die Erneuerung alter Bauten und deren Bereicherung mit neuen, wertvollen Malereien brachten tiefe Veränderungen im Stadtbild von Bologna und trugen gleichzeitig dazu bei, den frischen Wind der Renaissance-Kultur hinter seine Mauern wehen zu lassen. Innere Zwistigkeiten sowie die Rivalität des Papstes, der die Macht der Bentivoglio nicht länger dulden wollte, ließen das Glück auf Seiten Giovanni II. weichen. Er wurde 1506 vom päpstlichen, von Giulio II. geführten Heer belagert und mußte aus der Stadt fliehen, während sein Palast, eine der schönsten herrschaftlichen Residenzen im Italien jener Zeit, durch das wütende, von den anderen Familien aufgewiegelte Volk geplündert und dem Erdboden gleich gemacht wurde. Nach der Vertreibung der Bentivoglio blieb Bologna fast drei Jahrhunderte, bis zum Ende des 18.Jahrhunderts, dem Kirchenstaat einverleibt und erhielt eine gemischte Regierungsform: Einerseits gab es den Kardinal als Legaten, der die päpstliche Macht vertrat, andererseits den Senat, der alle zwei Monate einen von acht Konsuln der Ältesten unterstützten «Gonfaloniere di giustizia» wählte.

In der gesamten Phase ihrer Entwicklung erlebte die Stadt eine lange Zeit von Frieden und wirtschaftlicher Sicherheit. Ausnahmen waren nur Hungersnöte gegen Ende des 16.Jahrhunderts, die die Einwohnerzahl Bolognas von 72.000 auf 59.000 zurückgehen ließen, und die berühmte Pest des Jahres 1630, die eine weitere Abnahme der Bevölkerung auf 47.000 mit sich brachte. Wenige Jahre später hatte Bologna wieder 60-65.000 Einwohner, und diese Zahl blieb bis Anfang des 18.Jahrhunderts konstant.

Im 16.Jahrhundert spielten sich in Bologna international bedeutsame Ereignisse ab, wie das Treffen von

3

1. Der Turm der Sternwarte (18.Jh.) ragt aus dem Universitätsviertel hervor. 2. Alte Instrumente im Astronomiemuseum. 3. Die Statue des Herkules von Angelo Piò im Palazzo Poggi. 4. Das Banner der «Alma Mater Studiorum» (1888).

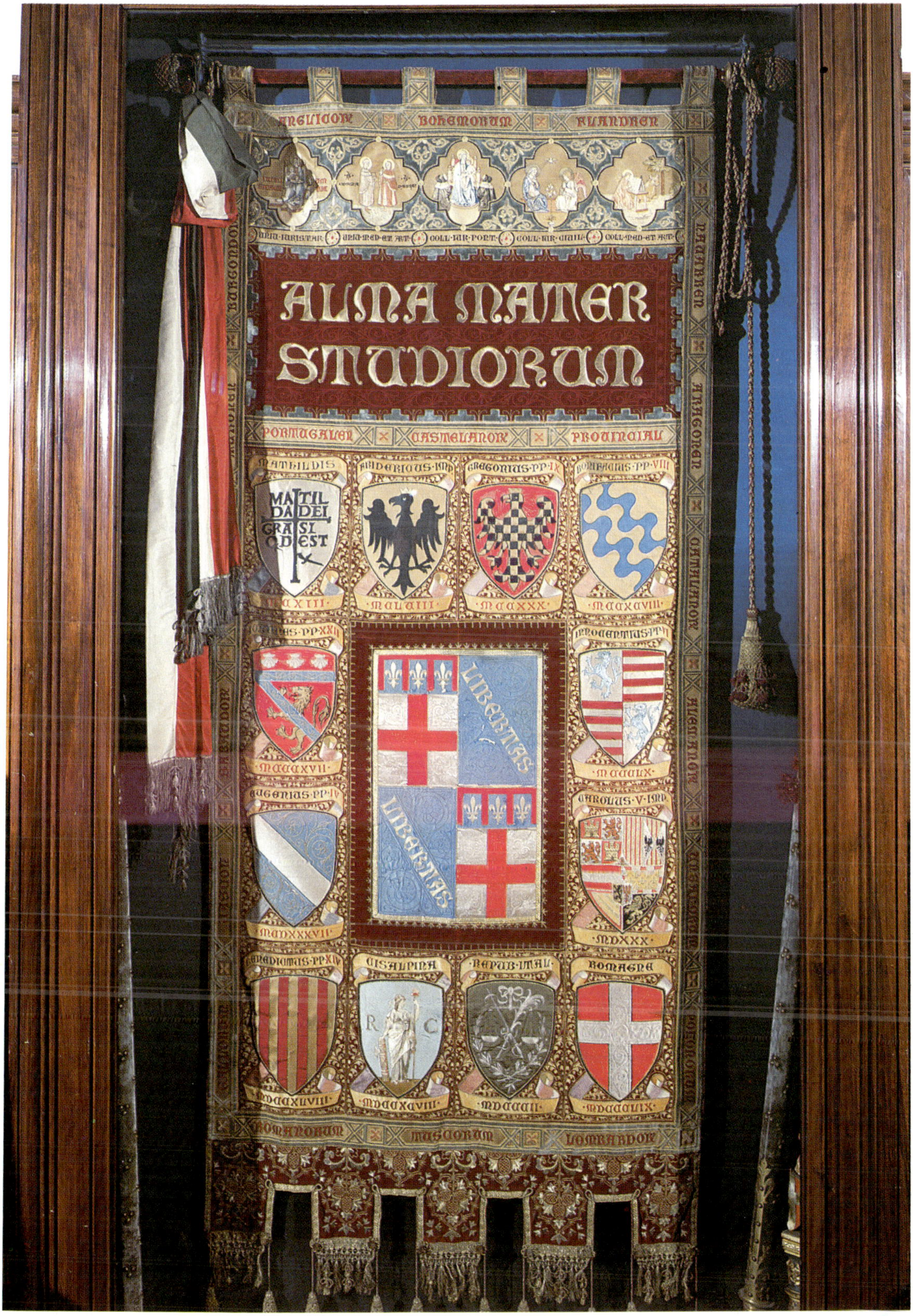
BOHEMORUM
ALMA MATER
STUDIORUM
PORTUGALEN
CASTELANOR
PROUINCIAL
MATHILDIS
MATIL
DA DEI
GRA SI
QD EST
MDXXX
CAROLUS·V·IMP
LIBERTAS
LIBERTAS
CISALPINA
ROMAGNE
LOMBARDOR
4

1

2

Leo X. und Franz I., dem König von Frankreich (1515) oder die Krönung von Karl V. zum Kaiser des Heiligen Römischen Reiches durch Klemens VII.(1530). Sie trugen dazu bei, daß Persönlichkeiten des italienischen und europäischen politischen Lebens jener Zeit nach Bologna strömten. Außerdem fanden verschiedene Sitzungen des Tridentinischen Konzils, das 1547 nach Bologna verlegt wurde, statt, Besuche von Papst Paulus III. im Jahre 1543 und von Papst Klemens VIII. im Jahre 1598 sowie die Wahl des Bolognesers Ugo Boncompagni zum Heiligen Stuhl 1572 unter dem Namen Gregor XIII., die Gelegenheiten für denkwürdige öffentliche Feiern boten.

Wichtige urbanistische Veränderungen gestalteten allmählich das Aussehen der Stadt neu: 1564 wurde der neue Platz des Neptun eingeweiht und gleichzeitig wurden das Archiginnasio, das zum Sitz der Universität werden sollte, und die Fassade des Palastes der Banken errichtet, die die weitläufige Piazza Maggiore ergänzt. Der Stadtkern wurde mit neuen kirchlichen Gebäudekomplexen bereichert. Dies ist sowohl der Ansiedlung neuer religiöser Orden (Jesuiten, Barnabiten, Philippiner, Barmherzige Brüder usw.) als auch den Erweiterungen und Umstrukturierungen der bereits vorhandenen Gebäudekomplexe (S.Michele in Bosco, S.Salvatore, S.Giovanni in Monte, S.Domenico, S.Maria dei Servi usw.) zu verdanken. Mit seinen 96 Klöstern - so wird von vielen ausländischen Reisenden im 18.Jahrhundert bezeugt - hält Bologna einen italienischen Rekord. Inzwischen wuchs die Zahl der von den senatorischen Familien errichteten, würdevollen Paläste an; oft ohne die traditionellen Säulengänge und zum größten Teil durch barocke Prunktreppen und kostbare Gemälde belebt. Das Innere der Paläste wurde von den Meistern der aufblühenden Schule der Bologneser Malerei verziert, die mit den Carraccis, mit Reni, Albani, Guercino, Domenichino, Franceschini, Giuseppe Maria Crespi und den Bibiena in kurzer Zeit europäischen Ruhm erreichte. In der Zeit zwischen dem 16. und dem 18.Jahrhundert wurde in Bologna also jene unverwechselbare, effektvolle Wesensart geboren, die noch heute sein Hauptmerkmal bildet.

Anfang des 18.Jahrhunderts erscheint Bologna als eine Stadt, die ein gutes Wohlstandsniveau erreicht hat. Die Landwirtschaft und die Verarbeitung von Hanf, Seide, Wurstwaren (wie die berühmte Mortadella) und anderen Produkten erhielt einen Aufschwung. General Luigi Ferdinando Marsigli gründete 1711 das Institut der Wissenschaften. Dieses sollte zusammen mit der Universität, die berühmte Meister wie Aldrovandi, Malpighi und Galvani hervorbrachte, innerhalb kürzester Zeit eines der lebhaftesten europäischen Forschungszentren werden.

1. Archiginnasio: Die obere Loggia. 2. Irnerio, Gemälde von Luigi Serra im Palazzo Comunale. 3. Die Laubengänge von S.Luca und der Kartause am Stadtrand.

Bologna wurde seiner Rolle als nördliche Hauptstadt des Kirchenstaates gerecht und ließ öffentliche und private Feierlichkeiten aufeinanderfolgen. Besonders Besuche berühmter Persönlichkeiten gaben dazu Anlaß, indes die eigentliche Macht in den Händen der senatorischen Oligarchie verblieb. Eine Wende erlebte die Stadt erst mit dem Napoleonischen Sturm, der Bologna erst in die Hauptstadt der Zispadanischen Republik (Republik diesseits des Po) und dann in das zweite Zentrum der Zisalpinischen Republik und des Italienischen Reiches verwandelte. Diese Veränderungen lösten in der Stadt eine Periode außergewöhnlicher Lebendigkeit des kulturellen, politischen und wirtschaftlichen Lebens aus.

In den 45 Jahren päpstlicher Restauration, die Bologna wieder zur kirchlichen Metropole werden ließ, war die Stadt auch ein Mittelpunkt der Kämpfe des Risorgimento, die ihren Höhepunkt in den Unruhen von 1831 und 1848 fanden und am 8.August des selben Jahres in der kurzzeitigen Vertreibung der österreichischen Truppen gipfelten. Nach dem Ende der Romanischen Republik kehrten noch einmal die alten Verhältnisse zurück, bevor Bologna, das inzwischen endgültig von den österreichischen Truppen verlassen worden war, durch einen Volksentscheid am 12.Juni 1859 dem Königreich Piemont beitrat und somit Teil des später vereinigten Italiens wurde. Bologna konnte nun wieder seine Rolle als zentraler Verbindungspunkt Italiens wahrnehmen. Die Universität gelangte dank so berühmter Lehrmeister wie Carducci, Pascoli, Righi usw. zu neuem Ruhm. Im Jahre 1888 feierte man das achthundertjährige Bestehen der Universität in Anwesenheit von Umberto I. und Vertretern aller Universitäten der Welt.

Inzwischen begann die Stadt, sich außerhalb der Anfang des Jahrhunderts abgetragenen Mauern auszubreiten, neue Industrie- und Handelsbetriebe entstanden. Zwischen dem Ende des vergangenen und den 30er Jahren dieses Jahrhunderts wurden dem Stadtbild neue Straßen und Gebäude hinzugefügt, ohne jedoch seine wunderbare Einheitlichkeit zu zerstören, deren Erhaltung Ziel der Stadtpolitik seit den 60er Jahren ist.

Durch die Bombenangriffe des Zweiten Weltkrieges wurde Bologna schwer beschädigt. Im Befreiungskampf mußte die Stadt einen hohen Blutzoll zahlen, für den es eine Ehrenmedaille erhielt. Heute sind ihre Wunden endgültig geheilt und die Wirtschaft schreitet seitdem stetig voran. Dies ist unter anderem der Ansiedlung vieler kleiner und mittlerer, hoch spezialisierter Unternehmen sowie dem Aufblühen von Dienstleistungsbetrieben und Handelszentren zu verdanken, die durch den Ausbau des Autobahnknotenpunktes Bologna und die Einrichtung des Flughafens «Guglielmo Marconi» weitere Impulse erhielten. Symbol dieser Entwicklung ist das im Norden der Stadt neu entstandene Messegelände; Symbol für ein Bologna, das in die Zukunft schaut.

3

Bologna in Zahlen

Eines der häufigsten Attribute Bolognas ist «türmereich». Tatsächlich hält Bologna damit einen Rekord. Obwohl die Zahlen 200 oder 180, wie die Tradition und auch noch viele Reiseführer behaupten, übertrieben scheint, war doch die Anzahl der zwischen dem 12. und dem 13.Jahrhundert innerhalb der Stadtmauern befindlichen Türme beträchtlich. Ungefähr 40 von ihnen haben den einstigen «Türmewald» überlebt, der dazumal die Dächer Bolognas überragte. Einige blieben unversehrt, wie z.B. der Asinelli (98 m hoch) und der Garisenda (48 m), die der Stadt zum Symbol geworden sind, der Incoronata - der Gekrönte - (59 m) und der Altabella (60 m), mit seiner schlanken aufstrebenden Form, der Galluzzi (32 m), der Uguzzoni (32 m), der sich in der Vicolo Mandria aus einem Gewirr mittelalterlicher Gäßchen emporhebt, und jene der Familien Passipoveri und Scappi. Vielerlei Schicksal ereilte die Türme im Laufe der Jahrhunderte, die teilweise oder ganz zerstört, in andere Bauten integriert oder zu Glockentürmen umgebaut worden sind (wie der Alberici, der Agresti, der Catalani, der Guidozagni, der Ghisilieri, der Oselletti, der Prendiparte, der Dalle Perle, der Carrari, der Caccianemici und andere). Sie verleihen der Stadt einen unverwechselbaren Zauber.

Eine weitere architektonische Besonderheit der Stadt sind die unendlichen und eindrucksvollen Reihen von Säulengängen, die sich an die Ränder der Straßen schmiegen und perspektivische Fluchten mit reizvollen Schattenspielen erzeugen. All diese Arkaden preisen ihre eigene Schönheit an und verleihen Bologna das Privileg, sich als in der Welt einzigartige Stadt zu bezeichnen, in der man bei Regen nicht naß und bei drückender Hitze vor Sonne geschützt wird. Zudem weist Bologna den längsten Säulengang der Welt auf. Es ist der im 17.Jahrhundert errichtete Gang, der von der Stadt zur Wallfahrtskirche von St.Lukas führt und sich mehr als dreieinhalb Kilometer lang den Hügel hinaufschlängelt. Eine weitere Kuriosität ist, daß man, von der außerhalb der Porta Maggiore (Haupttor) gelegenen Kirche der Alemannen kommend, das Heiligtum der Madonna von St.Lukas durch einen acht Kilometer langen Säulengang erreichen kann, ohne je die Galerie verlassen zu müssen, es sei denn zum Überqueren der Straßen.

Zum Schluß eine letzte Außergewöhnlichkeit: Der Palazzo dell'Archiginnasio, der im Jahre 1563 als ständiger Sitz der alten Universität erbaut wurde, stellt mit seinen über 7000 Wappen jener italienischen und ausländischen Studenten, die hier zwischen dem 16. und 18.Jahrhundert ein Amt bekleideten - die Wappen sind mit lebendigen Farben bemalt und an den Wänden und Gewölben der Loggien, der Treppen, der Vorhallen und der Säle angebracht - eine einzigartige heraldische Sammlung dar, die Bologna einen weiteren Rekord verleiht.

2

1

1. Winterzauber: auf der Piazza del Nettuno...2. bei den Zwei Türmen...3. und auf der Piazza della Mercanzia. Seite 22 und 23: Die Piazza Maggiore, das malerische Herzstück der Stadt.

3

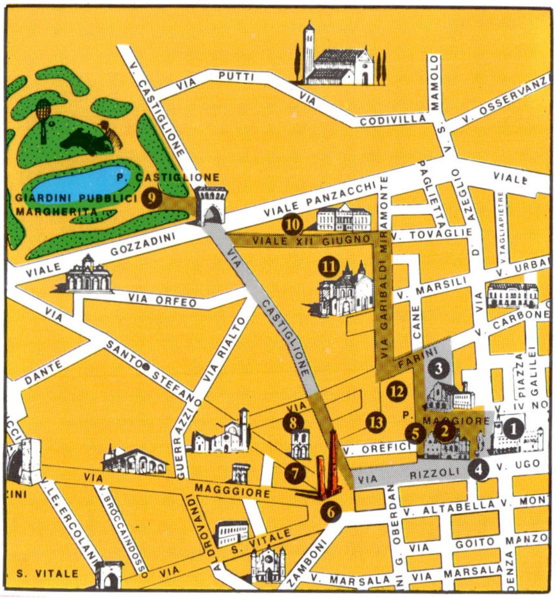

ERSTER WEG

① *Palazzo del Comune und Collezioni Comunali d'Arte (Städtische Kunstsammlungen)*
② *Palazzo del Podest*
③ *Basilika S.Petronio*
④ *Der Neptunbrunnen*
⑤ *Palazzo di Re Enzo*
⑥ *Die Zwei Türme*
⑦ *Palazzo della Mercanzia*
⑧ *Palazzo Pepoli antico*
⑨ *Der Margherita-Garten und die Kirche S.Maria della Misericordia*
⑩ *Palazzo Ruini-Ranuzzi, heute Justizpalast*
⑪ *Basilika Santuario di S.Domenico*
⑫ *Archiginnasio und Museo Civico Archeologico*
⑬ *Kirche S.Maria della Vita*

Piazza Maggiore

Der Platz, wie er sich heute dem Betrachter zeigt, ist das Ergebnis einer jahrhundertelangen Baugeschichte, die vor rund 750 Jahren ihren Anfang nahm, als die Gemeinde begann, privates Gelände zu kaufen. Später riß man die dortigen kleinen frühmittelalterlichen Häuser ab und errichtete an ihrer Stelle prunkvolle Gebäude, die eine Idee vom Glanz und der Größe der Stadt, ein Sinnbild für politische, wirtschaftliche und religiöse Macht vermitteln sollten.

PALAZZO COMUNALE

An der westlichen Seite der Piazza Maggiore und der angrenzenden Piazza del Nettuno erhebt sich das Gebäude des Palazzo Comunale, auch **Palazzo d'Accursio** genannt, da sein ursprünglicher Kern die Häuser der gleichnamigen Familie waren, die 1287 von der Gemeinde aufgekauft wurden. In der Zeit päpstlicher Herrschaft in Bologna wurde er auch *Apostolischer Palast* genannt, weil er Sitz des Legaten und vor allem Residenz der «Päpste aus Pisa» - Kardinal Alexander V. Filargo und Johannes XXIII. Cossa - war. Der Teil mit dem Säulengang mit seinen einfachen, bereits gotischen Linien geht auf das Jahr 1287 zurück, als er auf den Häusern der Accursi gebaut wurde, während der alte Turm sein heutiges Aussehen 1444 annahm. Der rechts des großen Sandsteinportals (ein Werk von Galeazzo Alessi, 1550-55) befindliche Flügel, dem Fioravante Fioravanti die typischen Merkmale des Übergangsstils von Gotik zu Renaissance verlieh, ist ein Werk von 1425. Die Fassade wurde 1583 von Francesco Morandi, auch «Terribilia» genannt, geschaffen. Die Wachtürme und zinnengekrönten Wälle, die noch heute auf der südlichen, nördlichen und westlichen Seite zu sehen sind, ließ der Legat Kardinal Androino della Rocca als Befestigungen des Palastes in den Jahren 1364-65 errichten.

Die Turmuhr ist ein Werk von Rinaldo Gandolfi (1773) und ersetzt jene 1451 von Giovanni di Evangelista aus Piacenza und Bartolomeo di Gnudolo konstruierte Uhr, deren hölzerne Figuren einst die Stunde schlugen. Zwischen zwei Fenstern des oberen Stockwerkes kann man die *Madonna della Piazza* entdecken; ein außergewöhnliches und sehr plastisches Relief aus

1. Die Piazza Maggiore ist im Westen begrenzt durch den Palazzo Comunale. 2. Die Fassaden des Palazzo Comunale aus dem 13. und 15.Jahrhundert, verbunden durch das Portal aus dem 16.Jahrhundert.

2

1.

Backstein, das Nicolò dell'Arca 1478 schuf und das 1982-83 restauriert wurde. Das Portal trägt eine *Bronzestatue von Gregor XIII. Boncompagni*, jenem Bologneser Papst, dem die Reform des Julianischen Kalenders im Jahre 1582 zu verdanken ist. Dieses gewaltige Werk wurde in den Jahren 1576-80 von Anchise Censori in Bronze gegossen. Auf der Höhe des Neptunbrunnens sind am *Sockel* des Gebäudes Platten aus istrianischem Stein angebracht, die *alte bolognesische Maßeinheiten* zeigen, während man gleich daneben ein monumentales Fenster aus Sandstein - gleichfalls von Alessi 1555 geschaffen und 1974 restauriert - betrachten kann, dessen Konstruktion aus Giebel und Halbsäulen einen Balkon stützt. Der linke der beiden wunderschönen *Adler* aus rotem Veroneser Marmor wird Michelangelo zugeschrieben. Am Platz des Neptun entlang, unter dem Spalier der Zinnenkrone, gedenkt Bologna seiner Opfer. Dort befinden sich die *Gedenkstätte für die gefallenen Partisanen*, die Gedenksteine für die Opfer der nazistischen Konzentrationslager und des Terrorismus (Bombenattentat auf den Zug «Italicus» 1974, Blutbad vom 2.August 1980 auf dem Bahnhof und jenes zu Weihnachten 1983), sowie ein Gedenkstein für den jungen Anteo Zamboni, den Attentäter von Mussolini. Die südliche Seite des Palastes ist mit einem herrlichen zweibogigen Fenster im lombardischen Flamboyantstil geschmückt.

Durch den *Ehrenhof*, der von drei Seiten mit Loggien eingeschlossen ist, die von 1425-28 bzw. 1508 stammen, gelangt man in den *Hof der Kavalleristen*, in dessen Mitte eine moderne, 1934 aufgestellte Kopie der überdachten Zisterne zu sehen ist, die 1568 Francesco Terribilia für den «Garten der Einfachen» schuf. Der kleine *dritte Hof* stellt den übriggebliebenen Teil jenes eben erwähnten Gartens dar, der 1886 von der Warenbörse verdrängt wurde. Eine Bramante zugeschriebene *Stufenrampe* führt zum *Saal des Herkules* im ersten Stock, der seinen Namen von der 1518 in Terrakotta gehauenen *Herkulesstatue* von Alfonso Lombardi erhalten hat. An der südlichen Wand findet man das berühmte, im Jahre 1505 gemalte Fresko der *Madonna des Erdbebens*. Unter diesem sieht man das bekannteste Bild der alten, an Türmen reichen und mit Mauern versehenen Stadt Bologna. Durch diesen Raum betritt man den *Saal des Gemeinderates*, dessen Gewölbe Fresken von Colonna und Pizzoli (von 1674-77) trägt, und an dessen Wänden zwei Gemälde von Ubaldo Gandolfi und zwei Marmorbüsten von Giuseppe Mazza zu sehen sind (der Saal wurde 1987-88 restauriert). Eine weitere Stufenrampe führt zum zweiten Stock, vorbei an einem großen Hochrelief aus mehrfarbigem Backstein, das die *Madonna mit Kind und Engeln* darstellt und früher *Madonna des Zolls* genannt wurde. Es ist ein Werk von Camillo Mazza aus dem Jahre 1677, das 1937 von dem abgerissenen Zollamt am Kanalhafen hierher verlegt wurde. Der *Farnesische Saal* beherbergt einen Freskenzyklus, den Maler wie Carlo Cignani, Giovanni M.Bibiena u.a.im 17.Jahrhundert haben entstehen lassen und dessen Themen bedeutende Ereignisse der Stadtgeschichte sind. Am Ende des Saales befindet sich die *Statue von Alexander VII.Chigi*, ein Werk aus Kupfer von Dorastante d'Osio (1660). Die südliche Wand ist mit Lisenen und Halbsäulen aus Felsgestein prunkvoll dekoriert und wurde im letzten Jahrhundert mit Alabasterglas verkleidet. Sie öffnet sich in einem monumentalen Eingang (1555 von Alessi) zur *Farnesischen Kapelle*, die auch *Kapelle des Legaten* genannt wird. Dieser prächtige Raum mit einem hölzernen Dachstuhl auf einem kunstvollen *Gesims* von Alessi wurde um 1562 von Prospero Fontana mit sechs *Mariengeschichten* bemalt. Nach schweren Beschädigungen im frühen 19.Jahrhundert, als die Kapelle zum Archiv umgestaltet wurde, liefern uns heute die seit den achtziger Jahren bis 1992 perfekt restaurierten, herrlichen Malereien eine genauere Lesart der Kunst dieses berühmten Bologneser Malers.

Durch ein Marmorportal mit fein gravierten Flügeln erreicht man die alten *Gemächer des päpstlichen Legaten*, in denen sich seit 1937 die **städtische Kunstsammlung** befindet. Es ist eine beachtliche Kollektion, die im Laufe der Zeit durch Käufe und Schenkungen bereichert wurde. Die größten Hinterlassenschaften von Künstlern waren die von Pelagio Palagi (1860), Cincinnato Baruzzi (1878), Agostino Pepoli (1910), Pietro Giacomo Rusconi und Luisa Verzaglia Rusconi (1919), Carlo Alberto Pizzardi (1922) und Pier Ignazio Rusconi (1930). Guido Zucchini organisierte die Eröffnung des Museums im Jahre 1937 und ordnete es 1951 um. Die Säle, die den Geschmack für Verzie-

---

1. Der Rathausturm mit der Uhr, im 15.Jahrhundert wieder aufgebaut. 2. Das Portal von Galeazzo Alessi (16.Jh.). 3. Die Bronzestatue von Gregor XIII. von Alessandro Menganti (1580). 4. Die Madonna der Piazza, ein Werk aus Backstein von Nicolò dell'Arca (1478).

2

3

4

1

2

3

rungen adliger Häuser zwischen dem 16. und dem 18. Jahrhundert vollständig wiedergeben, enthalten eine Vielzahl von Werken großer künstlerischer Bedeutung, deren wichtigste im folgenden Erwähnung finden sollen: Saal I oder Saal der Schweizer: Zwei *Hochzeitskästen* aus der Werkstatt der De Marchi aus Crema (15. Jh.), die aus dem Schloß der Bentivoglio stammen; das *Porträt einer Dame*, flämische Schule des 17. Jahrhunderts; das *Porträt eines Kondottieres* (1622) von Artemisia Gentileschi; das *Porträt einer Dame* von F. Pourbus. Saal II oder Saal der Kavalleristen: Die *Familienszene* von Marcantonio Franceschini; *Andromeda und Perseus* sowie *Diana und Endymion* von Ubaldo Gandolfi; die *Heilige Familie* von Simone Cantarini; *Herkules und der Nemeische Löwe*, ein Werk aus Backstein von Giacomo De Maria. Saal IV, auch Galerie «Vidoni» genannt, da er auf Wunsch des Lega-

4

1. Das große Fenster von Alessi (1555). 2. Die wunderschönen Adler aus rotem Veroneser Marmor am Fenster von Alessi. 3. Gedenktafeln für die gefallenen Partisanen. 4. Die Fontana Vecchia (Alter Brunnen) von Tommaso Laureti (1565) in der Via Ugo Bassi.

1

2

3

4

5

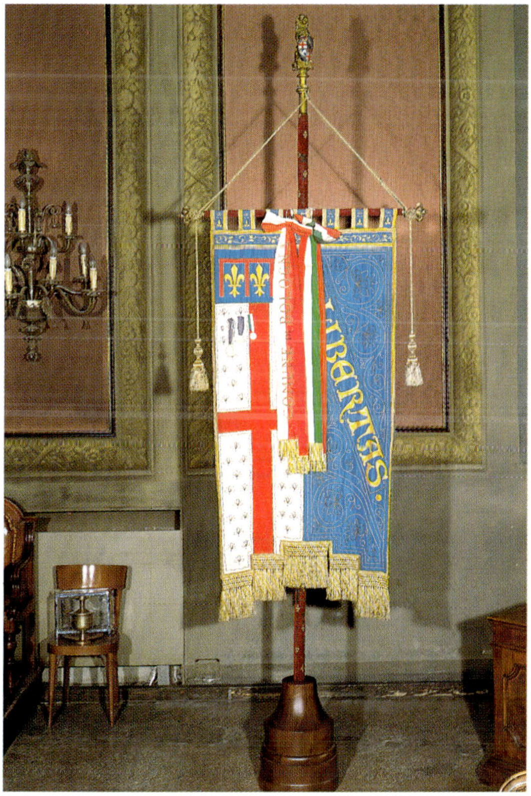
6

1. Palazzo Comunale: Der Ehrenhof (15.Jh.). 2. Eine Kopie von 1934 der Zisterne von Terribilia aus dem 16.Jahrhundert. 3. Eine Stufenrampe, Bramante zugeschrieben. 4. Der Saal des Stadtrats mit Fresken aus dem 17.Jahrhundert. 5. Der Saal des Herkules. 6. Das Stadtbanner, mit drei Goldmedaillen dekoriert.

1

ten Kardinal Pietro Vidoni konstruiert wurde: ein wunderbarer Zyklus von Gemälden Donato Cretis, darunter *Figur des Alten, die Mäßigung, Ruhende Frau* und *Merkur und Paris*; die *Verhaftung des Königs Enzo* von Gaetano Gandolfi; die *Büste von Francesco Pannolini* aus dem 18.Jahrhundert von Agostino Corsini; das *Porträt eines Alten*, das einzige Werk von Antonio Canova aus Terrakotta; der *Ephebenkopf*, ein

2

Werk aus Marmor von Vincenzo Gemito (1911); der *Adonis*, ebenfalls aus Marmor von Cincinnato Baruzzi; *Der Verdammte*, eine Bronzestatue von Valentino Brustolon (1894). Saal V: Die *Verkündigung* von Jacopo di Paolo; das *Kruzifix* von Michele di Matteo; die *Kreuzigung*, eine wunderschöne Tafel von Francesco Francia; die *Hll. Jakobus und Anton* sowie *Paulus und ein Pilger*, Tafeln von Vitale da Bologna (1345); *Die Heilige* von Luca Signorelli. Saal VI: *Madonna mit Kind und Heiligen* von Innocenzo da Imola; ein *Porträt eines Alten* von Jacopo Tintoretto; das *Kruzifix* von Alessandro Magnasco; das *Porträt eines Jungen* von Fra Galgario; *Joseph im Gefängnis von Guercino*; neun auf Leinwand übertragene Fresken mit *Mariengeschichten* von Bartolomeo Cesi; die *Verkündigung* von Calvaert; *Die hl.Katharina im Gefängnis* von Ludovico Carracci. Saal VII: *Der hl. Anton der Abt und der hl.Petrus von Alkantara* und das *Porträt des Kardinals Lambertini* von Giuseppe M. Crespi; der *Tod des Caesar* von Vincenzo Camuccini; die *Heilige Familie* von Gaetano Gandolfi; zahlreiche Gemälde von Pelagio Palagi. Saal XIII oder Saal der Familie Sforza mit Gemälden, Möbeln und Einrichtungsgegenständen aus den Sammlungen der Rusconis, darunter auch: *Der Herbst* und *Der Winter* von Pier Francesco Cittadini und Jean Boulanger. Der Saal XIV: Sammlung von 135 Miniaturen verschiedener europäischer Schulen. Saal XVII, auch Urban-Saal genannt, da er

3

4

5

im Jahre 1630 von Kardinal Bernardino Spada zu Ehren Urban VIII. Barberini erbaut wurde, hat eine außergewöhnliche Decke, die von Agostino Mitelli, Girolamo Curti, auch Dentone genannt (er erzeugte die wundersame perspektivische Architektur) und Angelo Michele Colonna (er schuf die drei Darstellungen und die Putten, die vielleicht von Guido Reni gezeichnet wurden) bemalt wurde. An den Wänden sind 188 Wappen jener Legaten angebracht, die von 1327 bis 1744 die Macht in Bologna ausübten.

---

1. Der Rote Saal. 2. Städtische Kunstsammlung: Der Saal der Schweizer. 3. Vitale da Bologna: Der hl.Petrus mit einem Pilger (14.Jh.). 4. Jacopo di Paolo: Kruzifix (14.Jh.). 5. Amico Aspertini: Madonna mit Kind (16.Jh.).

1

2

3

4

5 

In einem anderen Saal hat man kürzlich die Sammlung von Gemälden der Heil- und Erholungsanstalt «Johannes XXIII.» aufgenommen, die aus Werken der abgerissenen Kirchen der Heiligen Leonhard und Ursula und der des hl.Gregor dem Bettler zusammengestellt ist. Aus ungefähr hundert Werken heben sich folgende besonders ab: *Die mystische Hochzeit der heiligen Katharina* von Bagnacavallo; *Maria, das Kind stillend*, Amico Aspertini zugeschrieben (um 1510); zwei *Stilleben* von Pier Francesco Cittadini; *David, der gesalbte König* und *Sauls' Tod* von Francesco L'Ange; vier Leinwandgemälde mit *Heiligenbildern* von den Gandolfis; *Der hl.Anton der Abt* von Giuseppe M. Crespi.

Die Kunstsammlung kann an Wochentagen von 9.00 - 14.00 Uhr und sonntags von 9.00 - 12.30 Uhr besichtigt werden. Die Säle bleiben jeweils dienstags und an Feiertagen, die auf einen Wochentag fallen, geschlossen.

1. Luca Signorelli: Kopf einer Heiligen. 2. Francesco Francia: Kreuzigung. 3. Donato Creti: Merkur und Paris. 4. Giuseppe M.Crespi: Kardinal Lambertini (Skizze). 5. Ubaldo Gandolfi: Diana und Endymion.

Vom Farnese-Saal aus erreicht man die Säle des Museums «Giorgio Morandi» mit der weltgrößten Sammlung von Werken des Malers. Von den 202 Arbeiten sind 60 Malereien, 11 Aquarelle, 56 Zeichnungen, 75 Radierungen, eine Tafel, zwei Terrakottastatuen aus der Jugendzeit des Künstlers, zwei Gemälde von Jacopino da Todi, sowie eine Bibliothek mit Kunstbänden. Auch das berühmte Studio des großen Bologneser Meisters (1890-1964) ist rekonstruiert, in dem er jahrzehntelang in seiner Wohnung in der Via Fondazza 36 wirkte. Die Realisierung dieses Museums erfolgte größtenteils dank zweier Schenkungen (1991 und 1992) der letzten Schwester des Malers, Maria Teresa Morandi, an die Stadt Bologna, die damit das Vermächtnis der Erinnerung an ihren Bruder der Stadt übertrug. Frühere Schenkungen und Hinterlassenschaften, darunter einige der Familie Morandi, wie die von Cesare Gnudi und Camilla Malvasia, sowie Ankäufe der Sammlung «Ingrao» und der Sammlung «Giuseppe Raimondi» ermöglichten bereits 1987 die Zusammenstellung einer Kollektion in der Städt. Galerie für Moderne Kunst.

1

PALAZZO DEL PODESTÀ

Vom Norden wird die Piazza Maggiore vom Palazzo del Podestà (Palast des Stadtvogts) begrenzt, dessen ursprünglicher Kern alten Urkunden zufolge *palatium vetus* (alter Palast) hieß und auf das 13. Jahrhundert zurückgeht. Da das Gebäude Ende des 15. Jahrhunderts schwer beschädigt wurde, ordnete der damalige Stadtherr Giovanni II. Bentivoglio an, es vollständig zu erneuern. Den Auftrag dazu bekam der Bologneser Architekt Aristotele Fioravanti, der auch in Osteuropa zu Ruhm gelangte, da er am Entwurf des Moskauer Kremls beteiligt war. Der Bau sollte wichtige schon vorhandene Gebäude, wie den Turm des Arengo (die Bürgerversammlung) und den naheliegenden *palatium novum* (neuer Palast), auch Palast des König Enzo genannt, mit einbeziehen und zugleich den an dieser Stelle sich befindenden Kreuzungspunkt von vier Straßen erhalten. Darüberhinaus sollte der Palast Platz bieten für einen Saal des «Rates der Viertausend», dessen tausend Mitglieder Vertreter der Stadtviertel waren, die über die Vergabe öffentlicher Aufträge für Bologna und seine ländliche Umgebung zu entscheiden hatten. Die Bauarbeiten wurden im Jahre 1485 in Angriff genommen. Noch heute ist ersichtlich, wie der Architekt kühn die Grenzen mittelalterlicher Konstruktionen überschritt und Lösungen wählte, die typisch für die Renaissance waren: Die monumentale Fassade ist getragen von zehn, einen Säulengang bildenden korinthischen Halbsäulen, deren Bögen einen Rhythmus erzeugen, den die Pfeiler und rundbogigen Fenster des ersten Stockwerks in sich aufnehmen und der in der Konsole am Scheitelpunkt der Fensterbogen seine harmonische Auflösung erfährt. Diese Lösung von Fioravanti erreicht, daß der Palast weder als eine auf dem Boden lastende Struktur noch als eine Sperre erscheint, sondern durch seine geräumigen Arkaden die Fußwegverbindungen auf den Platz vervielfältigt. Dies bezeugt das Verständnis vom Raum als öffentliches Ereignis, der für den städtischen Bürger seine Zugänglichkeit bewahrt.

Toskanische Steinmetze haben den Palast mit vielfältigen Motiven dekoriert. Im Jahre 1525 wurde das den Turm tragende Gewölbe mit Statuen aus Terrakotta von Alfonso Lombardi bereichert, die den vier Schutzheiligen der Stadt gewidmet sind. Von 1581 bis 1767 wurde der Saal des Rates für Theatervorstellungen genutzt. Da auch Turniere, Ballspiele und andere Vorstellungen stattfanden, die die Akteure mitunter zu großer Ausgelassenheit animierten, beschloß die Stadtgemeinde den Bau einer Balustrade, die 1604 von Pietro Fiorini in Fels ausgeführt wurde, um einem möglichen «Fenstersturz» vorzubeugen.

1. Der monumentale Palazzo del Podestà (15. Jh.). 2. Der Arengo-Turm (13. Jh.): Die welfischen Zinnen. 3. Der Palazzo dei Notai (Palast der Notare, 13.-15. Jh.).

2

Der Architekt Francesco Rivarola aus Ferrara richtete dann 1639 den Saal in Form eines richtigen Theaters ein. In den ersten Jahrzehnten des 20. Jahrhunderts stattete Adolfo De Carolis den Konzilsalon mit Fresken aus.

PALAZZO DEI NOTAI

Neben der Basilika S.Petronio findet man den Palazzo dei Notai (Palast der Notare), dessen Grundbau aus dem Jahre 1287 stammt. Der Entwurf für seine Erweiterung, die im 14. und 15. Jahrhundert durchgeführt wurde, legt Zeugnis ab für die rege Bautätigkeit, die den Aufstieg der 27 Zünfte der Stadt begleitete. Man kann sich vorstellen, wieviel Macht und Einfluß vonnöten war, um hier auf der Piazza Maggiore ein solches Gebäude zu errichten. Es ist bezeichnend, daß für die Mitgliedschaft in der Gesellschaft der Notare sehr strenge Auswahlkriterien galten, wie zum Beispiel der Nachweis eines beträchtlichen Grundkapitals. Der erste Anbau wurde von Antonio di Vincenzo ausgeführt und näherte den Palast der Basilika S.Petronio an - es ist der Teil, der auf die heutige Via Pignattari geht. Einer zweiten, Bartolomeo Fioravanti zugeschriebenen Erweiterung von 1442 gelang es, sich an die spätgotischen Themen anzulehnen, indem sie die mittelalterlichen Motive der spitzbogigen Doppelfenster mit Backsteinverzierung und der Zinnenkrone mit einbezog. Im Palast sind Überreste von Ornamenten des 15. Jahrhunderts sowie bemalte Kasettendecken zu sehen.

3

BASILICA DI S. PETRONIO

Der Heilige Petronius war der achte Bischof der Stadt, und führte die Gemeinde von 431 bis 450. Er wurde in der Kirche St.Stephan begraben, die durch seinen Auftrag mit einer wertvollen Reproduktion der Heiligen Ruhestätte in Jerusalem bereichert wurde. Eine in der zweiten Hälfte des 12.Jahrhunderts von einem Mönch des Benediktinerklosters St.Stephan geschriebene, phantasievolle Vita des Heiligen sowie ein weiteres Zeugnis des folgenden Jahrhunderts in Vulgärlatein schreiben ihm außergewöhnliche Verdienste um das Gemeinwohl der Stadt zu. So heißt es unter anderem, er habe die Stadt nach einer angeblichen Zerstörung durch Kaiser Theodosius den Großen wiederaufbauen lassen, und sei auch der Gründer der Universität gewesen. So war es ein leichtes, ihn zum Symbol für den Patriotismus der Bologneser Gemeinde zu stilisieren. Als Folge wird er seit dem 4.Oktober des Jahres 1253, als ihm zu Ehren das erste Mal ein Fest gefeiert wurde, als der bedeutendste Schutzheilige der Stadt verehrt.

Erhoffend, daß mit Gottes Hilfe Gedeihen und glücklichste Freiheit dieser lebenspendenden Stadt Bologna auf ewig mögen erhalten bleiben, damit uns und unseren Söhnen das verwerfliche Joch der Knechtschaft erspart bleiben möge, da es einem großen Bitternis gleich käme, nachdem wir die blühende Freiheit genossen haben, die Gott uns geschenkt hat ...; damit der Verteidiger und Beschützer dieses Volkes und dieser Stadt, Sankt Petronius, fürbitten möge für Schutz, Verteidigung, Erhaltung und Fortbestand der Freiheit und des Gedeihens des Volkes ..., so beschloß der «Rat der Sechshundert» des Volkes und der Gemeinde von Bologna im Jahre 1388 die Errichtung des einzigen heiligen Gebäudes der Piazza Maggiore, der riesigen Basilika, die nie zur Kathedrale wurde, sondern öffentlicher Ort der Weihe und somit ein reelles Symbol der wirklichen religiösen Traditionen der Stadt blieb.

An der Stelle der heutigen Fassade wurde am 7.Juni 1390 der Grundstein für die Arbeiten nach den Zeichnungen des Architekten Antonio di Vincenzo gelegt: 1401, dem Jahr seines Todes waren schon zwei Spannweiten und vier Kapellen auf jeder Seite errichtet worden.

Die Arbeiten dieser immensen Baustelle dauerten noch fast ein Jahrhundert an, aber es sollte das Schicksal dieser Kirche werden, nie zur Vollendung zu ge-

1

langen. Ein neuer, von Arduino Arriguzzi zwischen 1514 und 1516 gezeichneter Entwurf, der eine wesentlich breitere Basilika vorsah, wurde nie in Angriff genommen.

Zwischen 1646 und 1658 wurde das Mittelschiff mit Gewölben verschlossen, die Francesco Martini nach einem Plan von Girolamo Rainaldi konstruiert hatte. Durch den Ausbau der Apsis im Jahre 1659 erreichte die Kirche ihr heutiges Ausmaß (132 m lang; 60 m breit; 44 m hoch an den Schlußsteinen des Mittelschiffes und 51 m an der Fassade). Erst 300 Jahre später, am 3. Oktober 1954, wurde die Kirche eingeweiht und damit das Scheitern aller erdachten Bauprojekte besiegelt.

Man betritt das heilige Gebäude durch die berühmte *Porta Magna* (Große Tür) der unvollendeten Fassade, ein echtes Meisterwerk der italienischen Bildhauerei der Vorrenaissance von Jacopo della Quercia (1371 - 1438) aus Siena, der in einem monumentalen, großzügigen und von Michelangelo sehr geschätzten Stil die Geschichten von Sünde und Erlösung des Menschen erzählt.

Die einzelnen Paneele zeigen: auf der linken Seite, *Die Erschaffung des Mannes; Die Erschaffung der Frau; Die Erbsünde; Die Vertreibung aus dem Paradies* und *Das Arbeitsurteil*; auf der rechten Seite *Kain und Abels Gaben an Gott; Kain tötet Abel; Noah, seine Familie und die Tiere betreten die Arche; Der betrunkene Noah wird von seinen Kindern ausgelacht* und *Isaaks Opfer*; auf dem Tragbalken, *Jesu Geburt; Die*

1. Die unvollendete Fassade von S.Petronio begrenzt die Piazza Maggiore im Süden. 2. Basilika S.Petronio: Das Hauptportal, ein Meisterwerk von Jacopo della Quercia. 2

1

2

3

Anbetung der Könige; Die Vorstellung von Jesus im Tempel; Der Kindermord von Bethlehem und *Die Flucht nach Ëgypten*.

In der Lünette die *Madonna mit Kind* - eines der Meisterwerke von Jacopo - die von den *Heiligen Petronius und Ambrosius* begleitet wird; letzterer wurde im Jahre 1510 von Domenico aus Varignana hinzugefügt.

Die kleineren Türen wurden dagegen von vielen verschiedenen Bildhauern, die von den Kirchenbaumeistern ausgewählt wurden, ausgeführt, um die Arbeiten zu verkürzen: Amico Aspertini, Nicolò Tribolo, Francesco da Milano, Giacomo Silla, Alfonso Lom-

---

1. Hauptportal: Madonna mit Kind und den Heiligen Petronius und Ambrosius. 2. Linke Tür (Detail): Die Auferstehung. 3. Rechte Tür (Detail): Die Kreuzabnahme. 4.Haupttür: Die Flucht nach Ägypten. 5. Hauptportal: Das Arbeitsurteil. 6. Hauptportal: Der Betrunkene Noah wird von Ham ausgelacht.

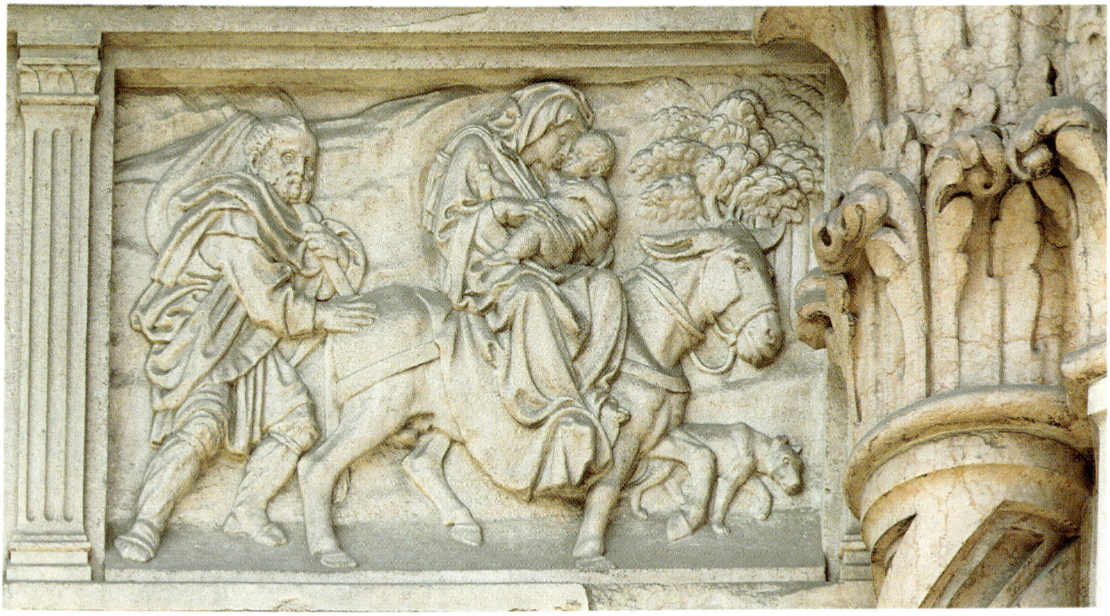

4

5

6

bardi, Lazzaro Casario, Zaccaria Zacchi, Properzia de Rossi, Ercole Seccadenari und andere schufen die Relieftafeln und die Lünettenfiguren zwischen 1524 und 1530, während die von den Pilastern getragenen, sich aufwärts verjüngenden Türmchen (Fiale) erst 1557 ergänzt wurden, zu einer Zeit, da die von Domenico da Varignana ausgeführten Arbeiten zur Marmorfassade, die allerdings nie ihren Abschluß fanden, bereits im Gange waren.

Die Themen der linken Tür sind: *Geschichten von Jakob, Isaak, Esau und Lot* auf den Pfeilern; die *Erscheinungen Christi nach der Auferstehung* auf dem Hauptgesims und *Die Auferstehung Christi* (von Lombardi und seinen Schülern) in der Lünette. Die rechte Tür trägt Motive wie: *Geschichten von Jesus und dem Juden* auf den Pfeilern; die *Passionsgeschichte* auf dem Hauptgesims und *Jesus nach der Kreuzabnahme* (Aspertini) zwischen der *Madonna* (Tribolo) und *Johannes dem Täufer* (Seccadenari) in der Lünette.

Wenn man die Kirche betritt, ist man nicht nur überrascht und gefesselt durch ihre Größe und Monumentalität, sondern gleichzeitig fasziniert vom eigenwilligen Lichtspiel, das das Rot und Weiß der Wappenfarben Bolognas in verschiedenartige Schattierungen taucht. Wenige Pfeiler, die fünfzig «Bologneser Fuß» voneinander entfernt sind, unterstützen trotz ihrer gotischen Form einen Raumeindruck, der zugleich Kraft und Leichtigkeit vereint und fast gänzlich die Vertikalität der nordischen Gotik aufhebt.

Die Seitenkapellen demonstrieren ein ganzes Repertoire an Stilen und beherbergen eine bedeutende Sammlung von Kunstwerken.

In der ersten, dem hl. Abbondio gewidmeten Kapelle - die Chorschranke, der Altar und das Glasfenster sind aus den Jahren 1865-67 - findet man zwei Fresken an den Seitenwänden, in denen Giovanni aus Modena ein authentisches Traktat der mittelalterlichen Theologie aus dem Jahre 1420 in Bilder faßte: (links) *Die Auswirkungen des Todes Christi auf das Verhältnis zwischen christlicher und jüdischer Religionsgemeinde*; (rechts) *Der Baum der Erkenntnis, der zwischen Altem und Neuem Testament steht, ist ein Werkzeug der Versuchung und wird zum Kreuz Christi und damit zum Werkzeug der Erlösung.*

Zwischen dieser und der folgenden Kapelle kann man ein Kreuz aus Felsgestein von 1159 sehen, das die Unterschriften der Steinmetze Alberico und Pietro, Vater und Sohn, trägt. Es ist eines von vier Kreuzen, die sich bis 1798 an jenen Stellen befanden, wo Tore den Weg in die mittelalterliche Stadt öffneten.

Die zweite Kapelle ist ein Beispiel für eine der reichsten und prunkvollsten Barockverzierungen und wurde zwischen 1720 und 1749 von dem Architekten Alfonso Torreggiani für Kardinal Pompeo Aldrovandi geschaffen, der hier seine Ruhestätte hat. Die liegende Statue des Kardinals ist 1727 unter den Händen des römischen Bildhauers Camillo Rusconi entstanden. Die Holzstatuen der *Religion* und der *Weisheit* und die vergoldeten Stuckreliefs in den Lünetten mit den *Ereignissen aus dem Leben des hl. Petronius* und den *Beispielen der Tugend* stammen von Ottavio und Nicola Toselli, während die *Himmelfahrt der Jungfrau* im Gewölbe von Vittorio Bigari und Stefano Orlandi ist.

1

2

Die Nische über dem Altar enthält den wertvollen *Reliquienschrein mit dem Kopf des hl.Petronius*, ausgeführt von Francesco Giardoni in Rom und dann als Schenkung des Papstes Benedikt XIV. Lambertini hierher verbracht.

Die dritte, dem hl.Ivo gewidmete Kapelle ist ebenfalls im Barockstil gearbeitet, allerdings mit schlichten und Helligkeit betonenden Formen, die dem Bologneser Geschmack mehr entsprachen. Sie wurde im Jahre 1752 von Carlo Francesco Dotti eingerichtet und enthält Skulpturen von Angelo Gabriello Piò sowie eine Altartafel von Gaetano Gandolfi (1781), die die *Madonna von S. Luca mit den Heiligen Emidio und Ivo* darstellt. Eine kleine Probe der linken Wand hat das Fragment einer alten Freske (1438-1440) von Pietro di Giovanni Lianori ans Licht gebracht.

1. Die linke Seite der Basilika in der Via Archiginnasio. 2. Der hl.Dominikus auf dem Marmorsockel. 3. Gleichgewicht und Helligkeit im Inneren von S.Petronio. 4. Giovanni da Modena: Kruzifix zwischen der Synagoge und der Kirche. 5. Giovanni da Modena: Der Baum des Kreuzes zwischen Altem und Neuem Testament.

3

4

5

1

2

3

Die vierte Kapelle ist die einzige, die bis in die heutige Zeit ihre ursprüngliche, zwischen 1400 und 1420 entstandene und nach den Vorstellungen des reichen Seidenhändlers Bartolomeo Bolognini ausgestaltete Form erhalten konnte.

Der Architekt der Kirche selbst, Antonio di Vincenzo, zeichnete den Plan für die *Chorschranke* (1400), während ein unbekannter Künstler, «Meister von St.Petronius» genannt, das leuchtende Polyptychon aus Holz anfertigte, das später auf der unteren Altarstufe mit den *Geschichten der drei Weisen* und auf den Eckpfeilern mit *Heiligen* und *Propheten* von dem Bologneser Jacopo di Paolo bemalt wurde. Dieser fertigte auch die Vorlage für die Glasfenster an, die die *Herrlichkeit Christi*, die *Verkündigung* und verschiedene *heilige Apostel und Evangelisten* darstellen.

Zwischen 1408 und 1420 bemalte Giovanni aus Modena die Wände mit Fresken: links *Himmel und Hölle*; im Hintergrund *Geschichten aus dem Leben des hl.Petronius* und rechts die phantasievollen *Geschichten der drei Weisen*.

Die folgende Kapelle des hl.Sebastian wurde zwischen 1487 und 1497 verziert und belegt deutlich die

1. Pietro und Alberico: Kreuz aus Fels (1159). 2. Die Barockkapelle S.Petronio. 3. Die Kapelle Bolognini, 1400-1420 ausgestaltet. 4. Das hölzerne Polyptychon von Jacopo di Paolo.

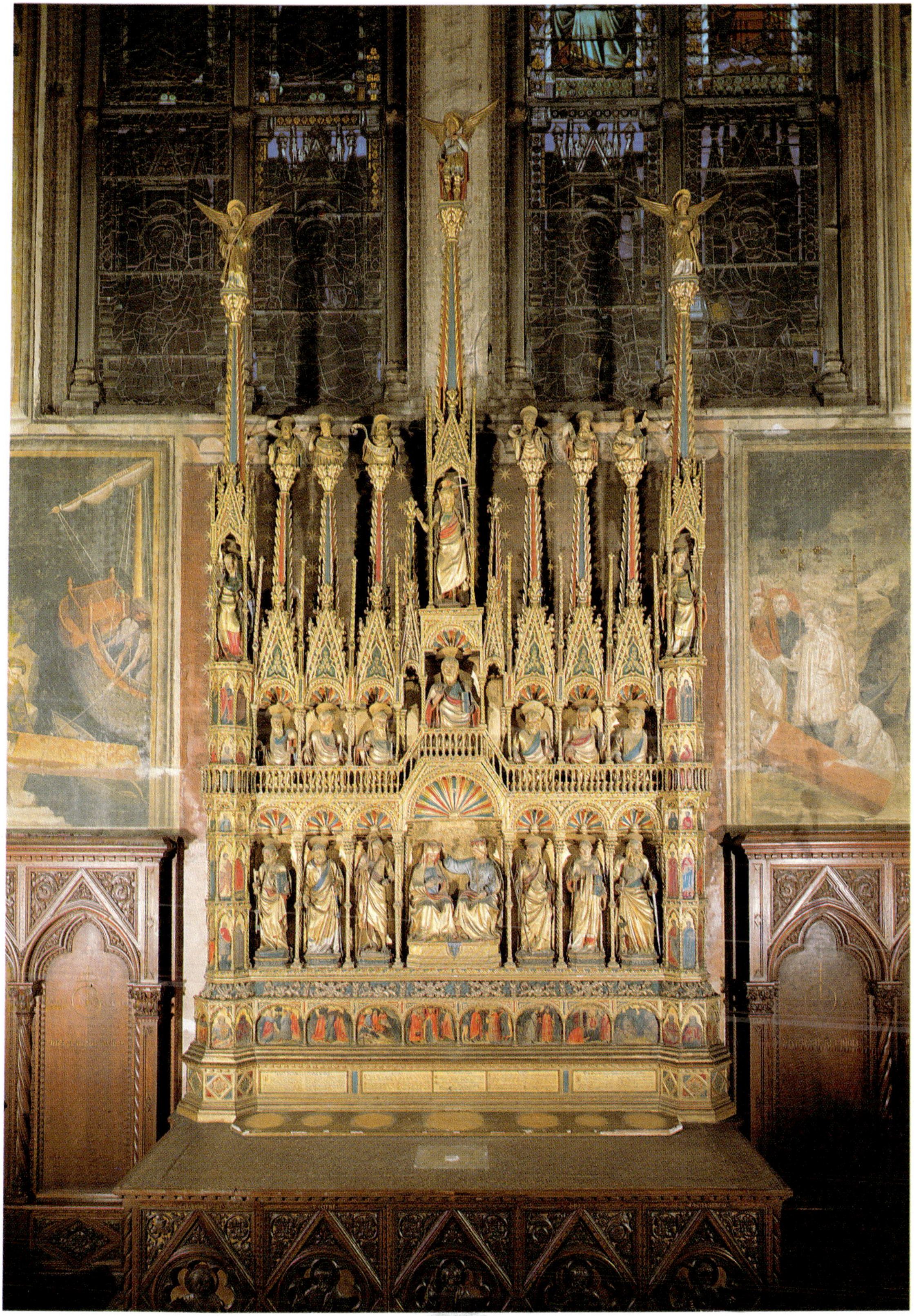

4

1

2

1. Giovanni da Modena: Detail aus dem Malereizyklus der Heiligen Drei Könige. 2. Kapelle S.Sebastiano: Detail des Keramikbodens (1487). 3. Kapelle S.Sebastiano: Die Glasfenster von Costa (15.Jh.). 4. Die Kapelle S.Giacomo mit der wundervollen Altartafel von Costa. 5. Kapelle S.Giacomo: Grabmal der Fürsten Baciocchi (19.Jh.)

3

4

ideellen und formellen Errungenschaften der Renaissance. Das Altarbild mit dem Stifter der Kapelle, dem Kanoniker Donato Vaselli, zeigt das *Martyrium des hl. Sebastian* und ist von einem unbekannten Maler aus Norditalien; die lebensgroßen Gemälde der *zwölf Apostel* an den Seitenwänden sind von Lorenzo Costa aus Ferrara, der auch die *Madonna Verkündigung* des Altarbildes malte. *Der Engel der Verkündigung* ist dagegen ein Werk von Francesco Raibolini, auch «il Francia» genannt.

Elegant sind die Einlegearbeiten von Agostino de'Marchi (1495), die die *Stühle und Betstühle* fein verzieren. Ausgesprochen kostbar ist der *Keramikboden* von Pietro di Andrea aus Faenza (1487). Die Glasfenster stellen den *hl. Sebastian*, die *Verkündigung* und die *Schutzheiligen von Bologna* dar und wurden wahrscheinlich von den Glasbläsern Cabrini nach einem Plan von Costa geschaffen.

Die nächste, sechste Kapelle beherbergt ein modernes Werk von Giacomo Manz. Es ist die Statue des *Kardinals Giacomo Lercaro*, die hier 1954 zur Erinnerung an die feierliche Einweihung der Basilika enthüllt wurde.

Die siebente, dem hl. Jakob gewidmete Kapelle betritt man durch eine reich verzierte Chorschranke, die der Schule des Francesco di Simone aus Fiesole (Ende 15. Jahrh.) zugeschrieben werden kann. Aus der gleichen Epoche stammt der wundervolle Altar, auf dem die *Madonna mit Kind auf dem Thron mit den Heili-*

5

1

2

gen Sebastian, Jakob, Hieronymus und Georg zu sehen ist, das Hauptwerk von Lorenzo Costa (1492).

Bemerkenswert ist auch das *Grabdenkmal* an der rechten Seite der Kapelle, das die sterblichen Überreste des Fürsten Felice Baciocchi und seiner Frau Elisa Bonaparte, Großherzogin der Toskana und Schwester von Napoleon I. enthält. Das Denkmal ist ein raffiniert ausgeführtes Werk von Cincinnato Baruzzi (die drei großen Statuen) und Lorenzo Bartolini (die Basis, das Gesims und das Porträt von Elisa).

In Höhe des Monumentes nimmt die Linie der weltberühmten Sonnenuhr von S.Petronio ihren Anfang, die 1655 von Domenico Cassini konstruiert und 1765 von Eustachio Zanotti restauriert wurde. Sie ist die größte, in einem geschlossenen Raum gebaute Sonnenuhr und ihre Länge entspricht dem sechshundertsten Teil eines Erdmeridians.

Werke von künstlerischem Interesse kann man auch in den folgenden Kapellen entdecken: Die *Ekstase des hl.Rocco*, ein bewegendes Werk von Francesco Mazzola, auch «Parmigianino» genannt, in der achten; der ungestüme aber edle *Erzengel Michael* von Denjs Calvaert (1582) in der neunten und in der elften Kapelle jene Gemälde, die sich ursprünglich an den Orgelseiten befanden (15.Jh.) und mit *Szenen aus dem Leben des hl.Petronius* (1531) von Amico Aspertini bemalt wurden, der hier seinen eigenwilligen und unkonventionellen Stil demonstriert; die Szenen waren im 17.Jahrhundert mit Barockornamenten überdeckt und sind erst kürzlich bei Restaurierungsarbeiten wieder zum Vorschein gekommen.

Am Ende des Mittelschiffs findet man das Museum der Kirche, das trotz seiner geringen Größe sehr interessante sakrale Gegenstände, verschiedene Kodizes in Miniatur sowie Skulpturen, vor allem aber eine reiche Sammlung von Zeichnungen für die Gestaltung der Fassade, darunter auch Pläne von so großen Architekten wie Baldassarre Peruzzi, Vignola, Palladio und anderen in sich versammelt.

Die Apsis und die Hauptkapelle wurden zwischen 1653 und 1663 vollständig umgebaut.

Der große *Baldachin* über dem Altar wurde 1673 nach einem Plan des Architekten Gian Giacomo Monti mit feinem Stuck versehen und von Giovan Battista Barberini mit Figuren ergänzt. Paolo Griffoni schuf die Ornamente. Jenen drei Künstlern verdankt die Basilika auch die riesigen barocken Verkleidungen der Orgel, die ihr ganzer Stolz sind.

Die *rechte Orgel*, zwischen 1471 und 1475 von Giacomo da Prato erbaut, ist die älteste erhaltene Orgel ihrer Größe und die erste mit unabhängigen Registern. Die *linke Orgel* hingegen wurde 1596 von Baldassarre Malamini ergänzt und man begann seitdem, für S.Pe-

1. Der berühmte Meridian von Cassini. 2. Der hl.Rocco von Parmigianino. 3. Das große Presbyterium und die Orgeln aus dem 15. und 16.Jahrhundert.

3

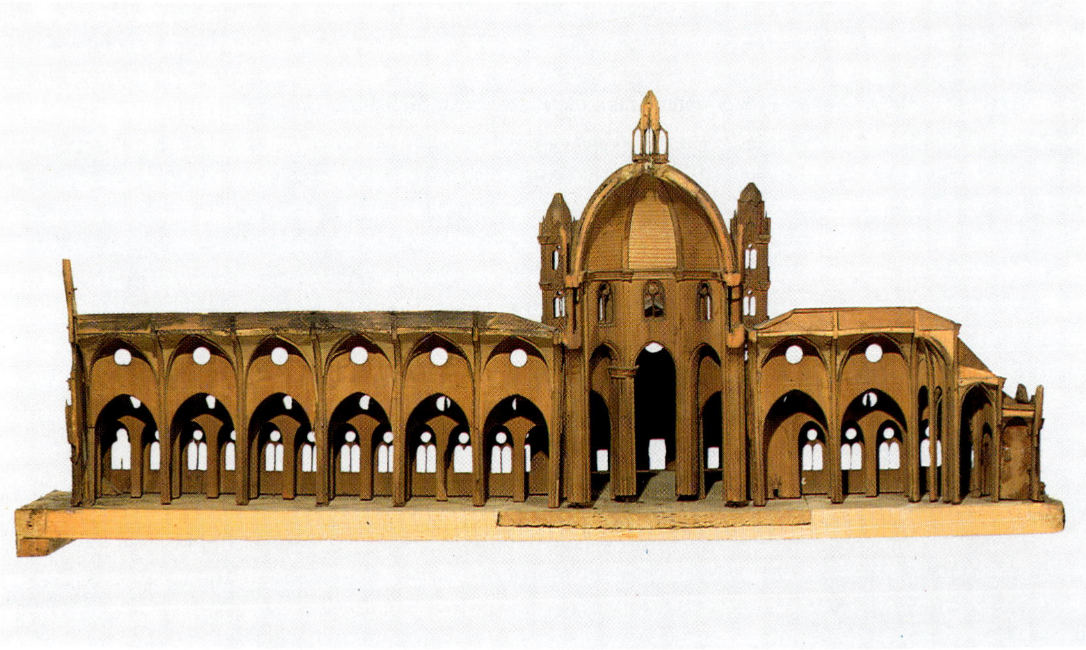

1

2

3

4

5.

1. Museum von S.Petronio: Das hölzerne Modell der Basilika (16.Jh.). 2. Reliquiar aus Elfenbein. 3. Prozessionskreuz. 4. Miniatur aus dem 15.Jahrhundert. 5. Miniatur aus dem 15.Jahrhundert. 6. Großes Reliquiar aus hochwertigen Metallen und Edelsteinen.

6

1

2

tronio Kompositionen für zwei Orgeln zu schreiben. Zwei Jahrhunderte lang galt die Musikkapelle der Kirche als eine der besten ganz Italiens.

Eindrucksvoll ist auch das große hölzerne, über dem Altar hängende *Kruzifix* aus dem 15. Jahrhundert und der Chor, der zwischen 1467 und 1479 von Agostino de'Marchi eingerichtet wurde. Für das Chorgestühl in der Mitte benutzte er Zeichnungen des berühmten Malers Francesco del Cossa aus Ferrara. Unterhalb der rechten Orgel öffnet sich dem Besucher eine künstliche Grotte, in der sich eine große, von Vincenzo Onofri Anfang des 16. Jahrhunderts modellierte *Pietà* aus mehrfarbigem Backstein verbirgt.

Die zweite Seitenkapelle des rechten Kirchenschiffs ist die der alten Metzgerzunft. In ihr kann man einen glänzenden Altar mit einer Darstellung der *Herrlichkeit der Madonna zwischen den Heiligen Petronius und Domenikus*, ein ungewöhnliches von Bartolomeo Passarotti um 1580 gemaltes Werk sehen.

Die dritte Kapelle, die zwischen 1524 und 1526 für den reichen Bologneser Händler Giovanni Antonio Saraceni von Girolamo aus Treviso ausgestaltet wurde,

3

1. Der Baldachin des Hauptaltars (17Jh.). 2. Das hölzerne Kruzifix aus dem 15. Jahrhundert. 3. Der hölzerne Chor, mit Einlegearbeiten von Agostino de'Marchi (1469-79). 4. Die kostbare Orgel von Lorenzo da Prato (1471-75).

4

1

2 

3 

der die Statue des *hl.Anton* und auch das monochrome Gemälde der *Wunder des Heiligen* schuf, dokumentiert sehr gut die Ornamentik der reifen Renaissance.

Interessant ist das farbige Glas der Fenster; das der großen Fensterrose, den *hl.Anton* darstellend, und das der kleinen Fensterrosen mit der *Verkündigung*. Ausführt um 1518 nach den Vorlagen des Perugino weisen sie eine heitere Linienführung auf, die für das 15.Jahrhundert typisch ist. Jene mit den acht großen Figuren von Heiligen hingegen, die in der zweiten Hälfte des selben Jahrhunderts nach einer Zeichnung von Pellegrino Tibaldi zu Ende geführt wurden, deuten in ihrer hervorbrechenden Plastizität schon auf die beginnende Barockzeit hin.

Die nächste Kapelle *des Sakraments* beherbergt neben den wunderbaren Intarsien des Gestühls zu beiden Seiten der Kapelle, die zwischen 1513 und 1521 von dem Olivetaner Bruder Raffaele aus Brescia für die Kirche S. Michele in Bosco angefertigt und dann hierher verbracht wurden, auch einen kostbaren Marmorbaldachin für das Allerheiligste, der 1633 nach dem Plan von Alessandro Algardi in Rom ausgeführt wurde.

4 

1. Bartolomeo Passarotti: Madonna mit den Heiligen Petronius und Dominikus. 2. Girolamo da Treviso: Der hl.Anton von Padua, Marmor. 3. Kapelle des Sakraments: Der Tempel, Einlegearbeit von Raffaele da Brescia. 4. Kapelle des Sakraments: Der hl.Petronius, Einlegearbeit von Raffaele da Brescia.

1

2

3

Die fünfte Kapelle, die *Unbefleckte* genannt, legt Zeugnis ab über die jüngste Neugestaltung der Basilika. Zwischen 1908 und 1929, mit letzten Nacharbeiten im Jahre 1951, wurde sie nach den Vorschlägen von Achille Casanova im Jugendstil gearbeitet. Die Gemälde sind von Casanova selbst und von Renato Pasqui; der Boden entstammt der Werkstatt Chini in der Toscana (von 1918) und das Gitterwerk ist von Armando Casadio (1929).

In den übrigen Kapellen sind folgende Werke erwähnenswert: das Altarbild in der siebenten Kapelle mit einer Pietà von Amico Aspertini im Jahre 1519 gemalt, deren unglaublich dramatische Expressivität den Betrachter in Erschrecken versetzt; die nächste Kapelle *des Heiligen Kreuzes*, einst der Zunft der Notare gehörend, begrenzt eine Chorschranke, die zwischen 1481 und 1483 in der Werkstatt des Albertino Rusconi aus Ferrara errichtet wurde. Man findet in ihr auch das berühmte Glasfenster, das nach einer Vorlage von Michele di Matteo von dem Seligen Jakob Griesinger, einem Dominikaner, 1464-1466 vollendet wurde, und das durch die Lebhaftigkeit und Transparenz seiner Farben eine erstaunliche Wirkung erzielt.

1. Amico Aspertini: Die dramatische Pietà. 2. Lorenzo Costa: Der hl.Hieronymus. 3. Kapelle des Heiligen Kreuzes: Die Glasfenster von Giacomo da Ulma (15.Jh.). 4. Piazza Maggiore: Der Palazzo dei Banchi von Vignola.

PALAZZO DEI BANCHI

Im Osten erhebt sich mit dem Palazzo dei Banchi (Palast der Banken) ein weiteres Gebäude, das dem Platz durch architektonische Umgestaltung schon bestehender Bauten ein neues Gesicht verleihen sollte. Jacopo Barozzi, auch Vignola genannt, erhielt 1565 den Auftrag ein schwieriges städtebauliches Problem zu lösen, das darin bestand, eine malerische Gruppe von mittelalterlichen Häuschen und Werkstätten zu verbergen, um damit dem Platz eine neue Würdigkeit zu verleihen, ohne jedoch die Verbindung zu den lebendigen Gäßchen Pescherie und Clavature zu unterbrechen.

Barozzi wählte die Form einer Kulisse: Die Fassade ist eine Konstruktion von fünfzehn Spannweiten in zweigeschossiger Anordnung. Die untere Reihe ist ein durch korinthische Lisenen unterbrochener Säulengang, dessen zwei größere Gewölbe die Verbindung mit den Marktstraßen gewährleisten. Darüber erhebt sich ein Stockwerk, das die Verschiedenartigkeit der sich anschließenden Häuser, die Fenster in unterschiedlicher Höhe besitzen, mit der Fassade versöhnt. Der Palazzo dei Banchi wird daher mit Recht als ein Bravourstück von formvollendeter Struktur bezeichnet.

4

Piazza del Nettuno

Seit dem 18. Jahrhundert nennt man die Piazza del Nettuno (Platz des Neptun) nach dem gleichnamigen, monumentalen Brunnen, der 1566 nach dem Abriß einiger alter Häuser und Werkstätten hier erbaut wurde.

Der **Brunnen des Neptun** wurde 1563 von Tommaso Laureti entworfen, der dem flämischen Bildhauer Jean Boulogne aus Douai, auch Giambologna genannt, den Auftrag zur Ausführung der Bronzestatue des Meeresgottes erteilte. Die Figur des Neptuns vereinigt eine Vielfalt von Gesichtspunkten: Inspiriert durch einen sich bewegenden menschlichen Körper, empfindet die Statue in ihrer spiralförmig angedeuteten Drehung antike ideale Maßstäbe nach und lockt so den Betrachter auf einen Rundumgang, der ihn ihre Ganzheit erfahren läßt. Die volle Schwere des Gottes mit seinem Dreizack in der Hand lastet auf dem linken Fuß, während der rechte leicht auf einem Delphin lehnt. Der quadratische Sockel aus rotem Veroneser Marmor und die weiße Marmorumrandung des Brunnens bilden ein chromatisches Gegenspiel. Eine

1

4

komplexe Allegorie über das Fließen der vier größten Ströme der Welt ins Weltmeer wird von mythologischen Symbolen begleitet: Putten, die mit Delphinen spielen; kleine, muschelförmige Brunnen, Sirenen, Maskarone (fratzenhafte Masken) und Löwenköpfe. Auf dem Sockel haben die Wappen des Papstes und des päpstlichen Vizelegaten einen zentralen Platz, was dieses Werk als eine Verherrlichung der guten Regierung von Pius IV. ausweist.

PALAZZO DI RE ENZO

Auf der Piazza del Nettuno rechts vom Brunnen findet man den Palazzo di Re Enzo (Palast des König Enzo), dessen Bau auf das Jahr 1244 zurückgeht. In diesem Gebäude, das ursprünglich als Sitz der Gemeinde dienen sollte, war König Enzo, Sohn von Friedrich II., 23 Jahre lang bis zu seinem Tode 1272 eingesperrt, nachdem er bei der für die Bologneser siegreichen Schlacht von Fossalta (1249) gefangengenommen wurde.

Die Restaurierungsarbeiten von Alfonso Rubbiani (1905-1913) haben die Rekonstruktion des früheren mittelalterlichen Aussehens des Palastes durch Ergänzung der Zinnenkrone und zweier dreibogiger Fenster sowie durch den Abriß einiger Werkstattgebäude aus dem 16. Jahrhundert ermöglicht, was den alten Innenhof wieder ans Licht gelangen ließ. Im Erdgeschoß des Palastes, das durch Kreuzgewölbe geschlossen ist, wurde früher Kriegsgerät aufbewahrt, während die großen Säle des Zwischengeschosses und des ersten Stocks für Volksversammlungen genutzt wurden. Geht man den Platz des Neptun entlang, vorbei am Palazzo di Re Enzo und biegt an dessen Ende nach rechts ab, gelangt man in die Straße, die früher als «Mittlerer Markt» bekannt war, und die heute, völlig umstrukturiert durch den Stadtbebauungsplan von 1889, Via Rizzoli genannt wird.

---

1. Eine romantische Aufnahme des Neptun. 2. Nachtaufnahme: Neptun und die «curia potestatis». 3. Die Piazza Nettuno mit dem Palazzo Re Enzo und dem Palazzo del Podestà. 4. Der berühmte Brunnen von Giambologna nach der Restaurierung in den Jahren 1988-91.

2

1. Die riesigen Bauten des Palazzo del Podestà und des Palazzo Re Enzo. 2. Der Hof des Palazzo del Podestà, auch «curia potestatis» genannt.

In seinen typischen Seitenstraßen kann man noch immer Merkmale des alten Bologna entdecken: In der Via Caduti di Cefalonia (zweite Querstraße links) befindet sich das **Castellani-Haus** (Nr.3-5) aus dem 14.Jahrhundert mit einem von Balken getragenen oberen Stockwerk. Desweiteren aus dem 15.Jahrhundert in der Via Oberdan (dritte Querstraße links) das **Felicini-Haus** (Nr.16), das **Dalle Corregge-Haus** (Nr.18), das **Beroaldi-Haus** (Nr.22) und das **Buoi-Haus** (Nr.24). Am Ende der Via Rizzoli ist die *Piazza di Porta Ravegnana*, wo sich der **Palast der Stoffhändler** (Nr.1) befindet. Im Jahre 1486 bestellte die Zunft der Stoffhändler Giovanni Piccinini aus Como für den Bau des Gebäudes, das ihnen als Sitz dienen sollte und das seither von den Bolognesern scherzhaft «Palast der Lumpensammler» genannt wird. Der Auftrag der Stoffhändler hatte die Bedingung zum Inhalt, daß die Fenster des neuen Palastes denen des 1507 zerstörten Palazzo di Bentivoglio ähneln müßten. Man kann deshalb diesen Palast als ein wertvolles Zeugnis für die Baukunst der Renaissance in der Zeit jener Signoria betrachten. Der Fassade, die in einer Zinnenkrone ihren Abschluß findet, wird von den auf halber Höhe unterbrochenen Lisenen Kontrast gegeben. Der Balkon ist eine Ergänzung des 17.Jahrhunderts.

2

1

DAS ANTIKE GETTO

Das nur teilweise mit Bogengängen versehene Gassengewirr mit seinen parallel verlaufenden Hauptachsen Via dei Giudei (Judenstraße), Via dell'Inferno (Höllenstraße) und Via Mandria bildete einst das Getto der Juden in Bologna (ghetto, aus dem Venetianischen ghèto, bzw.getto; Name eines von Juden bewohnten Viertels der Metallgießer). Ihre geschäftlichen Tätigkeiten sind in Bologna seit dem 12.Jahrhundert belegt. Hier wurden sie zum ersten Mal, aus anderen Vierteln wie Santo Stefano und San Vitale-Caldarese-Casteltialto kommend, angesiedelt. Das Getto zu beiden Ufern des Aposa - der Flußlauf wurde an dieser Stelle erst 1462 überbaut - war praktisch umschlossen von sechs Kirchen (S.Giobbe, S.Nicol degli Albari, Ss.Simone e Giuda, S.Maria dell'Aposa, San Donato, San Marco). Seinen Eingang bildeten zwei Torbogen (der Malvasia-Bogen in der Via Zamboni und der Tubertini-Bogen in der Via Oberdan), deren Portale bei Einbruch der Nacht verriegelt wurden. Später entstanden zwei weitere Zugänge: Einer in der Via Giudei in der Nähe der Due Torri (Zwei Türme), der andere, der Spada-Bogen, an der Piazza S.Martino.

1. Die Via Rizzoli von Westen aus gesehen. 2. Piazza Ravegnana: Der Palazzo dei Drappieri (Palast der Stoffhändler) aus dem 15.Jahrhundert.

Im Jahre 1556 zwang der päpstliche Legat Lenzi kraft eines Befehls von Paul IV. die Juden erneut hinter die Gettomauern. Hier verblieben sie bis 1569. Dasselbe wiederholte sich in den Jahren 1586-1593, bis eine päpstliche Bulle von Klemens VIII. sie endgültig der Stadt verwies - was bereits vorher desöfteren geschehen war - mit der Order, sich den Gettos in Ferrara, Cento oder Lugo anzuschließen, oder den Kirchenstaat für immer zu verlassen. Einige der malerischen Winkel des Viertels (Via dei Giudeì, seit 1556 **Judäa** genannt, und der Vicolo Mandria, welcher noch im 17.Jahrhundert **Via del Ghetto** hieß) erinnern noch an ihre einstige Anwesenheit. Andere Straßen, wie die Via dell'Inferno, wo einst die Kaldaunenläden waren oder die heute anonym wirkenden Gassen Vicolo **Purgatorio** und Vicolo **Limbo** sowie die Via **del Carro** und die Via **Valdonica** sind noch heute in ihrem Ursprung umstritten.

In der Via dell'Inferno steht auf starken Stützmauern das **Haus der Synagoge** (Nr.16). Am Haus 20/2 erinnert eine 1938 zum 50.Jahrestag der berüchtigten Rassengesetzgebung angebrachte Gedenktafel an die Vergangenheit der Hebräer: Für den berühmten Talmudgelehrten aus Bertinoro Obada Sforno, der im 15. Jahrhundert eine Rabbinerschule in Bologna gründete.

Ihr gehörten die nicht minder bekannten Gelehrten Azaria de'Rossi, Yaakov Mantino und Samuel Archivolti an. Schließlich erinnert die Tafel an den Rabbiner Alberto Avraham Orvieto und alle anderen Juden, die mit ihm 1943 Opfer der Deportationen wurden.

Heute werden Projekte erarbeitet, um das jüdische Getto kulturell zu restaurieren und es durch Geschäfte und Handwerksläden neu zu beleben. Eine malerische Atmosphäre erlebt man nahe dem **Torre Ugozzoni** aus dem 14.Jahrhundert, der von zwei Tordurchfahrten flankiert wird.

LE DUE TORRI

Genau auf der Piazza di Porta Ravegnana kann man das eigentliche Symbol Bolognas bewundern: Die Zwei Türme. Das mittelalterliche Bologna war vor allem durch die Idee der Dreidimensionalität geprägt, bei der der Vertikalismus die wichtigste Rolle spielte. Die Türme hatten eine wesentliche militärische Bedeutung, nicht nur für die Stadt, sondern auch für das umliegende Gebiet, da man von ihnen aus bei Notfällen Lichtsignale sendete oder empfing. So konnte man mit den anderen Häusern in Verbindung bleiben oder sogar über Schwebebrücken von einem Turm zum anderen gelangen. Darüberhinaus waren die Familientürme auch Ausdruck der sozialen Stellung und des Ansehens in der Stadt. So sagt man, daß den **Turm der Asinelli** die gleichnamige Familie zwischen 1109 und 1119 errichten ließ. Er erhebt sich mit seinen 97 Metern auf einem mit Bossenwerk aus Gips versehenen Sockel und ist im Verfahren des sogenannten «Sack-Mauerwerks» gebaut, bei dem man zwei getrennte parallele Ziegelflächen errichtete und den entstandenen Hohlraum mit Kalk und Kieselsteinen auffüllte: Ein System, das in Bologna bis in das 17.Jahrhundert üblich war. Der Asinelli gipfelt in einem kleinen Türmchen, das mit welfischen Zinnen bekrönt ist. An der Basis des Wehrturmes wurde 1488 ein befestigter Umbau für die Wachmannschaft errichtet, die auch als vorübergehendes Gefängnis für nächtliche Ruhestörer diente. Die Treppen im Innern gehen auf das Jahr 1648 zurück. Im Laufe der Jahrhunderte hat der Turm der Asinelli Erdbeben und Brände überlebt. Er wurde wiederholt restauriert und ist einer jährlichen Kontrolle unterzogen.

Auch der 47 m hohe Turm **Garisenda** geht auf das 12.Jahrhundert zurück. Aufgrund seiner besonderen Neigung findet er in einem berühmten Gleichnis im 31.Gesang des Infernos von Dante Alighieri (Zeilen 136-138) Erwähnung: «Wenn man am Turme hinaufschaut, dort, wo er überhängt, und streicht ein Wölkchen darüber weg, gegen den Hang, so meint man, er falle auf uns...» Stendhal hat ebenfalls mit Recht geschrieben, daß ein Bologneser im Ausland bei der bloßen Erinnerung an die Türme in Rührung geraten kann. Noch heute kreisen die Gedanken der Bologneser, die wegen ihres Schutzheiligen auch «Petroniani» genannt werden, um die Due Torri, wie auch Bolognas Straßen in einem Strahlenkranz die Türme Garisenda und Asinelli umgeben.

1. Die Via dell'Inferno, «Achse» des Gettos. 2. Denkmal für die Judenverfolgungen und Deportationen. 3. Stolz ragen die Zwei Türme empor. 4. Der Garisenda und die strahlenförmig auseinanderlaufenden Straßen Giudei, Zamboni und S.Vitale.

Piazza della Mercanzia

Früher nannte man die Piazza della Mercanzia *Carrobbio* (Straßenkreuzung), da hier wichtige Straßen der Stadt zusammenlaufen. An diesem zentralen Platz der Altstadt wurde 1384 - 1391 nach einem Plan von Antonio di Vincenzo und Lorenzo da Bagnomarino der **Palazzo della Mercanzia** (Palast der Händler) erbaut. Das Mauerwerk aus roten Ziegeln setzt die schmückenden Ornamente aus weißem Stein in einen aufregenden Kontrast: So wird die Aufmerksamkeit jedes Betrachters sofort auf den Balkon mit dem Baldachin, der an eine gotische Kirchenkanzel erinnert, sowie auf die Profile aus istranischem Stein der zweibogigen Fenster, die raffiniert von Backsteinornamenten eingefaßt sind, gelenkt. Das Gesims unter der Zinnenkrone trägt einen Fries mit den Wappen der einzelnen Innungen.

In den Nischen befanden sich einst die wertvollen Statuen der *Justiz* und der *Schutzheiligen* der Stadt, die heute im Städtischen Museum des Mittelalters (Museo Civico Medievale) zu sehen sind. Der Palast wurde bei einem Bombenangriff im Jahre 1943 schwer beschädigt. Während der sehr detailgetreuen Restaurierung unter Leitung des Architekten Alfredo Barbacci sind die ersetzten Teile mit einem Zeichen versehen worden, sodaß Art und Zeit der Restaurierung

3

künftig erkennbar sind. An den Wänden der inneren Treppe sind die Wappen der Familien angebracht, die das Amt eines Richters am «Gericht der Händler» bekleideten, der bei Streitigkeiten zwischen Käufern und Verkäufern zu schlichten hatte.

Der Piazza della Mercanzia ist aber auch deshalb sehenswert, weil er einer ganzen Reihe Gebäude Platz bietet, die die Baukunst des Mittelalters illustrieren: Die **Seracchioli-Häuser** (Piazza della Mercanzia 5 und Via Santo Stefano 2) aus dem 13.Jahrhundert, die in den ersten Jahrzehnten des 20.Jahrhundert wieder aufgebaut wurden; das **Reggiani-Haus** (Nr.2), das eine Fassade aus Ziegeln mit kleinen spitzbogigen Fenstern trägt und das **Volta-Haus** (Nr.1) aus dem 16.Jahrhundert mit Altan und Vorkragung.

4

1. Die Uhr (19.Jh.) des Palazzo della Mercanzia. 2. Der anmutige Palazzo della Mercanzia aus dem 14.Jahrhundert. 3. Der alte Carrobbio von Süden aus gesehen. 4. Romanische Häuser hinter der Loggia dei Mercanti (Loggia der Händler)

Via Castiglione

Die alten Chronisten sind zerstritten: Stammt der Name Castiglione nun von *castilio* (Schloß) oder von *castel leone* (Löwenschloß), oder offenbart er gar eine Verbindung mit dem im Gebirge gelegenen Lehnsgut Castiglione, das von 1540 bis zur Zeit Napoleons (1796) von der Pepoli Familie regiert wurde? Tatsache ist, daß die Pepoli seit dem 13. Jahrhundert Häuser in dieser Straße besaßen. Beim **Palazzo Pepoli** (Nr. 6-8-10), das älteste Eigentum der Pepoli, mit seinem massigen aber schrägen Sockel und dem Zinnenkranz könnte man schon an ein Schloß denken. Die kargen Schmuckelemente weisen eine Art der Geometrie auf. Bemerkenswert ist der Spitzbogen des Portals Nr.6, der ein Schachbrettmuster, das heraldische Symbol der Familie, trägt. Die Farbe der Ziegel, die heute schon eher eisenfarbig denn rot anmutet, betont den mittelalterlichen Charakter des Hofes, von dem riesige, mit kleinen Dächern versehene Zinnen dem Himmel entgegenstreben. Der Palast, den Taddeo Pepoli 1344 errichten ließ, war mit 200 Schlafzimmern ausgestattet, in denen bis zu 180 Angestellte der Pepoli untergebracht werden konnten. Der Reichtum dieser Familie war angeblich so unermeßlich groß, daß 3800 Bauern nicht genügt hätten, all ihren Grundbesitz zu bewirtschaften.

Der **Palazzo Pepoli Campogrande** (Nr.7) ist ein großes Barockgebäude aus Ziegelsteinen und Felsgestein. Früher nannte man ihn auch «Neuer Pepoli Palast» oder «Ketten-Pepoli» wegen seiner Einfriedung mit den typischen «fittoni» (ca. einen Meter hohe Pfeiler, die, miteinander durch massive Ketten verbunden, den Zugang für Fuhrwerke zu den Höfen versperrten). Odoardo Pepoli ließ dieses Bauwerk zwischen 1660 und 1709 direkt gegenüber dem Wohnort seiner Ahnen aus dem 14. Jahrhundert errichten. An diesem Bau waren die Architekten Giovanni Battista Albertoni (Fassade auf die Via Castiglione), Giovanni Giacomo Monti (Vorhalle und Prunktreppe), Giuseppe Antonio Torri (Fassade auf die Via Clavature) und Francesco Angelini (Galerie des Hauptgeschosses) beteiligt. Die Prunktreppe, deren Wände von Domenico Maria Canuti mit Fresken bemalt sind, führt in das Hauptgeschoß, das Eigentum des italienischen Staates ist. Hier findet man prächtige Räume mit Gewölben, die mit wunderschönen Fresken aus dem 17. und 18. Jahrhundert bemalt sind (*Der mittelalterliche Prunk der Pepoli* und *Herkules im Olymp* von Canuti, *Allegorie der Jahreszeiten*, *Herkules' Triumph* und die *Versammlung der Götter* von Giuseppe M. Crespi von 1691, *Alexander und der gor-*

1

2

3

dische Knoten von Donato Creti aus dem Jahre 1708). Am gleichen Ort befindet sich die **Didaktische Abteilung der Staatspinakothek** (s.S.152), die Ausrichter großer Kunstaustellungen ist und die mit den Gemälden ihrer beträchtlichen *Zambeccari-Sammlung*, die 1884 aus Privatbesitz in Staatseigentum übergegangen ist, eine ständige Ausstellung zeigt.

Die Via Farini überquerend, stößt man auf eine Reihe weiterer interessanter Gebäude: Der **Palazzo Guastavillani** (Nr.20-22) aus dem 16.Jahrhundert, der in seinem Inneren eine gelungene Kombination zweier Arkaden im Renaissance-Stil verbirgt; der **Palazzo Cospi** (Nr.21), in dessen Hof aus dem 17.Jahrhundert Angelo Michele Colonna eine interessante Perspektive geschaffen hat - er malte auch die Gemälde der Säle und der Treppe (*Allegorie der Familie Cospi* und *Die Sonne, von den ersten sechs Stunden des Tages im Triumph getragen*); der **Palazzo Ratta** (Nr.24) mit den, Felsina gewidmeten Fresken von Burrini; das im 15.Jahrhundert errichtete **Poeti-Haus** (Nr.23), dessen Plan der Überlieferung zufolge dem berühmten Aristotele Fioravanti zugeschrieben wird; der **Palazzo Spada** (Nr.25-27), der im Jahre 1764 von Francesco Tadolini wieder aufgebaut wurde und ursprünglich aus dem 16.Jahrhundert

4

1. Via Castiglione: Palazzo Pepoli antico (14.Jh.). 2. Der Palazzo Pepoli Campogrande (17.Jh.). 3. Der Palazzo Cospi (14.Jh.). 4. Die Kirche S.Lucia (17.Jh.), heute Aula Magna der Universität.

1

2

stammt, wie es noch an der Tragbalkenkonstruktion der Loggia im Stil von Formigine ersichtlich ist; dessen Räume des Hauptgeschosses sind jetzt Eigentum einer Jagdgesellschaft und wurden von Künstlern des 19. Jahrhunderts kunstvoll ausgestaltet.

Kirche Santa Lucia. Hier standen einst das Haus, in dem der berühmte Jurist Antonio da Budrio (1338-1408) gelebt hatte und die alte Pfarrei von S. Lucia, die im Jahre 1537 den hl. Franziskus Xavier für einige Monate beherbergt hatte.

1562 wurde die Kirche von den Jesuiten erworben, die sie zwischen 1622 und 1659 nach einem Plan des Architekten Girolamo Rainaldi von Grund auf umbauen ließen.

3

Ungefähr ein Jahrhundert später begann man mit der Verwirklichung eines neuen Planes des Architekten Francesco Maria Angelini (1686-1731). Er sah eine Verlängerung der Kirche vor, die allerdings nie ihren Abschluß finden sollte, da die Arbeiten schon an der Basis der neuen Apsis stagnierten.

Nachdem die Kirche im Jahre 1773 den Barnabiten übereignet worden war, verlor sie im letzten Jahrhundert ihren Charakter als heiliger Ort und wurde als Laboratorium und Turnhalle genutzt. Zwischen 1986-88 perfekt restauriert, ist S. Lucia heute die **Aula Magna** der Universität. Nach ihrer Einweihung durch Papst Johannes Paul II. am 7. Juni 1988 war sie Heimstatt für die Feierlichkeiten zum neunhundertjährigen Bestehen der Lehranstalt. Oft bildet sie einen würdigen Rahmen für kulturelle und künstlerische Veranstaltungen von Bedeutung.

Das zur Kirche gehörende, ehemalige Kloster der Barnabiten bewahrt noch immer neben einem meisterhaften Säulengang, der 1676 nach einer Vorlage des Architekten Agostino Barelli errichtet wurde, die sehr elegante Bibliothek des Architekten Giovan Antonio Ambrosio von 1742.

Neben dem **Torresotto** (kleiner Turm) aus dem 12.-13. Jahrhundert, der eines der alten Tore des mittelalterlichen Mauerrings, auch «Mauer des Jahres eintausend» genannt, bildete, steht das **Dalla Lana-Haus** (Nr. 47), das im 15. Jahrhundert der Zunft der Wollfärber gehörte und als Färberei genutzt wurde. Die Wollverarbeitung ist in Bologna seit 1230 belegt und konnte in ihren Blütezeiten bis zu 15.000 Arbeiter der Stadt und des Umlandes beschäftigen. Die Wollarbeiter lebten in dem Ortsteil Orfeo, in der Via degli Angeli und in Fiaccalcollo, der heutigen Via Rialto. Die verarbeiteten Stoffe trockneten an Luft und Sonne in eigens dafür geschaffenen Räumen, «chiodare» genannt.

1. Der Torresotto (kleiner Turm) Castiglione (12.-13. Jh.). 2. Die Porta (Tor) Castiglione (14. Jh.). 3. Garten Margherita: Der kleine See. 4. Der Garten Margherita. 5. Die Kirche S. Maria della Misericordia (15.-16. Jh.)

4

Am Ende der Straße erreicht man das **Porta Castiglione**, dessen ursprüngliche Konstruktion auf das 13.Jahrhundert zurückgeht, und das Ende des 14. bis Anfang des 15.Jahrhunderts wesentlich umgebaut wurde. Das Tor ist heute freistehend, da die Stadtmauer im Jahre 1902 niedergerissen wurde.

Nachdem man das Tor durchschritten und die Ringstraße überquert hat, kommt man zum **Garten Margherita**, der auch von der Porta St. Stefano erreichbar ist. Die *Königin Margherita Promenade*, so ihr einstiger Name, wurde 1879 eingeweiht. Der Plan für diese Landschaftsgestaltung, mit kleinen Alleen für Spaziergänge, weiten Panoramen mit Blick auf Wiesen, Gesträuch und dem kleinem See ist dem Graf von Sambuy zu verdanken, der auch in Turin den Garten Valentino eingerichtet hat. Während der Arbeiten an der über 55 Hektar großen Baustelle des Gartens wurden 1876 die Gräber einer etruskischen Nekropole ans Licht gebracht. Eines der Gräber hatte man zu Studienzwecken auf dem Rasen der ehemaligen Reitbahn rekonstruiert, wo es noch heute zu sehen ist. Die Gitterpforte des Eingangs, nach einem Plan von Filippo Antolini aus dem Jahre 1843, befand sich ursprünglich in der Kirche St.Stephan. Das *Reiterdenkmal des Vittorio Emanuele II.* (von Giulio Monteverde, 1888) stand früher auf der Piazza Maggiore.

Kirche St.Maria Barmherzigkeit (Porta Castiglione 4). Im Jahre 1431 verließen die Zisterziensernonnen die Kirche, die sich seit dem 13.Jahrhundert in ihrer Ob-

5

hut befand. An ihre Stelle traten die Benediktinischen Olivetaner. Die Mönche verließen die Kirche im Jahre 1454, nachdem sie den Chor ausgebaut hatten.

1473 wurde die Kirche, die damals einschiffig war, von den Augustinern übernommen, die ihr die Seitenschiffe und die Kapellen der linken Seite noch vor 1511 hinzufügten. Im selben Jahr wurden bei einem Angriff der Truppen der Bentivoglio die Mönche in die Flucht geschlagen und das Gebäude beschädigt.

Als wieder Frieden eingekehrt war, begann man, die Fassade zu erneuern und zu erweitern sowie die Gewölbe der Seitenkapellen und das rechte Seitenschiff anzuheben. Dies geschah allerdings nur auf der Seite, die noch heute zu sehen ist, sodaß die Kirche als ein Kompromiß zwischen Spätgotik und Renaissance erscheint.

Von den zahlreichen Gemälden der Kirche hat man die meisten während der Napoleonischen Repression (Reihe von Verboten kirchlicher Ordenstätigkeit; bes. gegen Jesuiten) entfernt. Sie sind heute in den Pinakotheken von Bologna, Mailand und Paris zu sehen.

Die zwei schönen kleinen Glasfenster von Francesco Raibolini, auch «il Francia» genannt, sind aber in der Kirche verblieben. Sie stellen die *Madonna mit Kind* ,in der zweiten Kapelle rechts, und *Johannes den Täufer*, in der nächsten, sechsten Kapelle dar, in der auch die *Verkündigung*, ein Gemälde von Gaetano Gandolfi (1734-1802) aufbewahrt wird.

Herausragend sind die um 1625 für diese Kirche von Matteo Cossich - der trotz seiner istranischen Abstammung auch «der Deutsche» genannt wurde - ausgeführten Werke: der große *Tabernakel, getragen von den vier Kirchenvätern*, der heute das Taufbecken überdacht; der *Chor* und der filigrane *Orgelkasten* auf dem Hauptportal.

Bemerkenswert sind auch der *hl. Rocco* und der *hl. Johannes Nepomucenus* von Giuseppe Maria Crespi (1664-1747) und eine *Madonna mit Kind unter den Heiligen Sebastian und Ursula* von Vincenzo Spisanelli (1595-1662).

Piazza dei Tribunali (Gerichtsplatz) - Via Garibaldi

Wenn man von der Piazza di Porta Castiglione nach rechts in die 1904 von Alfonso Rubbiani projektierte Viale XII Giugno abbiegt, erreicht man die Piazza dei Tribunali, wo man auf ein Meisterwerk der Architektur des 16. Jahrhunderts trifft: Der **Palazzo Ruini** (Nr.4), später Palazzo Ranuzzi und heute **Justizpalast**, dessen monumentale Fassade Andrea Palladio entwarf. Sein Plan wurde während der Bauarbeiten, die 1584 ihr Ende fanden, teilweise abgeändert. Die obere Etage, durch acht Lisenen gegliedert, wird durch ein Giebeldreieck abgeschlossen, in dessen Mitte zwei Flügelwesen ein Wappen tragen und an dessen Seiten sich zwei Obeliskenpaare erheben. In den letzten Jahrzehnten des 17. Jahrhunderts wurde der Palast mehrfach erweitert und der Bau einer Prunktreppe mit flankierenden Stufenrampen, die 1770 nach ihrer Fertigstellung mit Statuen von Filippo Balugani ausgestattet wurde, begonnen. Im Palast findet man Gemäldezyklen von erstaun-

1

lichem Reiz: die *Allegorie des Glücks* und die *Vier Jahreszeiten*, die von Marcantonio Franceschini mit Hilfe des Quadraturmalers (jene, die Innenräume perspektivisch so bemalten, daß ein illusionistischer Eindruck entsteht) Enrico Haffner 1680 gemalt wurden; die *Geschichten der Porretta-Thermalbäder* in der Galerie, 1724-25 von Vittorio M. Bigari gemalt; *Geschichten von Theseus, von Psyche und vom Ruhm,* auf 1822 datierte Werke von Felice Giani.

DIE BASILIKA SANTUARIO DI SAN DOMENICO

Im Jahre 1219 zog eine kleine Gruppe Predigermönche, geführt vom Heiligen Reginaldo aus Orleans, von ihrem vorübergehenden Sitz in der Kirche Mascarella hierher, um sich in der kleinen Kirche S. Nicolò der Weinberge niederzulassen, die sich damals noch außerhalb der Stadt inmitten von Weinreben und Gemüsegärten befand.

Dort machte auch der Gründer des Ordens der Dominikaner im selben Jahr Halt und zelebrierte die ersten zwei Generalkapitel seiner Lehre. Er starb am 6. August 1221 und wurde in der Kirche bestattet.

Die Brüderschaft begann sofort mit einem vollständigen Wiederaufbau und der Erweiterung der Kirche, die dann 1251 von Papst Innozenz IV. eingeweiht und dem hl. Dominikus gewidmet wurde, der 1234 von Papst Gregor IX. heiliggesprochen worden war.

Die nunmehr große Basilika war durch eine hohe Mauer durchtrennt, wobei der Teil nahe des Altars, wo sich der Chor befand, den Mönchen vorbehalten blieb, im andern hingegen die übrigen Gläubigen ihren Platz finden konnten. Nach kurzer Zeit begannen die Studenten der Rechte diese Kirche zu nutzen. Sie verließen allmählich die naheliegende Benediktinerkirche S. Procolo, die ihnen nun nicht mehr genügte.

In den folgenden Jahrhunderten wurde das Aussehen beider Teile durch Anbau von Seitenkapellen und anderer Umstrukturierungen immer unterschiedlicher. Anfang des 17. Jahrhunderts riß man die Trennmauer (Ikonostase) nieder und richtete den Chor hinter dem Altar ein.

Die Dominikanermönche beauftragten deshalb den Architekten Carlo Francesco Dotti, das Innere der Kirche vollständig umzubauen. Er beendete sein Werk zwischen 1727 und 1732, indem er die übermäßige Länge des Kirchenschiffs durch eine unterbrochene und die Breite betonende Linienführung verbarg.

Auf dem Platz vor der Kirche, noch heute nach mit-

1. Der Palazzo Ranuzzi Ruini, heute Justizpalast, von Palladio (16. Jh.). 2. Die eindrucksvolle, gepflasterte Piazza di S. Domenico mit der gleichnamigen Basilika.

1

telalterlichem Bologneser Brauch mit Ziegelsteinen gepflastert, befinden sich: Eine 1627 errichtete Säule aus Ziegel, die eine in Mailand ausgeführte *Statue des hl. Dominikus* aus Kupfer trägt; das Grab des Professors der Rechte und Korrektors der Gesellschaft der Notare Rolandino Passeggeri, ein 1305 vollendetes Werk des Meisters Giovanni Marmorario, und ein weiteres Grab von Egidio Foscherari, das 1289 mit Material gebaut wurde, das von einem mit Reliefs versehenen, griechischen Marmorbogen aus dem 9. Jahrhundert stammt; eine zweite Säule aus Marmor, Ziegelstein und Kupfer, die zur Feier über das Ende der Pest, die die Bevölkerung der Stadt um ein Viertel reduziert hatte, aufgestellt wurde.

Die Fassade aus dem 13. Jahrhundert, die 1909 von dem Architekten Raffaele Faccioli restauriert wurde, verbindet die Basilika mit der großen Ghisilardi-Kapelle, die Anfang des 16. Jahrhunderts mit klaren Konturen im Renaissancestil von dem Architekten Baldassare Peruzzi aus Siena erbaut wurde.

In der Kirche befindet sich eine in Umfang und Qualität außerordentliche Sammlung von historischen Urkunden und Dokumenten der Kirchenkunst: Linkes Kirchenschiff: Der dritte Altar trägt den *Hl. Raimund aus Pennafort, das Meer mit seinem Mantel durchfurchend*, ein Gemälde von Ludovico Carracci (1555-1619); im Seitenvestibül: Das *Grab des Juristen Alessandro Tartagni* von Francesco di Simone aus Fiesole (1477). In der großen Kapelle der Mutter Gottes, in der Guido Reni und Elisabetta Sirani bestattet sind, wurden in den Jahren 1599 und 1600 die Nische mit den berühmten *Mysterien des Rosenkranzes* von den damals besten Malern Bolognas bemalt: Ludovico Carracci, Bartolomeo Cesi, Denjs Calvaert, Lavinia Fontana, Guido Reni, Francesco Albani und Domenico Zampieri (Dominichino); die Fresken des Himmelsgewölbes sind von Angelo Michele Colonna und Agostino Mitelli (1657) geschaffen worden. In der zehnten Kapelle, dem Querschiff, die als einzige ihre gotischen Eigenschaften bewahren konnte: Das monumentale *Kruzifix* von Giunta Pisano (1250), eines der Meisterwerke der Malerei des 13. Jahrhunderts von Cimabue.

Im rechten Schiff: In der ersten kleinen Kapelle neben der Hauptkapelle ist *Die mystische Hochzeit der hl. Katharina*, eine bedeutende Altartafel von Filippino Lippi (1501) und am Ende des Querschiffs der *Hl. Thomas von Aquin* von Guercino (1591-1660) zu sehen.

1. Basilika S. Domenico: Kapelle Guidotti, auch Kapelle des Rosenkranzes genannt. 2. Giunta Pisano: Kruzifix (1250). 3. Guercino: Thomas von Aquin. 4. Basilika S. Domenico: Das Presbyterium mit dem berühmten Chor, Einlegearbeit von Bruder Damiano (16. Jh.).

3

1

Durch die sich anschließende Sakristei (auf dem Altar findet man die *Geburt Christi* von Luca Cambiaso aus Genua, 1527-1585) gelangt man zu einem kleinen Museum (*Büste des hl. Dominikus* aus Backstein von Nicol dell'Arca von 1474; Fragmente einer *Piet* aus Backstein von Baccio da Montelupo, 1460-1535, und eine *Caritas*, ein Fresko von Ludovico Carracci) und zum *Chor*, der die berühmten, von Bruder Damiano Zambelli aus Bergamo zwischen 1528 und 1551 mit Intarsien versehenen Stühle enthält, ein wirkliches Meisterwerk, das sich durch künstlerische Empfindsamkeit und handwerkliches Geschick auszeichnet.

Das Querschiff wieder betretend, geht man das rechte Seitenschiff entlang und erreicht so das eigentliche Zentrum der Andacht in der Kirche, die *Kapelle des Heiligen*.

Die architektonische Ausgestaltung besorgte Floriano Ambrosini (1597); die zwei großen Gemälde an den Seitenwänden der Treppe *Das Feuer verbrennt die Bücher der Albigenser und weist die Bibel des Heiligen zurück* und *Der Heilige wiedererweckt ein Kind* sind von Lionello Spada (1576-1622) und Alessandro Tiarini (1577-1668). Dazu gesellen sich zwei grandiose und pathetische Gemälde, die die Titel *Die Auferstehung des*

1. Eine außergewöhnliche Einlegearbeit im Chor. 2. Kapelle S.Domenico: Guido Reni, Herrlichkeit des Heiligen. 3. Die Kapelle und das Grabmal des hl.Dominikus.

vom Pferd gefallenen Napoleone Orsini und *Rettung einiger Schiffe* tragen, und von Andrea Donducci (1575-1665), auch «Mastelletta» genannt, gemalt wurden, der auch die Zwickel des Gewölbes mit Fresken der *Vier Schutzheiligen der Stadt* (Petronius, Proculus, Franziskus und Dominikus) versah. Die leuchtende *Herrlichkeit des Heiligen* im Gewölbe der Nische ist ein großartiges Werk von Guido Reni (1575-1642), das mit Recht seinen Platz über dem berühmten *Grabmal des hl.Dominikus* hat, dessen Schaffung und Ausarbeitung wohl an die fünfhundert Jahre gedauert hat.

Das zentrale Relief der Vorderseite des Sockels stellt das *Begräbnis des Heiligen* dar und wurde 1768 in der Werkstatt des Giovanni Battista Boudard geschaffen; die Altartafel mit *Epiphanias* und *Offenbarungen der Heiligkeit von Dominikus* ist ein Werk von Alfonso Lombardi (1532); der zwischen 1265 und 1267 in der Werkstatt von Nicola Pisano behauene Sarkophag zeigt auf der vorderen Seite nur wenige Teile vom Meister selbst. Die anderen Seiten wurden von Arnolfo di Cambio und Bruder Guglielmo da Pisa ausgeführt.

Die berühmte Krone des Sarkophags ist ein Werk von Nicolò di Antonio und wurde später zwischen 1469 und 1473 von ihm selbst hinzugefügt. Man gab ihm deshalb

1. Das wundervolle Grabmal, zwischen dem 13. und dem 15.Jahrhundert ausgeführt. 2. Grabmal des hl.Dominikus: Vorderseite des Sarkophags. 3. Der hl.Petronius von Michelangelo.

3

1

5

auch die Beinamen «dell'Arca» («des Grabmals») oder «da Puglia».

Der besonders fein ausgefeilte Sarkophagdeckel ist an seiner Basis an den Ecken von den *vier Schutzheiligen von Bologna* umgeben. In der Mitte folgen *Christi Barmherzigkeit und die vier Evangelisten*, die orientalische Kleidung tragen, und zuoberst thront der sich erzürnende *Ewige Vater*. Nicolò vollendete das Werk aber nicht, so daß im Jahre 1475 der junge Michelangelo mit der Ausführung von drei kleinen Statuen beauftragt wurde: Der *hl.Petronio* an der vorderen Front, der *hl.Procolo* auf der hinteren Seite, auf die Statue des David hindeutend, und vorn rechts, der einen *Kandelaber tragende Engel*, der mit seiner jugendlichen Kraft und Entschlossenheit einen interessanten Kontrast zu dem sehr schönen aber zarten Engel von Nicolò bildet.

Der *hl.Johannes der Täufer* auf der hinteren Seite ist von Girolamo Coltellini (1539-1545) und das wertvolle *Reliquiar* mit dem Haupt des Heiligen von Jacopo Roseto (1383) geschaffen worden. Die *Tugenden* in den Nischen der Apsis sind von Giovanni Tedeschi (1651), während die schöne weiße Büste aus Marmor eine Rekonstruktion des tatsächlichen Aussehens des Heiligen ist. Sie basiert auf den umfangreichen Untersuchungen, die Professor Fabio Frassetto an dessen Schädel durchgeführt hatte.

6

1. Kerzentragender Engel von Nicolò dell'Arca. 2. Kerzentragender Engel von Michelangelo. 3. Rückseite des Sarkophags. 4. Der hl.Procolo von Michelangelo. 5. Zwei Propheten von Nicolò dell'Arca. 6. Jacopo Roseto: Reliquiar mit dem Kopf des hl.Dominikus (1383).

2 

3 

1. Der Kreuzgang der Toten, beherrscht durch die Kapelle des Heiligen und den Kampanile. 2. Kloster S.Domenico: Saal der Inquisition. 3. Die Zelle, in der der hl.Dominikus starb.

Die Via Farini ist durch die Vereinigung von vier alten Straßen entstanden, die 1860 nach der Einverleibung Bolognas in das Reich von Sardinien angeordnet wurde. Sie nimmt ihren Anfang an der einstigen Via Dei Libri («Straße der Bücher»), wo man zur Erinnerung an einige Juristenschulen, die dort seit dem 13.Jahrhundert ansässig waren, einen vom Komitee für Kunstgeschichte Bologna gestifteten Gedenkstein in einen Pfeiler des **Palazzo Cavazza** (Nr.3), der von Giuseppe Mengoni (1863) entworfen wurde, hat einmauern lassen.

Auf die Via Farini trifft die im Jahre 1867 eingeweihte Via Cavour mit Gebäuden aus dem 19.Jahrhundert, wie z.B. dem **Palazzo Silvani** (Nr.4) und der **Banca d'Italia** (Nr.6), deren farbiger Säulengang von Gaetano Lodi bemalt wurde.

Der **Palazzo Guidotti** (Nr.9) ist das Ergebnis einer Gebäudeumstrukturierung von Coriolano Monti, bei der elf Kapitelle des älteren Gebäudes im Säulengang der Via Farini bewahrt wurden.

Nach der aus dem 18.Jahrhundert stammenden Galerie des **Palazzo Pietramellara** (Nr.14) stößt man auf die Piazza Minghetti, die einem Denkmal des gleichnamigen Staatsmannes von Giulio Monteverde (1896) Platz bietet, und von der man das mittelalterliche **Caccianemici-Haus** in der typischen Via De'Toschi erreichen kann.

1. Die Via Castiglione von Norden. 2. Die Piazza Minghetti mit dem Denkmal des gleichnamigen Staatsmannes von Giulio Monteverde. 3. Der bemalte Laubengang der Banca d'Italia. 4. Der Palazzo della Cassa di Risparmio von Giuseppe Mengoni.

2

3

Zwischen 1868 und 1876 wurde in der Via Farini der **Palazzo della Cassa di Risparmio** (Palast der Sparkasse; Nr.22) erbaut, ein Werk des Architekten Giuseppe Mengoni, der auch die Viktor-Emanuel-Galerie in Mailand plante.

Der Sparkasse gehört auch das gegenüberliegende **Saraceni-Haus** (Nr.15) im Stile der Renaissance mit seinem schönen, in einen Altan verwandelten und mit Terrakotta verzierten Turm.

Daß diese im 19. Jahrhundert entstandene Straße, die an der Kreuzung mit der Via Santo Stefano endet, sich gut in den bereits vorhandenen städtebaulichen Rahmen einpaßte, ist nicht zuletzt Coriolano Monti aus Perugia zu verdanken, der ein Gebäude (Nr.22-28) projektierte, daß den Übergang vom neuen zum alten, edlen Abschnitt ermöglichte, ohne dabei die Zweiteilung zu verschärfen, indem er eine mit der Piazza Santo Stefano korrespondierende Fassade in der Via Farini errichtete.

3

4

An der östlichen Grenze des historisch bedeutsamen Quartiers *Pavaglione*, wo früher der Handel mit Seide betrieben wurde (der Name stammt vom lateinischen *papilio*, Schmetterling, durch Modifizierung des transalpinischen *papillon* oder *pavillon*), und das gelegentlich in «inneres Pavaglione», Galluzzi Hof, und «äußeres Pavaglione», die heutige Piazza Galvani, unterteilt wird, steht der **Palast des Archiginnasio**. Der *Säulengang des Pavaglione* bedeckt die 139 m lange, elegante traditionelle Promenade der Stadt. Pius IV. Medici ordnete 1561 den Bau des Palastes an, um für die Stadt einen einheitlichen und kontrollierbaren Universitätssitz zu schaffen. Das Archiginnasio wurde 1562-63 nach einem Plan von Antonio Morandi, auch «Terribilia» genannt, konstruiert. Es erhebt sich nur einen Stock über die von Säulen aus Felsgestein getragenen Arkaden. Unter den Loggien des beeindruckenden quadratischen *Hofes* öffnen sich: die *Kapelle der hl.Maria der Bulgaren*, mit den Fragmenten der Fresken von Bartolomeo Cesi und der Altartafel der *Maria Verkündigung* von Calvaert; im ersten Stock: der *anatomische Hörsaal* von Antonio Levanti, (1638-49) in Tannen- und Zedernholz gearbeitet, mit Statuen aus Lindenholz von Silvestro Giannotti in den Nischen und an den Seiten des Katheders die zwei *Enthäuteten* von Ercole Lelli (1735). Sowohl die Kapelle, als auch der Hörsaal wurden während eines Angriffs durch Fliegerbomben am 29.Januar 1944 zerstört, die den gesamten Ostflügel des Palastes verwüsteten. Man baute den

2

1. Das Archiginnasio von Terribilia (1562-63). 2. Der Hof mit zwei Loggien. 3. Säulengang des Pavaglione. 4. Anatomiehörsaal (17.Jh.).

1

3

4

1

2

3

Palast in den Jahren 1947 und 48 wieder auf, während die Restaurierungsarbeiten des Hörsaals erst Ende der sechziger Jahre zum Ende kamen. Das Gebäude stellt eine einzigartige Sammlung aus: Tausende von Wappenreliefs oder gemalten Wappen, die an die Studenten erinnern, die hier zwischen dem 16. und 18. Jahrhundert ein Amt bekleideten, als Räte, Prioren oder Vorsitzende der einzelnen «Nationen» und Fakultäten, schmücken fast jeden Wandflecken. In den dreißig Hörsälen und zwei Aulen der Juristen und Künstler hat seit 1838 die *Stadtbibliothek des Archiginnasio* ihren Platz gefunden, die die größte ihrer Art in Italien ist. Sie enthält ungefähr 600.000 Bände, 2.500 Inkunabeln, 12.000 Handschriften, 15.000 Bücher des 16. Jahrhunderts, 10.000 Schnitte und 15.000 Zeichnungen. Zur Bibliothek gehört ein *Kabinett der Zeichnungen und Drucke*.

Öffnungszeiten: Montag-Freitag 9.00 - 19.00 Uhr; Samstag 9.00 - 13.30 Uhr.

5

1. Einer der «Enthäuteten» von Ercole Lelli. 2. Katheder des Anatomiehörsaals mit den beiden «Enthäuteten». 3. Aula Magna der Juristen, auch Saal der Stabat Mater genannt. 4. Aula Magna der Künstler, heute Lesesaal. 5. Blick auf die obere Loggia.

1

2

MUSEO CIVICO ARCHEOLOGICO

Neben der Basilika di S.Petronio befindet sich das Museo Civico Archeologico (Städtisches Archäologisches Museum), mit Eingang zur Via dell'Archiginnasio hin. Das Museum ist im ehemaligen Krankenhaus St.Maria des Todes am 25.September 1881 eingeweiht worden. Das ursprüngliche Gebäude, 1336-39 erbaut, wurde von Antonio Morandi, der eine Galerie hinzufügte, im Jahre 1565 umgestaltet. Im Jahre 1875 erhielt es sein jetziges Aussehen von Antonio Zannoni und wurde Museum.

Die Einrichtung erfolgte in verschiedenen Phasen: Der «Saal der Antiquitäten» des Instituts der Wissenschaften, der aus den historischen Sammlungen von Aldrovandi, Cospi und Marsili bestand, wurde später zum «Antiquitätenmuseum der Universität»; das «Gemeindemuseum», das 1860 die Palagi-Sammlung übernahm, wurde 1871 zum «Stadtmuseum».

Das neue Archäologische Stadtmuseum (das bis 1962 eine mittelalterliche Abteilung besaß, die heute als selbständige Ausstellung im Palazzo Ghisilardi Fava eingerichtet ist, s.S.205, und das bereits 1881 mit den Funden der 1871-81 durchgeführten Ausgrabungen bei den Begräbnisstätten von Villanova und Felsina bereichert wurde) erwarb später auch die paläoanthropologische Capellini-Sammlung und die Funde der Ausgrabungen von 1881 bis 1924.

5

Im Vorhof mit Kreuzgang, einst Kirche und Kloster St.Maria des Todes, findet man das bedeutende *Lapidarium*. Ebenfalls in der Vorhalle befinden sich aus dem Umland von Bologna stammende Steine, kleine Urnen und Mosaikböden mit Schwarz-Weiß-Zeichnungen städtischer Herkunft. Unter all diesen Überresten des römischen Zeitalters sind folgende besonders interessant: Die *Stele des Suarius* mit dem Relief eines Hirten und sieben Ferkelchen; eine *Stele des Q.Manilio Cordo* in Form einer Ädikula; Die *Statue einer Figur mit einem Talar* aus Maccaretolo; die *Sphinx aus Kalkstein* aus Borgo Panigale; ein wunderbarer *gepanzerter Torso* aus Marmor, in dem man eine Statue des Nero vermutet (1.Jahrhundert, Fund an der Piazza Celestini).

Außerdem kann man zwei große, *zylinderförmige etruskische Altäre* aus dem 7.Jahrhundert v.Chr. sehen, die mit feinen Reliefs verziert sind und aus einem Grabungsort in der Via Fondazza stammen, wo sie 1985 ausgegraben wurden.

Von der äußersten rechten Seite des Atriums aus betritt man das **Gipskabinett**. Die Sammlung von Gips-

6

1. und 2. Zwei Teilansichten des Hofes. 3. Salon der Nekropolen von Felsina. 4. Der Gepanzerte, eine römische Marmorstatue (1.Jh.). 5. Eine Figur mit Talar aus Maccaretolo, römische Statue, und die Grabstele des Suarius. 6. Die Grabstele der Cornelii (1.Jh.v.Chr.).

abdrücken des Städtischen Archäologischen Museums wurde in drei ehemaligen Krankensälen des alten Hospitals untergebracht und kann nun den didaktischen Zweck erfüllen, den der Archäologe Edoardo Brizio ihr zugedacht hatte, als er Ende des 19.Jahrhunderts diese Sammlung gründete, die von seinem Nachfolger Gherardo Ghirardini vollendet wurde. Die Abdrücke dienen den Universitätsstudenten zum anschaulichen Studium der griechischen und römischen Kunst.

Die von Brizio und Ghirardini 1877-1920 zusammengestellten Teile erweitern einen bereits vorhandenen Kern von Werken der Pelagi-Sammlung. Im ersten Saal sind Abdrücke von Werken aus der archaischen Zeit (600-480 v.Chr.) und der Zeit von 480-450 v.Chr. ausgestellt, darunter von Miron die bekannten *Tyrannenmörder* und der *Diskuswerfer*. Der zweite Saal enthält Abdrücke von Werken der Klassik (450-400 v.Chr.), unter ihnen der *Doryphoros* von Polyklet, sowie aus der zweiten klassischen Phase (400-323 v.Chr.) den herrlichen *Hermes und das Kind Dionysos*, und aus der hellenistischen Epoche unter anderem die Skulptur des *Apoxiomenos* von Lisippo. Der Eingang zum Saal wird von der Statue der *Athene Lemnia* von Phidias (450 v.Chr.) dominiert, eine Rekonstruktion, die dem großen deutschen Archäologen des 19.Jahrhunderts Adolf Furtwängler zu verdanken ist, der den Abdruck des *Palagi-Kopfes* dieses Museums mit einem in Dresden aufbewahrten Torso verbunden hatte. Zu den Abdrücken hellenistischer Werke im dritten Saal zählt die Gruppe *Orest und Elektra*, aus römischer Zeit stammt die geflügelte *Viktoria von Brescia*, sowie andere Skulpturen.

Vom ersten Saal aus führt eine Treppe - gleich am Anfang eine *Marmorbüste des L.F.Marsigli* von Arthur Borghesani (Ende der dreißiger Jahre) - zu einem Saal mit Bogenfenstern und architektonischen Überresten des Sterbekrankenhauses (Ospedale della Morte). Hier sind Werke der Antike ausgestellt: die *Antiquitäten von Verucchio* (Rimini) aus dem 9. und 8.Jahrhundert v.Chr. sowie etruskische Gegenstände von Ausgrabungen der Jahre 1893-94 und 1962-73.

Im Hof findet man neben einer Vielzahl klassischer griechischer, römischer und christlicher Inschriften ein schönes *Gebälk* aus Marmor der Apuanischen Alpen, das aus dem Palazzo Rodriguez kommt. Interessant ist auch die Sammlung von *Meilensteinen* der antiken *Via Emilia*. Deren größtes Exemplar, das 3,30 m Höhe mißt, stammt von einem Ort nahe dem Fluß Reno und ist Augustus gewidmet, der die Straße restaurieren ließ.

Im ersten Stock sind die wichtigsten Sammlungen des Museums zu finden: die ägyptische, griechische und römische, die italisch-etruskische, die etruskische; Stücke Bologneser Archäologie aus den Nekropolen von Villanova und von den Ausgrabungen von Antonio Zannoni; das vorrömische Bologna; die ältere Steinzeit und die Eisenzeit; Zeugnisse der keltischen Kultur. Saal I, Urgeschichte (in der Umgebung von Bologna ausgegrabene Werkzeuge): Bemerkenswert sind

die *41 Bronzeäxte* aus Rocca di Badolo (Glaskasten IV), eine *Gießform aus Sandstein für eine Sense und zwei Pfeilspitzen* aus Priosta di Imola (Glaskasten VII), *Gebeinurnen* und *Ascheurnen* aus der Grabstätte von Pragatto (Glaskasten IX), *Funde aus der «Hütte des Goldschmucks»* aus Borgo Panigale und *drei tierähnliche kleine Statuen* (Glaskasten XI). Saal II, urgeschichtliche Vergleiche.

Ägyptische Abteilung. Säle III - V: Diese Sammlung, die Pelagio Palagi 1831 von Giuseppe Nizzoli, Kanzler des österreichischen Konsulats in Kairo, kaufte und 1860 der Stadt schenkte, ist die wichtigste Italiens nach denen von Turin und Florenz. Hier sind alle Arten archäologischer Denkmäler vertreten, von Amuletten zu Skarabäen (über 2000 Exponate), die *Shuebte* oder kleinen Grabstatuen (über 400 Exponate), Mumien, bemalte Sarkophage, Papyri, Grabgefäße, kleine und große Statuen aus Stein und Bronze, Reliefe und Grabstelen. Hier ist besonders das sogenannte «Neue Reich» vertreten. Saal III: In der Mitte, *Porträt von König Amenhofi IV.* aus schwarzem Granit (18. Dynastie); *Grabstele* aus Kalk mit Reliefs, von König Horemheb aus Saqqara (19. Dynastie, 1354-1346 v. Chr.); *Wandpanele des Grabs von Horemheb, General von Amenhofi IV.* (18. Dynastie). Saal IV: *Kleine Statue eines Würdenträgers*, sitzend und eine Perücke tragend, aus schwarzem Granit; es handelt sich um das älteste Stück der ägyptischen Sammlung und ist auf das 26.Jahr-

3

hundert v.Chr. (4. Dynastie) datierbar; *Statuengruppe eines Ehepaars* (der Priester Amenhotep und seine Frau Merit, Kalk, 18.-19. Dynastie); reiche Sammlung von *Shuebte*, darunter 11 Exemplare aus dem Grab vom Pharao Seti I. (1318-1304 v.Chr.); *Buch der Toten* (19. Dynastie); wunderbare *hölzerne Statue eines nackten Mädchens*; *Statue des königlichen Schreibers Amenmes*, Kalk, auf der die Votivbilder von Osiris, Isis und Horus zu sehen sind (19. Dynastie); bemalte Sarkophage, mumienförmige, bemalte Kästen, Mumien (eine Sehenswürdigkeit stellt die *Mumie der Katze* dar). Saal V: *Statuengruppe zweier Götter*, Geier und Falke aus Granit (26. Dynastie); wunderbares *Relief von König Nectanebo I.* aus schwarzem Granit (30. Dynastie); Grabkästen, Grabstelen, Votivreliefs, Amulette, Skarabäen, usw.

4

1. Ägyptische Sammlung: Statuengruppe des Ehepaars Amenhotep und Merit (18.-19.Dynastie). 2. Wandrelief vom Grabmal des Horemheb. 3. Shuebte von König Sethos I., aus Keramik. 4. Statue von Uahibra, aus schwarzem Granit (26.Dynastie). 5. Bemalte Schatulle (18.Dynastie). 6. Sarkophag des Usai (26.Dynastie).

5

Griechische Abteilung. Saal VI: Ein wunderbarer *Palagi-Kopf*, auch *Athena Lemnia* genannt, aus pentelischem Marmor, eine augusteische Kopie des Bronzeoriginals aus dem 5.Jahrhundert v.Chr., das Phidias zugeschrieben wird. In den Glaskästen: Amphoren, darunter eine *bemalte Amphora mit bandförmigen Henkeln*; attische Keramik mit schwarzfiguriger Malerei, ein Werk des Griechen Nikostenes aus dem 6.Jahrhundert v.Chr.; Oinichoen, Mischkrüge, Lekythen oder Balsamgefäße, Skyphoi, Peliken, Hydrien und Kantharoi. Unter den Kiliken (Tischbehältern) ist die weltberühmte *Kodros-Tasse* aus Vulci im Stil des Phidias (5.Jahrhundert v.Chr.); viele kleine Tonstatuen, eine wertvolle Gruppe von *Tanagrafiguren*, kleine Bronzegegenstände, Keramikware, Votivreliefs usw.

Römische Abteilung. Saal IX: ein *zylinderförmiger Marmorsarg* aus Boncellino (Bagnacavallo) mit Paaren von Füllhörnern; *Bronzedreifuß* aus dem spätrömischen Kaiserreich; *Kopf eines kleinen Putten* in Marmor; ein schöner *Brunnen* aus Porphyr; außerdem Gegenstände aus Elfenbein und Bronze, Fragmente gebrannter Dachziegel, Amphoren, Öllampen aus Terrakotta, chirurgische Instrumente, Waagen, Waffen, Statuen, Kapitelle, Metopen und Büsten. Saal VII: *eine Statue, die wahrscheinlich einen Kaiser darstellt*; ein wunderbarer *Torso einer Ikonenstatue*, ein athletischer Akt in Marmor gearbeitet aus dem 2.Jahrhundert n.Chr.; *Torso der Aphrodite beim Baden*, Kopie von Doidalses aus Bithynien (3.Jahrhundert v.Chr.).

Italisch-etruskische Abteilung. Saal VIII: zwei außergewöhnliche *Alabasterurnen* aus Volterra (3.Jahrhundert v.Chr.); etruskische Kanopen, männliche und weibliche Köpfe aus Backstein, Votivgaben aus Ton, Bucherovasen (Gefäße aus wohlriechender Tonerde), bemalte etruskische Keramik, Grabausstattungen; Fragmente des *Frieses von Civitalba* bei Sassoferrato in den Marken (2.Jahrhundert v.Chr.) mit Terrakottaverzierungen, die Dionysos und Ariadne und die Flucht der Gallier aus Delphi darstellen; *Deckelurnen* aus Terrakotta mit Reliefs.

Villanovakultur, (Ende des 10. bis erste Hälfte des 6.Jahrhunderts v.Chr.). Die Villanovakultur, eine etruskische Kultur, verdankt ihren Namen dem Ort Villanova di Castenaso, wo Giovanni Gozzadini bei Ausgrabungen im Jahre 1853 eine Begräbnisstätte mit 193 Gräbern entdeckte. Das ausgegrabene, kostbare Material erlaubte es, Hypothesen über vorrömische Kulturen um Bologna aufzustellen, die später von anderen Ausgrabungen (Antonio Zannoni, Nekropole der

1. Der Kopf der Athena Lemnia, eine griechische Kopie (Phidias). 2. Apulischer Mischkrug mit Voluten (4.Jh.v.Chr.). 3. Benacci-Askos, Villanova (8.Jh.v.Chr.). 4. Doppelkegelförmige Gebeinurne mit Schüssel, Villanova (9.-8.Jh.v.Chr.). 5. Grabausstattung aus Villanova.

5

1

Kartause mit 421 Gräbern aus Felsina, im Jahre 1869; Gozzadini selber in Marzabotto; die von Brizio u.a.) bestätigt wurden. Von den zahlreichen Funden, die in den Sälen Xa,X und Xb ausgestellt sind, sollen folgende Beispiele genügen: der *Gozzadini-Kopf* aus Sandstein in kubischer Form (6.Jahrhundert v.Chr.); der berühmte *Benacci-Askos* in Form eines Tieres mit einem stilisierten Pferd als Henkel, ein Gegenstand aus Terrakotta des 7.Jahrhunderts v.Chr.; eine Reihe von Gegenständen (knapp 15.000), die 1877 von Zannoni in der sogenannten «Rumpelkammer des hl.Franziskus» entdeckt worden sind.

Etruskische Kultur. Hierbei handelt es sich um die wichtigste etruskische Sammlung Europas. Sie ist in den großen Sälen X und XI ausgestellt. Auch hier sollen nur einige ausgewählte Beispiele genannt werden: die *Situla Arnoaldi* in Form eines Kegelstumpfes (5.Jahrhundert v.Chr.); *Kopf eines Kouros* (Jungen) aus weißem Marmor, ca.500 v.Chr. aus dem Museum in Marzabotto; *kleine Bronzegegenstände* als Weihgaben des Bergheiligtums von Monteacuto Ragazza (ca.480 v.Chr.); *kleine Bronzegegenstände* vom Berg Capra (ca.430 v.Chr.); unter den vielen schönen Grabstelen die *Große Stele des Margherita-Gartens* (5.Jahrhundert v.Chr.), die für Vele Caicne errichtet worden war; die berühmte *Situla der Certosa* aus Bronzeblech mit vier Reliefs als Bandverzierung ebenfalls in Form eines Kegelstumpfs (6.-5.Jahrhundert v.Chr.);

5

Beigaben des *Großen Grabes* des Margherita Gartens, dem reichsten aller Felsina-Gräber mit einem *hölzernen Sarg* (3,5m lang und 2,5m breit); Beigaben des *Hockergrabes* aus dem 5.Jahrhundert v.Chr., aus dem der faltbare *Hocker aus Elfenbein* als einziger Alltagsgegenstand ausgestellt ist.

1. Etruskische Bronzesitula aus der Kartause (5.Jh.v.Chr.). 2. Detail einer Situla mit dem Zug der Lanzenträger. 3. Etruskische Stele in Hufeisenform aus der Kartause (4.Jh.v.Chr.). 4. Panathenäische Preisamphora. 5. Fibeln und Nadeln etruskischer Herkunft. 6. Ein Gläubiger, kleine Bronzestatue aus Monte Acuto Ragazza (5.Jh.v.Chr.).

6

Gallische und Römische Kultur. Saal XII: Hier findet man Zeugnisse der gallischen Kultur, die im 6. Jahrhundert v.Chr. mit der der Etrusker eine Symbiose einging und im folgenden 2. Jahrhundert durch die römische Kultur abgelöst wurde, deren typische Eigenschaften im Bologneser Gebiet hier demonstriert sind. Von gallischen Totenstädten: *Zwei Bronzehelme* (3. Jahrhundert v.Chr.); ein *goldenes Diadem* mit lanzenförmigen Blättern in Goldfolie getrieben; *Bronzegefäß* in Form einer Situla mit verziertem Henkel; *Oinochoe* mit dreilappiger Öffnung und einem Henkel in Form eines nackten, tanzenden Epheben; *Helm und Haube* mit in Gold getriebenem Ohrenschutz; *eisernes Schwert* mit einem Griff aus Knochen (3. Jahrhundert v.Chr.); Kandelaber, Spiegel, Fibeln, Armreife, Scheren, Tongegenstände, Feuerböcke, Bronzegegenstände, bemalte und unbemalte Keramiken. Römische Stücke: *Figur einer Nymphe*, auf der Seite liegend, ein Brunnenornament aus dem 3. Jahrhundert v.Chr.; *Sims einer Stele* mit vier männlichen Porträts; *Relief* mit Szenen von Gladiatoren aus einem Grabmal; drei *silberne Tassen* hellenistisch-römischer Herkunft; *Torso* aus Tonerde eines laufenden Eros. In einem Glaskasten sind verschiedene Gegenstände aufbewahrt, u.a. eine kleine Bronzestatue von *Diana* aus Monteveglio und ein *Eros* aus Backstein (1. Jahrhundert n.Chr.).

Das Archäologische Stadtmuseum ist an Wochentagen und samstags von 9.00 - 14.00 Uhr sowie sonntags von 9.00 - 12.30 Uhr geöffnet; montags und feiertags bleibt es geschlossen.

2

1. Oinochoe aus Bronze (4.-3.Jh.v.Chr.). 2. Bronzehelm (4.-3.Jh.v.Chr.). 3. Gallisches Diadem aus Gold (4.-3.Jh.v.Chr.)

DIE KIRCHE ST.MARIA DELLA VITA

Der Ursprung der Kirche (Via Clavature 10) fällt mit der Gründung der Bewegung der Flagellanten zusammen, die 1260 in Perugia von Bruder Riniero Fasani gegründet wurde und sich schnell in Mittel- und Norditalien verbreitete. Die Flagellanten gelangten auch nach Bologna, wo eine Gemeinschaft von Laien, die sich sowohl in Praktiken der Disziplin übten - sie kasteiten sich öffentlich als Bußgang - als auch sich der Pflege armer Wanderer und kranker Leute annahmen, ein Krankenhaus gründete. Das ursprüngliche Gebäude, zu dem auch eine der Mutter Gottes geweihte Kapelle gehörte, die dann 1435 zu einem Oratorium erweitert wurde, stand neben der kleinen Pfarre von S. Vito und nannte sich anfangs Krankenhaus «da S. Vito», ein Name der sich im Laufe der Zeit zu Krankenhaus «della Vita» (des Lebens) wandelte.

Nach dem Umbau und der Erweiterung der Kirche zwischen 1454 und 1502 bekam 1518 auch das Krankenhaus, aus dem das heutige Ospedale Maggiore hervorging, ein neues Aussehen. Am 28. November 1686 brach ein Teil der Kirche zusammen und begrub acht Menschen unter ihren Trümmern, während mehrere Verletzte mit dem Leben davonkamen. Dies nahm man zum Anlaß, das Krankenhaus in die Via Riva Reno zu verlegen, wo es bis zu seiner Zerstörung während des Krieges am 24. Juli 1943 stand. Zur gleichen Zeit beauftragte die Gemeinschaft den Architekten Giovan Battista mit dem Wiederaufbau der Kirche. Im Jahre 1692 hatte er den Bau bis zum Hauptgesims der Kuppel durchgeführt.

Die Arbeiten an der Kuppel wurden im Jahre 1787 nach einem Plan des Architekten Giuseppe Tubertini beendet, wodurch diese zu einem markanten Punkt innerhalb der Silhouette der Stadt wurde. 1905 wurde dann auch die Fassade fertiggestellt.

Das Innere der Kirche, auf einem elliptischen Grundriß ruhend, ist beeindruckend und mit eleganten Ornamenten versehen. Die Figuren in den vier Zwickeln stellen *Sibyllen* dar und sind von Luigi Acquisti (1787) geschaffen worden.

6

1

2

3

Von den zwei größeren Seitenkapellen ist die linke dem *Heiligen Riniero Fasani*, dem Gründer der Bewegung der Flagellanten gewidmet und enthält ein Gemälde von Domenico Pedrini (1728-1800). Es erinnert an ein älteres von Cavedoni, das im Oratorium aufbewahrt wird. Die rechte Kapelle dagegen ist dem *Heiligen Bonaparte Ghisilieri* gewidmet, dem ersten Jünger von Fasani in Bologna, der hier auch seine Ruhestätte hat. Die Kapelle birgt neben vielen lebhaften Putten aus Stuck von Angelo Piò (1690-1769) auch ein Gemälde von Aureliano Milani (1675-1749).

Das schöne Fresko, das die *Madonna mit Kind auf dem Thron* darstellt und sich über dem Hauptaltar befindet, wurde vermutlich von Simone dei Crocifissi (14.Jahrhunderts) auf eine seitliche Wand der alten Kirche gemalt und 1502 mit Kalk überdeckt. Zufällig von einem Anstreicher 1614 entdeckt, als dieser die Wand für neuen Putz präparierte, ist es heute zum Zentrum der Andacht dieser Kirche geworden.

In der sich rechts des Hauptaltars anschließenden Kapelle entdeckt der Besucher das außerordentlichste Werk dieser Kirche: die berühmte *Pietà* von Nicolò dell'Arca (1463), lebensgroß aus Terrakotta modelliert. Wegen der Dynamik und Expressivität ihrer Figuren, die noch heute den Betrachter in Erstaunen versetzen, obwohl sie ihre ursprüngliche Bemalung fast vollständig verloren haben, gilt sie als eines der originellsten Meisterwerke Italiens des 15.Jahrhunderts.

Die Sakristei wurde auf jenen Grundmauern der alten Kirche aus dem 15.Jahrhundert errichtet. Diese waren vom Umbau im 18.Jahrhundert verschont geblieben, weil das wunderschöne, zwischen 1604 und 1617 nach einem Plan von Floriano Ambrosini durch Bonifazio Socchi erbaute Oratorium auf ihnen ruhte.

Das gesamte Stuckwerk stammt von Giulio Cesare Conventi (1577-1640) mit Ausnahme des *hl.Petronio* und des *hl.Procolo*, die Jugendwerke von Alessandro Algardi (1598-1654) sind. Die monumentale Gruppe *Die Jungfrau wird zu Grabe getragen* ist von Alfonso Lombardi (1522), während das schöne Gemälde über dem Altar (*Die Herrlichkeit der Madonna mit Kind, dem Heiligen Riniero und anderen Heiligen*) von Giovanni Francesco Bezzi, auch «Nosadella» genannt, um 1562 geschaffen wurde.

1. Die berühmte Pietà von Nicolò dell'Arca aus Backstein (1463). 2. Pietà: Detail von einer der Marien. 3. Pietà: Detail mit Christus und (v.l.n.r.) Giuseppe d'Arimatea, eine Maria, die Jungfrau und Magdalena. 4. Oratorium von S.Maria della Vita (Detail): Die Überführung der Jungfrau, ein Werk aus Backstein von Alfonso Lombardi.

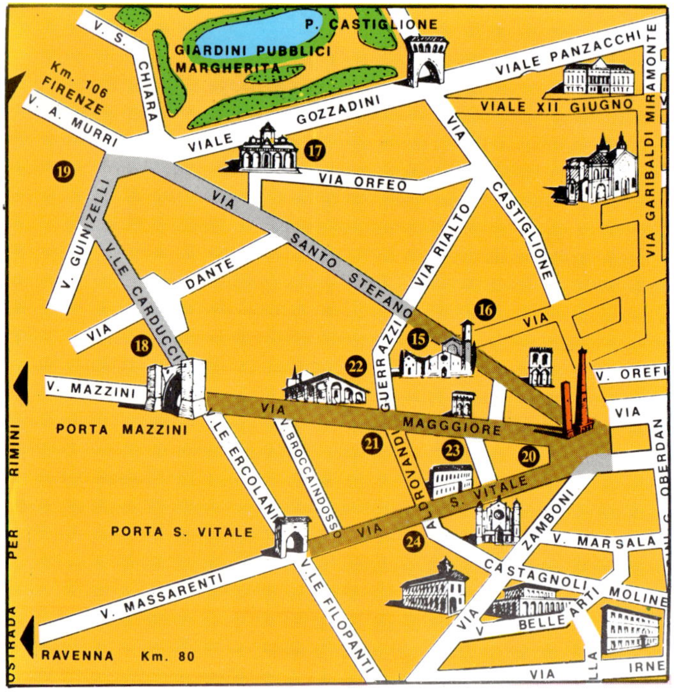

ZWEITER WEG

⑮ *Basilika S.Stefano*
⑯ *Kirche S.Giovanni in Monte*
⑰ *Kirche S.Maria del Baraccano*
⑱ *Museum und Bibliothek «Carducci» - Museo del Risorgimento*
⑲ *Basilika S.Antonio da Padova*
⑳ *Basilika Ss.Bartolomeo e Gaetano*
㉑ *Palazzo Davia Bargellini - Civico Museo d'Arte Industriale und Galleria Davia Bargellini*
㉒ *Basilika S.Maria dei Servi*
㉓ *Palazzo Fantuzzi*
㉔ *Kirche S.Vitale ed Agricola*

Via Santo Stefano

Die Via Santo Stefano verdankt ihre Bezeichnung dem gleichnamigen Komplex von Kirchen. Sie beginnt beim Palazzo della Mercanzia und erreicht die Porta Santo Stefano (Tor des hl.Stephan), nachdem sie sich durch ein Gebiet von besonderer städtebaulicher Vielfalt geschlängelt hat. Oft ist die Galerie für die Fußgänger von der Fahrbahn durch einen Höhenunterschied getrennt, und die Straße erreicht stellenweise eine derartige Breite, daß Inseln entstehen, die von den Bolognesern als Plätze betrachtet werden.

Neben den **Seracchioli-Häusern** (Nr.2), deren Fassaden auf die Piazza della Mercanzia gerichtet sind, befindet sich das **Alberici-Haus** (Nr.4), dessen Turm im Jahre 1273 erbaut wurde und einer Werkstatt Platz bot.

Das **De Bianchi-Haus** (Nr.14) verbirgt in seinem Innern eine mit Stuckwerk verzierte Prunktreppe im Empirestil von Bonaventura Furlani und Statuen von Domenico Palmerani.

Das **Bolognini-Haus** (Nr.18) aus dem 15.Jahrhundert hat ein sehr originelles Hauptgesims mit fünfzig Bogenzwickeln, die Plastiken von Köpfen und Gefäße mit klassischen Formen enthalten. Im darauffolgenden Jahrhundert wurde dieses anthropomorphe Thema in eindrucksvoller Weise wiederholt, als ein weiterer Palast (Nr.9-11) von der Familie Bolognini erbaut wurde; seitdem nennen die Bologneser beide Gebäude scherzhaft die «Paläste der Köpfe». Diese Köpfe, eigentliche Porträts, die der Antike nachempfundene Physiognomien zeigen, versteckt unter turbanartigen

Kopfbedeckungen, sehr gepflegten Bärten oder ausgewählten Haartrachten, werden zwei bekannten Künstlern zugeschrieben: Alfonso Lombardi und Nicolò da Volterra. Das Spiel des Sich-zur-Schau-Stellens der Köpfe verlockt, sich ganz dicht an eine Säule heranzudrücken und den Blick von unten auf sie zu wenden, um so teilzuhaben an der Faszination ihres Gesichterspiels, das auch im zweiten Stockwerk eine Fortsetzung findet. Ähnlich reich ist die Gestaltung der Kapitelle mit Plastiken von Tierköpfen, Delphine, Widder, Drachen und Löwen, die Properzia de Rossi und Giacomo dalla Nave schufen. Der Überlieferung nach wurde die architektonische Ausgestaltung des Palastes von Formigine geplant.

Ein weiteres zweifellos faszinierendes Ereignis ist die Gruppe der **Beccadelli-Häuser** (Nr.15-21), die nebeneinanderliegend, zwischen dem Ende des 16. und dem Anfang des 17.Jahrhunderts entstanden sind. Die Restaurierungsarbeiten im 18.Jahrhundert haben ihren Zustand beeinträchtigt und sie der Fresken von Tubertini (Nr.15) beraubt. Trotz alledem bleiben sie ein Beispiel dafür, wie Säulengänge in Bologna eine thematische Brücke zwischen Renaissance und Gotik entstehen lassen (Nr.17).

1. Via Santo Stefano: Die Seracchioli-Häuser und der Alberici-Turm (13.Jh.). 2. Der Palazzo Bolognini (15.Jh.). 3. Der Säulengang von einem der Beccadelli-Häuser.

3

DIE BASILIKA S.STEFANO

Im Jahre 392 erkannte der hl. Ambrosius die Überreste der Bologneser Heiligen Vitale und Agricola, die hier auf dem Jüdischen Friedhof gefunden worden waren, als Reliquien an. Sie wurden als Gegenstände der Verehrung in eine kleine Gedächtniskapelle verbracht, neben der etwa fünfzig Jahre später Petronio, der Bischof von Bologna, eine Rekonstruktion des Heiligen Grabes von Jerusalem errichten ließ. An dieser Stelle, nahe dem leeren Sarkophag, der Christi darstellt, wurde er später selbst begraben.

Als die Langobarden 727 die Stadt eroberten wurde das Heiligtum ihr erstes religiöses Zentrum in Bologna. Wenige Jahre später machte Karl der Große hier Halt, um einige Reliquien für die französische Kathedrale von Clermont zu entnehmen.

Die folgende Zeit stand für diesen heiligen Ort im Zeichen des Verfalls, ehe sich gegen Ende des 10.Jahrhunderts die Benediktiner hier ansiedelten. Sie begannen im folgenden Jahrhundert, in einer Zeit, in der man sich für die Kreuzüge in den Orient zu rüsten begann, mit dem vollständigen Umbau des Gebäudes und erweiterten besonders jenen Teil, der an die Heiligen Stätten erinnerte.

Heute erscheint uns die Basilika, die seitdem wiederholt erneuert und restauriert worden ist, als ein verworrenes Durcheinander von Kirchen, Höfen, Kapel-

1. Die Basilika S.Stefano, auch Komplex des «Heiligen Jerusalem» genannt. 2. Die Kirche des Kruzifixes mit der Balkonkonsole und zwei Sarkophagen. 3. Die Krypta des Abtes Martino.

3

len und Durchgängen, dessen unbeschreibliche Faszination jeden Neugierigen in seine Gemächer voller Geheimnisse zu locken vermag.

Die Fassaden des Komplexes, die an den Platz grenzen, sind von links: Die der Kirche der Heiligen Vitale und Agricola, die des Zentralbaus vom Heiligen Grab und die der Kirche des Kruzifix mit der runden frühchristlichen Kirchenkanzel (Ambon), welche zur Aufbewahrung der Reliquien diente, und den zwei Sarkophagen (im rechten sind die ersten Bischöfe der Stadt begraben, darunter der hl. Zama und der hl. Faustiniano).

Auf der linken Seite dieser Kirche ist eine Inschriftentafel angebracht, die der Isis der Siegreichen gewidmet ist und vermutlich von einem römischen Tempel stammt, der sich unweit der Kirche befanden. Die Marmorplatte wurde 1299 während Grabungsarbeiten auf dem Platz gefunden.

Im Kircheninneren, das in schlechtem Zustand ist, befindet sich eine ausdrucksstarke *Pietà* von Angelo Gabriello Piò (1690-1769), ein balkonartiges Grabmal an der Wand von Nicolò Aldrovandi (1438) und in dem, nach einem Plan des Architekten Ottavio Mascherino, 1637 wiederaufgebauten Presbyterium zwei Fresken: *Jesus auf dem Weg zum Kalvarienberg* und die *Kreuzigung* von Jacopo di Paolo (Anfang des 15. Jahrhunderts). In der schönen Krypta, die der Abt Martino 1019 erbauen ließ, soll eine Säule die tatsächliche Größe von Jesus angeben. Es wird angenommen, daß die Krypta den ersten Teil des Komplexes bildet, der von den Benediktinern errichtet worden war, um den Reliquien der Heiligen Vitale und Agricola einen würdigen Ort zu schaffen.

In der sich anschließenden Kirche des Heiligen Grabes gehören sieben Marmorsäulen zur ältesten Konstruktion, die wahrscheinlich auf das 5. Jahrhundert zurückgeht, während alles andere dem Umbau durch die Benediktiner im 12. Jahrhundert zuzurechnen ist.

Die Ädikula in der Mitte, stellt das Grabmal Christi dar und enthält eine Urne mit den Reliquien des hl. Petronius. Zwei Särge zu Seiten des Reliquiars (leeres Grab Christi und Grab des Petronius) werden von fein verzierten Marmorplatten mit Blatt- und Blumenvoluten begrenzt, die vermutlich von einem Gebäude aus der hadrianischen Zeit stammen.

Die Reliefs *Marien am Grab* gehen auf das 14. Jahrhundert zurück, hingegen stammen die großen Symbole der Evangelisten auf der Kanzel aus dem 12. Jahrhundert. Sehenswert sind auch die Kapitelle der Empore.

Die Kirche der Heiligen Vitale und Agricola ist vielleicht die eindrucksvollste des ganzen Komplexes, wegen ihrer rauhen Unregelmäßigkeit, den vielen alten Fragmenten, die bei ihrem Umbau wiederverwendet wurden (sehr reizvoll ist das ionische Kapitell aus dem 3. Jahrhundert, rechts am Ende der Kirche), sowie dem kargen Lichtschein der durch die Alabasterfenster dringt und durch den Kontrast von Licht und Schatten eine geheimnisvolle Atmosphäre erzeugt. Im lin-

2 ken Schiff sieht man durch zwei Auslassungen im Fußboden Fragmente eines alten Mosaikbodens aus dem 6. Jahrhundert.

Kehren wir nun in die Kirche des Heiligen Grabes zurück und betreten den sogenannten «Pilatus-Hof» - nicht ohne vorher einen Blick auf jene alleinstehende Säule zu werfen, die an die Geißelung Christi erinnern soll - der uns zu der kleinen Kirche der Dreifaltigkeit führt. Diese wurde von den Benediktinern zwischen dem 12. und dem 13. Jahrhundert geschaffen, ebenso wie der Hof, der die Kirche mit dem Heiligen Grab von Jerusalem verbindet.

Das große, in der Mitte des Hofes gelegene Steinbecken, das der Überlieferung folgend «das Becken des Pilatus» genannt wird, wurde der Kirche zum Sammeln der Spenden der Gläubigen von den Langobardenkönigen Liutprand und Hildebrand geschenkt, wie aus einer Inschrift hervorgeht, die seinen Rand schmückt.

In der Kirche der Heiligen Dreifaltigkeit, die an vielen Stellen schon restauriert wurde, befindet sich eine große Statue des *hl. Petronius*, eine Fälschung aus dem letzten Jahrhundert. Wunderschön sind dagegen die *Figuren der Weihnachtskrippe* aus bemaltem Holz, die von der Werkstatt des Simone dei Crocifissi Ende des 14. Jahrhunderts durchgeführt wurde. Von der Kirche aus gelangt man in das Benediktinerkloster, dessen untere Säulenordnung man zwischen dem 10. und 11. Jahrhundert angehoben hatte, während die obere, eleganter und mit reicheren Verzierungen, im 13. Jahrhundert hinzugefügt wurde.

4

1. Das Innere der Kirche S.Sepolcro. 2. Ädikula von S.Sepolcro (12.-13.Jh.). 3. Das Innere der Kirche der Heiligen Vitale und Agricola. 4. Ein römisches Kapitell von einem anderen Gebäude (3.Jh.).

2

1. Das Innere der Kirche SS.Trinità (Heilige Dreifaltigkeit). 2. Die Geburt Jesu von Simone dei Crocifissi, ein Werk aus bemaltem Holz (14.Jh.). 3. Das Becken des Pilatus in der Mitte des gleichnamigen Hofes. 4. Der sehr schöne Kreuzgang mit zwei Ordnungen von Loggien (10.-13.Jh.). 5. Der Brunnen aus Felsgestein von 1632. 6. Der Kampanile, der einzige für alle «Sieben Kirchen».

6

2

In diesem Teil sind die phantasiereichen Kapitelle auf der Seite der Kirche besonders erwähnenswert, von denen einige antropomorphe Themen darstellen.

Die Einfassung des Brunnens in der Mitte geht auf das Jahr 1632 zurück. Das «*Lapidarium*» wurde 1925 zur Erinnerung an die gefallenen Bologneser des ersten Weltkrieges entlang des unteren Säulengangs eingerichtet.

Vom Kloster kommt man in den Kapitularsaal und in das kleine, aber durchaus interessante Museum der Basilika, in dem unter anderem zu sehen sind: Ein bemerkenswerter, erst kürzlich restaurierter *Sarkophag des hl. Agricola* (Ende 11. Jahrhundert) im rechten Saal, und eine Reihe von wertvollen Gemälden aus dem 14. Jahrhundert, darunter ein großes Polyptychon mit den *Heiligen Markus, Johannes, Jakob und Abt Anton*, ein Werk von Giovanni Ottonello und ein Triptychon mit den *Heiligen Benedikt, Sixtus und Procolo* von Simone dei Crocifissi; schön ist auch das bewegende Gemälde von Tiarini (1577-1668) mit dem *Hl. Martin, den Sohn der Witwe wiedererweckend*; in der *Kapelle des Stirnbandes* (dieses wurde von trauernden Frauen getragen) - mit einer beeindruckenden Architektur vom Ende des 16. Jahrhundert - der *Kindermord von Bethlehem*, das als letztes erhaltenes Freskenfragment (um 1255), derer die einst die Kirche des Heiligen Grabes schmückten, dem Luccesen Marco Berlinghieri zugeschrieben wird; ebenfalls hier der *Hl. Petronio* von Giovanni di Balduccio aus Pisa (er-

ste Hälfte des 14.Jahrhunderts), der reich verzierte *Sarkophag der 40 Märtyrer*, ein Werk aus Holz von Gaspare und Antonio Billi (1568) und die wertvollen *Reliquienschreine* des hl.Petronio (von Jacopo Roseto, 1380), des hl.Floriano (Zelle 1451, Sockel 1526) und des Stirnbandes.

1. Der alte Kapitularsaal, der das Museum der Basilika beherbergt. 2. Alessandro Tiarini: Der hl.Martin wiedererweckt den Sohn der Witwe (17.Jh.). 3. Simone dei Crocifissi: Triptychon mit den Heiligen Benedikt dem Abt, Sixtus dem Papst und Prokulus dem Märtyrer. 4. Marco Berlinghieri: Der Kindermord von Bethlehem (Detail, 13.Jh.).

4

DIE KIRCHE S.GIOVANNI IN MONTE

Das Entstehen dieser Kirche ist mit der Geschichte des naheliegenden Komplexes von Santo Stefano eng verbunden. In der legendären «Vita des Heiligen Stephan», von einem Benediktiner der gleichnamigen Kirche im 12. Jahrhundert niedergeschrieben, heißt es, der Heilige Bischof (5. Jahrhundert) habe einen runden Pavillon, ähnlich dem, der in Jerusalem auf dem Ölberg - dem Ort der Himmelfahrt - stand, auf diesem Hügel errichten lassen. Der Ortsname «Monte Oliveto» (Ölberg) ist schon in alten Bologneser Schriften aus dem Jahre 1017 bezeugt. Um den kleinen, mittleren Altar herum hat man Überreste einer alten runden Konstruktion unter dem Boden der heutigen Kirche entdeckt.

Im Jahre 1118 wurde die kleine Kirche einer Gemeinschaft von Kanonikern überlassen, die im 13. Jahrhundert eine neue Kirche in Kreuzform bauen ließen, welche dann später mit gotischen Elementen versehen wurde.

Der außerordentliche künstlerische Reichtum der Kirche wurde durch Verkäufe im 18. Jahrhundert sowie durch die napoleonischen Plünderungen erheblich geschmälert. Gemälde von Raffaello, Perugino, Ercole Roberti, Cima da Conegliano, Domenichino und anderen gingen der Kirche auf diesem Wege verloren, jedoch ist auch der noch verbliebene Reichtum bewundernswert.

Die im venezianischen Stil ausgeführte Fassade aus Backstein mit mehrfach gewölbter Dachkrone trägt über dem Portal einen stolzen *Adler*, das Symbol von Johannes dem Täufer, von Nicolò dell'Arca (ca.1481) geschaffen.

Die drei Glasfenster, *Madonna mit dem Kind auf dem Thron*, der *Heilige Johannes in Pathmos* und das *Wappen des Auftraggebers* Gabione Gozzadini wurden zwischen 1467 und 1482 von den Glasbläsern der Werkstatt Cabrini nach einem Plan von Francesco del Cossa geschaffen.

In der zweiten linken Seitenkapelle sind drei Gemälde von Guercino zu sehen: *Der hl.Franziskus beim Beten, der hl.Hieronymus* und *die hl.Maria Magdalena* (1645). Sie waren der erste öffentliche Auftrag für den Maler in Bologna.

Die letzte Kapelle auf der linken Seite, für die man

Raffaello die berühmte *Hl.Cecilia* malen ließ, wurde von Architekt Arduino Arriguzzi für die Heilige Elena Duglioli Dall'Olio erbaut, die hier begraben liegt. Heute befindet sich in dem originellen Rahmen von Formigine eine Kopie von Clemente Albri aus dem 19.Jahrhundert.

In der größten Kapelle zeigt die Altartafel die *Gekrönte Madonna zwischen Jesus, dem Ewigen Vater und sechs Heiligen* von Lorenzo Costa (1501), das wertvolle auf eine Tafel gemalte *Kruzifix* von Jacopino dei Bavosi, einem chaffensfreudigen Künstler, der zwischen 1350 und 1380 n Bologna tätig war. Außerdem sind die wunderbaren Einlegearbeiten der *Chorstühle* von Paolo Sacca da Cremona (zwischen 1523 und 1527) sehenswert, wie auch die Sakristei, deren Möbel aus dem 16.Jahrhundert stammen und die ein großes Lesepult mit einer schönen Einlegearbeit aus dem Jahre 1720 beherbergt.

Der dritte Altar zu Seiten des rechten Schiffes trägt ein Gemälde des reifen Lorenzo Costa: Die *Madonna auf dem Thron mit Heiligen* von 1497.

In der Mitte des Hauptschiffes steht eine Säule mit einem großen romanischen Kreuz aus Stein, das auf das Jahr 801 zurückgeht und ein älteres ersetzt. Es handelt ich hierbei um den einzigen Rest des runden Pavillons von St.Petronio. Der kleine Altar ist aus dem 11.Jahrhundert und der außergewöhnliche *Jesus an der Säule* aus Holz ist angeblich das Werk eines unbekannten Bildhauers des 16.Jahrhunderts aus Pavia.

Nach dem Aufstieg zu S.Giovanni in Monte erreicht man die klassizistische Fassade des ehemaligen **Gasthofes «del Corso»** (Nr.37), wo einst auch der Dichter Giacomo Leopardi residierte. Zuvor passiert man jedoch noch einige moderne Gebäude, die nach den Bombenangriffen des zweiten Weltkrieges erbaut wurden, welche auch das dort befindliche, zur Ankunft von Napoleon 1805 eingeweihte Teatro del Corso zerstörten.

Etwas über dem Niveau der Straße liegend erhebt sich der **Palazzo Vizzani** (Nr.43), dessen Bau man 1559 begann. Seine Fassade in manieriertem Stil, getragen von einem Säulengang, ist durch horizontale Gurtgesimse unterteilt. Das sichere Gefüge, mit dem der Architekt, vermutlich Bartolomeo Triachini, das Gewicht gut verteilte, ruht auf den dorischen Säulen der Galerie mit dem durchgehenden Tragbalken und wird durch die Karyatiden der Fenstergiebel unterstützt. Im Palast findet man noch heute wichtige Fresken: *Die Blendung des Polyphem* von Pellegrino Tibaldi, *Geschichten von Cyrus* und *Allegorie der Herrlichkeit und des Ruhmes* von Lorenzo Sabbatini, sowie Verzierungen aus dem 19.Jahrhundert von Antonio Basoli und Felice Giani.

Ebenfalls aus dem 16.Jahrhundert ist der **Palazzo Zani** (Nr.56) von Floriano Ambrosini, der jetzt den Sitz der «Bonifica Renana» (Gemeinschaft zum Grundwasserschutz des Gebietes um den Fluß Reno) beherbergt. In einem Gewölbe des Hauptgeschosses sind ein Fresko von Guido Reni, das den *Fall des Phaeton* darstellt, und perspektivische Quadrate von Agostino Mitelli und Angelo Michele Colonna zu sehen. Die adligen Wohnhäuser der Via Santo Stefano verbergen wirkliche Schätze: Z.B. die festlichen Prunktreppen des **Palazzo Pallavicini** (Nr.45), des **Palazzo Varrini** (Nr.57) und des **Palazzo de Bianchi** (Nr.71), ein Meisterwerk von Antonio Ambrosi (1770), der hier den Ansprüchen einer feinen und ausgewählten Ästhetik genüge tat.

3

Im Jahre 1752 wurde die großartige Fassade des **Palazzo Agucchi** (Nr.75) von Carlo Francesco Dotti errichtet, deren Hauptgeschoß durch eine Reihe von kleinen Balkonen hervorgehoben wird, die in dem größeren Vorsprung der Hauptbalustrade aufgehoben werden. Im 18.Jahrhundert konnte man in Bologna ein richtiges Wetteifern um den elegantesten Wohnsitz verzeichnen, was zur Verschwendung vieler Familienvermögen führte.

Die Verschiedenartigkeit der Laubengänge war schon immer ein Leitmotiv der Straßenarchitektur. Sie dienten den Baumeistern vieler Jahrhunderte dazu, die Zeitunterschiede der einzelnen Bauwerke miteinander zu versöhnen, gehören aber auch zu einer Stadtstruktur, die von der Mentalität geprägt ist, die Straße als öffentlichen Ort zum Verweilen und als Treffpunkt zum allgemeinen Gespräch zu verstehen.

Mit dem **Mädchenpensionat des Baraccano** (Nr.119) widmen wir uns der Architektur der öffentlichen Gebäude, da der Bau in der Renaissance für wohltätige Zwecke genutzt wurde. Die Errichtung eines Säulengangs kurz nach 1491 beweist den Willen, mit diesem Wohlfahrtswerk die Stadt zu verschönern und gleichzeitig durch ein beispielgebendes architektonisches Muster für ein harmonisches Nebeneinander von Straßen und Gebäuden

. Kirche S.Giovanni in Monte: Die Fassade von 1474. 2. Der Adler von S.Giovanni, ein Werk aus Backstein von Nicolò dell'Arca. 3. Via S.Stefano: Der Palazzo Vizzani (16.Jh.).

zu sorgen. Die visuelle Aufmerksamkeit der Fußgänger wird durch die Kapitelle mit ihren ständig wechselnden Verzierungen gebannt. Blätter, Muscheln, Amoretten u.a. überraschen in ihrer Vielfalt in jedem neuen Bogen.

Im Jahre 1528 wurde das Gebäude, das heute Sitz eines Stadtbezirkes ist, in ein Pensionat für arme Mädchen umgestaltet. Durch das imposante Gewölbe hat man ein Blick auf die Kirche S. Maria del Baraccano.

Die Kirche S. Maria del Baraccano. Eine kleine Kapelle wurde hier 1403 zum Schutz eines Bildes der *Madonna mit Kind* errichtet. Dieses malte Lippo di Dalmasio (Ende des 14.Jh.) in dem Geschützturm der Stadtmauern (baraccano oder barbacane), der noch heute hinter der Kirche zu sehen ist.

Im Jahre 1472 ordnete Giovanni II. Bentivoglio, der Herrscher von Bologna, die Restaurierung und Vergrößerung des alten Gemäldes an und beauftragte dafür den großen Maler Francesco del Cossa aus Ferrara. Er ließ die Porträts seines Ahnen Giovanni I. und Maria Vinciguerras, mit der die Verehrung des Bildes begann, ergänzen. Nach dem Scheitern des Versuchs von Pietro di Navarra, der unter Führung von Consalvo aus Cordoba die Stadt belagerte, im Jahre 1512 den Baraccano durch eine Mine in die Luft zu sprengen, entschloß man sich zur Erweiterung der Kapelle und zum Bau der heutigen Kirche. Im Jahre 1524 wurden die breiten Arkaden hinzugefügt.

Der Architekt Agostino Barelli plante die Kuppel (1682).

In der Kirche auf dem linken Altar findet man der *Streit der Katharina von Alexandrien*, ein Werk von Prospero Fontana (1512-1597).

Die Hauptkapelle weist sehr gelungene Ornamente au Marmor auf, die 1512 nach Zeichnungen vom Architekten Arduino Arriguzzi durch Lorenzo Bargellese geschaffen wurden und dem Bild von Cossa einen Rahmen geben, sowie das Eingangsportal schmücken.

Die Statuen an den Seiten vom *Hl.Rocco* und von *Hl.Sebastian* werden Alfonso Lombardi (1497-1537) zugeschrieben, auch wenn, nach einer kürzlichen Restaurierung der Statue des hl.Sebastian, Donatello als Künstler vorgeschlagen wurde.

Die Barockornamente stammen aus dem Jahre 1767

Nach einer alten Tradition kommen Neuvermählte nach der Hochzeitsfeier hierher, um den Segen zu empfangen. Auf den rechten Altar wurde kurz nach 158(die *Prozession von Gregor dem Großen* von Cesar Artusi nach einer Zeichnung von Federico Zuccar gemalt.

1. Kirche S.Maria del Baraccano: Die Kuppel von 1682 krön das Gotteshaus aus dem 16.Jahrhundert. 2. Das Haus von Giosu Carducci, ehemals die Kirche S.Maria del Piombo. 3. Tosti: Marmorbüste des Dichters.

Weitläufig und monumental ist das Gewölbe, das die Kirche mit der Via Santo Stefano verbindet. Es entstand 1779 durch eine Erweiterung eines früheren Gewölbes aus dem Jahre 1497 vom Architekten Giuseppe Jarmorini.

Die Via Santo Stefano endet an der **Sperre Sankt Stephan**, auch Gregoriana genannt, dem alten Sitz der Zollpächter (1843). Sie besteht aus zwei symmetrischen Bauwerken, die F. Antolini an der Stelle des mittelalterlichen Tors aus dem 13. Jahrhundert errichten ließ.

MUSEO E BIBLIOTECA CARDUCCI - MUSEO DEL RISORGIMENTO

Auf der Piazza Carducci 5 steht, an die jüngere Stadtmauer gelehnt, das **Haus von Giosuè Carducci**, dessen Aussehen einer Kirche gleicht. Tatsächlich war dies früher eine der zwölf Wallfahrtskirchen, die die Bologneser am Stadtrand errichteten. Das Heiligtum entstand in den Jahren 1502-03 um dem Hochrelief einer *Pietà* aus Metall, vielleicht Blei, Aufbewahrungsort zu sein, was für die Kirche die Bezeichnung *St.Maria der Pietà* oder *St. Maria des Blei*s mit sich brachte. Der 1598 erbaute Säulengang mit doppelten Säulenpaaren wurde 1611 und 1653 umgebaut. Im Jahre 1798 verlor die Kirche ihren religiösen Charakter und wurde 1801 zu einem normalen Wohnhaus, dessen Laubengang man 1871 verschloß.

3

1

2

Am 8. Mai 1890 zog Carducci hierher um, wo er am 16.Februar 1907 starb. Königin Margherita hatte schon im Jahre 1902 all seine Bücher und 1906 das ganze Gebäude gekauft. Nach dem Tod des Dichters schenkte sie das Haus mitsamt der Bibliothek der Gemeinde der Stadt Bologna mit der Auflage, es als Gedenkstätte zu erhalten.

Notwendige, in den Jahren 1986-88 durchgeführte Restaurierungsarbeiten haben nicht nur die alte Baustruktur befestigt, sondern auch Teile noch vorhandener Kirchenräume im Erdgeschoß zum Vorschein gebracht. Im ersten Stock befindet sich die Wohnung des Dichters, die ein eindrucksvolles, typisch bürgerliches Domizil des 19.Jahrhunderts mit all seinen Gegenständen (Möbel, Ziergerät, Nippes, Porträts usw.) wiedergibt. Alles ist in dem Zustand vom 16.Februar 1907 verblieben. Räume und Einrichtungsgegenstände bilden das Carducci-Museum. Die Carducci-Bibliothek enthält 40.000 Bände, 11 Inkunabeln, 94 autographische Vorlagen, 208 Manuskriptbände und 35.437 an den Dichter adressierte Briefe sowie eine Abteilung mit Sekundärliteratur über ihn. Unter den zahlreichen Erinnerungsstücken befinden sich: *Pergament und Medaille des Nobelpreises* (1906), *Universitätstalar* des Dichters, seine *Totenmaske aus Gips*, die von Golfarelli hergestellt wurde; *Handschriften* von Mazzini, Garibaldi, Cairoli und anderen Landsmännern. Auch die Porträtsammlung ist beträchtlich: Bronzebüsten von E.O.Rosales und Adriano Cecioni; Gemälde mit Augusto Majani und Vittorio Corcos sowie eine Marmorbüste von Tosti u.a.

Im Erdgeschoß befindet sich seit Anfang 1991 das **Städtische Risorgimento-Museum** (Museo Civico del Risorgimento). Es entstand 1893 und war bis 1990 gemeinsam mit dem Städtischen Museum für Archäologie im alten Ospedale della Morte untergebracht. Als Ausstellungssaal dient ein ehemaliger, dreischiffiger Kirchenraum von St.Maria del Piombo, der vorher bewohnt wurde. Die restaurierten Gewölbefresken stammen aus dem 17.Jahrhundert. In den sich anschließenden Räumen der einstigen Sakristei befinden sich ein Saal für zeitgenössische Ausstellungen, Verwaltungsbüros und eine Aula für Seminare.

1. Die Bibliothek des Carducci-Hauses. 2. Der Talar von Carducci 3. Das kleine Wohnzimmer des Hauses. 4. Museo del Risorgimento. Carlo Ademollo: Ugo Bassi im Gefängnis von Comacchio. 5. Helm der Zivilgarde, Schnupftuch mit Pius IX. und das «Edikt der Vergebung». 6. Antonio Muzzi: Vertreibung der Österreicher von der Porta Galliera.

Einem Forschungsprojekt von Prof.Angelo Varni folgend, das sich mit den Ereignissen während des Risorgimento in Bologna von der napoleonischen Epoche bis zum Ersten Weltkrieg befaßt, teilt sich das Museum in verschiedene Themenkreise auf: die geheimen Vereinigungen, das Jahr 1848 in Bologna, die Vereinigung Italiens, die Feuerwaffen. Unter den zahlreichen Ausstellungsstücken befinden sich auch viele Gemälde *(Ugo Bassi im Gefängnis von Comacchio* von Carlo Ademollo; *Vertreibung der Österreicher von der Porta Galliera* von Francesco Zauli Sajani, usw.), die Mitra und der Bronzestab, die bis Ende des 18.Jahrhundert die Statue von Gregor VIII. auf der Piazza Maggiore schmückten, sowie ein Stein der *Friedenssäule*, die eigentlich auf der Piazza Galvani errichtet werden sollte.

Öffnungszeiten des Risorgimento-Museums (Tel.347592): Wochentags und Sonnabend 9.00 - 13.00 Uhr, Sonntag 9.00 - 12.30 Uhr. Montags und an Festtagen, die nicht auf einen Sonntag fallen, geschlossen.

4

5

1

3

In der Nähe steht auf einem Erdwall der alten Stadtmauern inmitten eines grünen Parks das **Denkmal für Giosu Carducci**, ein komplexes Werk aus carrarischem Marmor von Leonardo Bistolfi. Die Erinnerungsstätte, die eine Huldigung an die Bildhauerei des Jugendstils darstellt, wurde 1910 in Auftrag gegeben und 1928 vom italienischen Königspaar eingeweiht. Zentrale Figur ist *Der in Gedanken versunkene Dichter* selbst vor einem 12 m langen und 2,60 m hohen *Triptychon*, das von Lisenen und Karyatiden umrahmt ist und symbolische Darstellungen der jugendlichen Dichtung, der fremdländischen Ode und des Heimatgesangs abbildet. Links davon befindet sich die *Gruppe der Natur* und rechts die *Gruppe der Freiheit* (das «falbe Streitroß» des Gesangs). Das großartige Werk wurde Anfang der achtziger Jahre restauriert.

1. Pistolen und Medaillen auf einer Kopie der «Proklamation von Rimini» (1815). 2. Uniformen der regulären Truppen von Piemont. 3. Fontana: Die Bewegung von Savigno im Jahre 1843 4. Leonardo Bistolfi: Denkmal von Giosu Carducci (1910-28). 5. Der Dichter in Gedanken. 6. Die neugotische Basilika S.Antonio da Padova.

6

Basilika S. Antonio di Padova (Via Jacopo della Lana 2). Die Kirche wurde 1903 fertiggestellt und ist von dem Architekten Carlo Barberi aus Modena in neugotischem Stil erbaut worden. Ihre Fresken schuf Giacomo Gemmi in den Jahren 1906 und 1911, während die Gemälde *Die Einführung der Eucharistie* von Pater Eusebio Gelati und die *Geschichten des hl.Franziskus* von Pater Augusto Centofanti stammen und um 1914 gemalt wurden. Den Glockenturm fügte man im Jahre 1928 hinzu.

Bekannt ist die Kirche allerdings eher wegen der Tätigkeit von Antoniano, der eine kleine Gemeinschaft von Franziskanern führt, die sich dem sozialen Dienst widmet. Der Ruhm des «Piccolo coro» (kleiner Chor) geht über die Ländergrenzen hinaus. Eine Vielzahl von Veranstaltungen für Kinder werden durch ihn organisiert, die ihren Höhepunkt in dem jährlich stattfindenden Gesang-Wettbewerb «Zecchino d'oro» haben. Weithin bekannt sind die von Antoniano arrangierten Kunstaustellungen und die «Mensa für arme Leute», die 1983 dem großen Fresko *Hymne auf das Brot* von Lorenzo Ceregato das Thema lieh.

Strada Maggiore

Die Entstehen der Strada Maggiore geht indirekt auf den Bau der Via Emilia zurück, die die Fortsetzung des römischen «decumanus» - und zwar der heutigen Via Ugo Bassi und der Via Rizzoli - darstellt und den Stadtrand mit dem Zentrum verbindet. Die Vorstädte waren Produktions- oder Wohngegend, oder wurden als Gebiet für Friedhöfe genutzt, die man, den Gewohnheiten folgend, an den alten Plätzen der Villanovakultur einrichtete.

DIE BASILIKA DEI SANTI BARTOLOMEO E GAETANO

Bereits im 11.Jahrhundert stand hier eine kleine Kirche (Nr.4), die eine Krypta bedeckte und deren Errichtung angeblich dem hl.Petronius zu verdanken ist. Sie wurde im Jahre 1209 durch einen Brand zerstört, danach jedoch schnell wieder aufgebaut, wie aus einem Zeugnis von 1253 hervorgeht. Darin wird außerdem von dem Bau eines Klosters berichtet, in dem mindestens seit 1288 kluniazensische Nonnen lebten.

Die dem hl.Bartholomäus gewidmete Kirche und das Kloster wurden dann 1516 nach dem Willen des Priors, des apostolischen Pronotars Giovanni Gozzadini niedergerissen, da dieser die Absicht hatte, eine größere Kirche zu bauen, dem sich ein Prioratspalast anschließen sollte.

1

Mit diesem Werk wurde Andrea Formigine beauftragt, der die wunderschönen Arkaden errichtete und sie mit Sandsteinornamenten verzieren ließ, die er selbst, Francesco di Pietro da Como, Giovanni Andrea de'Zardi und andere geschaffen hatten. Als Gozzadini im Jahre 1517 einem Attentat zum Opfer fiel, kamen auch die Arbeiten ins Stocken. Man nahm sie erst 1599 wieder auf, als die Gebäude den Theatinern (von der Stadt Chieti) übergeben wurden, einem Orden, der 1524 in Chieti von St.Gaetano da Thiene gegründet worden war. Direkt beim Säulengang von Formigine ließen die Theatiner eine neue Kirche nach dem Plan von Giovan Battista Natali errichten, die sie sowohl ihrem Gründer als auch dem hl.Bartholomäus weihten.

Der Bau, zu dem auch der Architekt Agostino Barelli beitrug, fand mit der Fertigstellung der Kuppel und des eleganten Glockenturms zwischen 1688 und 1694 seinen Abschluß (nur die Fiale des Glockenturms stammt aus dem Jahre 1748). Beachtenswert ist auch die Seitentür am Ende des Säulenganges (16.Jahrhundert).

Das Kircheninnere erweist sich als ein prachtvoller Raum: Angelo Michele Colonna und Giacomo Alboresi bemalten das Hauptschiff mit Fresken (*Ruhm des hl.Bartholomäus* - 1667), während die Brüder Antonio und Giuseppe Rolli die Kuppel und die Gewölbe der Nischen verzierten (1691).

Am zweiten Altar links kann man den *Hl.Anton von Padua* von Alessandro Tiarini (1577-1668) und am dritten die *Mysterien des Rosenkranzes* von Domenico Maria Canuti (1620-1684) sehen.

Die berühmte *Madonna mit dem schlafenden Kind*, die sich in einem Oval auf dem Altar des Querschiffes befindet, ist von unbeschreiblicher Zärtlichkeit und wird wegen des gelungenen Ausdrucks von tiefer religiöser Anteilnahme als das Meisterwerk von Guido Reni (1575-1642) betrachtet.

Hinter dem monumentalen Hauptaltar, dessen Plan von Paolo Canali (1618-1680) stammt, haben Marco Antonio Franceschini und Luigi Quaini, zusammen mit dem Ornamentenmaler Enrico Haffner, im Jahre 1693 drei große Szenen über das *Martyrium* und die *Wunder des hl.Bartholomäus* ausgeführt.

Im rechten Schiff sind folgende Werke von besonderem Interesse: In der Nähe des ersten Altars drei Gemälde, *Der Traum des hl.Joseph*, die berühmte *Verkündigung*, die auch den Beinamen «des schönen Engels» führt, und die *Geburt Christi*, im Jahre 1633 von Francesco Albani gemalt; beim zweiten die phantasiereiche Rahmendekoration um den *Hl.Andrea Avellino* (von Lorenzo Garbieri ;1580- 1654) von Angelo Michele Colonna (1600-1687), der der Patron der Kapelle war; beim dritten das sehr beschädigte Bild *Hl.Karl vor dem Varallo-Grabmal kniend* von Ludovico Carracci (1614).

Die äußere Kapelle, das Baptisterium der Kirche, deren Verzierung Edoardo Collamarini (1864-1928) geplant hatte, beherbergt ein altes Bild der *Madonna mit Kind*, das ursprünglich auf eine der Außenwände des Turmes Garisenda gemalt war und 1871 von dort entfernt wurde, da das Oratorium um den Turm, das das Bild schützte, abgerissen wurde.

Die Restaurierungsarbeiten am **Palazzo Lupari** (Nr.11) haben einen Teil des antiken römischen Straßenpflasters zum Vorschein kommen lassen, das heute im Palast zu sehen ist.

Das **Bonvalori-Haus** (Nr.13), dessen beschädigte doppelbogige Fenster und Mauerringe vom «Comitato per Bologna Storia e Artistica» (Komitee für die historische und künstlerische Erhaltung Bolognas) restauriert wurden, ist ein Beispiel für die Wohnhaus-Architektur der spätgotischen Zeit.

Das **Sorgi-Haus** (Nr.15-17) ist das erste Gebäude aus Backstein, das im Jahre 1121 zu einer Zeit erbaut wurde, da die Wohnhäuser noch gänzlich aus einer Holzkonstruktion bestanden, deren Material aus den Wäldern, die die Stadt umgaben, stammte.

An der Fassade des **Palazzo Gessi** (Nr.20) fällt das 1580 entworfene Wappen von Papst Gregor XIII. auf, der mit der Familie Gessi verwandt war.

Der **Palazzo Fantuzzi** (Nr.22) stellt ein Beispiel für typische Fassaden des 16.Jahrhunderts dar. Älter dagegen, aus dem 15.Jahrhundert, ist der Bogengang, der den Palast stützt. Auf der 1750 von Giovanni

4

1. Die Basilika der Heiligen Bartolomeo und Gaetano bei den Zwei Türmen (17.-18.Jh.). 2. Die Strada Maggiore von Osten aus gesehen. 3. Der Säulengang von S.Bartolomeo (16.Jh.) von Formigine. 4. Strada Maggiore: Das Borghi-Mamo-Haus (14.Jh.).

1

Carlo Bibiena wieder aufgebauten Treppe hat Filippo Scandellari ein Spalier von Statuen geschaffen.

Das **Sampieri-Haus** (Nr.24) ist mit Fresken von Carracci verziert, die in drei Sälen Episoden aus dem Leben des Herkules erzählen; die Decke eines anderen Raumes ist von Guercino bemalt.

Der Laubengang des Hauses Nr.26, dessen Säulen mit sogenanntem Rustika-Mauerwerk verkleidet sind - das besonders in der florentinischen Frührenaissance üblich war - und hier dem klassizistischen Stil des Architekten Santini anzurechnen ist, war das Wohnhaus des Komponisten Gioacchino Rossini.

Den Haustyp des 13.Jahrhunderts kann man beim **Isolani-Haus** (Nr.19) mit seinen neun Meter hohen, auf Gipssockeln ruhenden Stützpfeilern aus Eichenholz studieren.

Den **Palazzo Riario** (Nr.34), der Mitte des 16.Jahrhunderts erbaut wurde, gestaltete Giovan Battista Martinetti im Jahre 1798 um. Er bewahrte jedoch den durch Verzierungen eines römischen Tempels des Antonio und der Faustina inspirierten Wandfries, indem er das Motiv auf drei weiteren Bogen des Säulengangs wiederholte. Im Palast befinden sich viele Gemälde des 19.Jahrhunderts: ein Saal mit bukolischen Themen von V.Martinelli, Fresken von P.Fancelli im Saal der Astronomie und eine Landschaft in Tempera im Hof von L.Busatti.

Unter den Rekonstruktionen des späten 18.Jahrhunderts ist noch ein «tuata» oder «tubata» (Turm) erhalten, der als **Turm der Familie Oseletti** (zwischen Nr.34 und 36) bekannt ist.

Dieses Befestigungswerk steht auf einem teilweise im Boden versteckten Sockel, der während einer Restaurierung wieder ans Licht kam. Dabei wurde jedoch auch die Stärke seiner Verkleidung mit Selenitquadern am Rand des ihn umgebenden Säulengangs reduziert. In der gesamten Höhe des Palastes bleibt der Turm unsichtbar. Erst dann ragt er aus den umliegenden Dächern heraus.

Im **Palazzo Bonfioli** (Nr.29), der Sitz der Deutsch-Italienschen Gesellschaft, stößt man auf eine hübsche Wendeltreppe, die Statuen aus Stuck trägt und mit Blumen- und Pflanzenornamenten verziert ist. Drei Freskenmaler, L.Spada, L.Massari und F.Brizio, gestalteten die Friese im Hauptgeschoß und ließen sich dabei durch Episoden des republikanischen Roms inspirieren. Unwiederbringlich verloren sind hingegen die Fresken des ersten Hofes und der kleinen Loggia, die dem Befreiten Jerusalem gewidmet sind.

Der **Palazzo Tartagni** (Nr.42) bewahrt Masken aus Terrakotta des 15.Jahrhunderts in seinen Arkaden und Fresken von Petronio und Pietro Fancelli in seinen Räumen auf.

---

1. Das Gioannetti-Haus (15.Jh.). 2. Das Isolani-Haus (13.Jh.). 3. Der Palazzo Davia Bargellini (17.Jh.). 4. Das «Portal der Giganten», vom Säulengang der Servi aus gesehen.

PALAZZO DAVIA BARGELLINI

Ohne einen Säulengang, wie es bei senatorischen Palästen üblich war, wurde in der Strada Maggiore das große Wohnhaus von Camillo Bargellini gebaut. Die reine, leuchtende Fassade, die durch die Rahmen und Giebelvorsprünge der Fenster strukturiert ist, läßt den Besucher durch ein großes Portal ein, dessen sehr plastische Atlanten für Bologna einzigartig sind. Sie wurden von Gabriello Brunelli (der rechte) und Francesco Agnesini (der linke) 1658 in Fels gehauen, der aus dem Bologneser Apennin stammt. Von ihnen leitet sich auch der volkstümliche Name für das Gebäude her: «Palast der Giganten». Im Jahre 1638 von Bartolomeo Provaglia entworfen und nach zwanzig Jahren von dem Baumeister Antonio Uri errichtet, wurde der Palazzo Davia Bargellini 1839 von Virgilio Davia übernommen und 1876 der von Giuseppe Davia gegründeten «Opera Pia Davia Bargellini» (fromme Anstalt) übertragen.

Eine weite Prunktreppe aus dem Jahre 1730, die von Giuseppe Borelli mit Stuck verziert wurde, ist das Ergebnis mehrerer verschiedener Pläne von Torreggiani, Dotti und Conti. Der Palast ist seit 1924 Sitz des **Stadtmuseums für Industriekunst** (Erdgeschoß) und

4

der **Galerie «Davia Bargellini»**. Auch heute noch ist die ursprüngliche Anordnung der Galerie erhalten, die die museologische Konzeption ihres damaligen Leiters, Francesco Malaguzzi Valeri, belegt. Das Ausstellungsmaterial von industrieller Kunst ist nicht systematisch angeordnet, sondern soll dem Besucher das Spiel mit eigenen Assoziationen erlauben.

Die Gemälde der Galerie stammen zu einem großen Teil aus dem Familienbesitz der Bargellinis und beweisen durch ihren Wert und ihre Auswahl den guten Geschmack dieser Mäzenatenfamilie. Fast alle dieser Kunstwerke sind im Besitz der Opera Pia. In den Jahren 1983 und 1984 fanden notwendige Renovierungsarbeiten im Museum statt, deren Kosten die Gemeinde trug. In den Sälen befinden sich an die tausend Ausstellungsstücke: Saal I, Möbel und Gegenstände aus dem Bologneser Umland des 16.und 17.Jahrhunderts; bemerkenswert sind auch die *Prägestöcke* der Münze in Bologna und *Alberelli* sowie andere Gefäße aus den Apotheken «des Lebens» und «des Todes». Saal II, Möbel der Renaissance: *Büste des Virgilio Gaspare Bargellini*, ein Werk aus Backstein von Vincenzo Onofri; *Madonna mit dem Kind* oder auch «*Madonna der Zähne*» genannt, eine sehr schöne Arbeit von Vitale da Bologna aus dem Jahre 1345; die *Pietà*, ein Temperagemälde auf Holz, 1368, von Simone dei Crocifissi; *Madonna mit Kind* aus dem 15.Jahrhundert, das Jugendmeisterwerk von Bartolomeo Vivarini; vier *hölzerne, mechanische Figuren* von 1451, die früher zur Rathausuhr gehörten; *Die mystische Hochzeit der hl.Katharina* von Innocenzo da Imola.

Sehr wertvoll ist die *Hochzeitstruhe* aus Nußbaumholz geschnitzt aus der Werkstatt des Formigine (16.Jahrhundert). Saal III, Kultobjekte aus dem 17. und 18.Jahrhundert: In diesem Saal, der wie eine Adelskapelle eingerichtet ist, befinden sich sakrale Gegenstände, Gemälde und Skulpturen, wobei der *Kruzifix* von Alessandro Algardi und die schöne *Madon-*

2

na mit Kind, ein Werk der Schule des Giuseppe Mazza in mehrfarbigem Backstein. Saal IV, bürgerliche Möbel aus dem 17. und 18. Jahrhundert, Einrichtungsgegenstände und eine bedeutende Sammlung von Skulpturen aus Backstein: *Zwei Bauern* und *Zwei Hirten* von Angelo Piò; eine *Madonna*, die *Tapferkeit*, *Apollo*, *Zwei weibliche Figuren*, *Kommunion der Magdalena*, sind einige der hier ausgestellten Werke von Giuseppe Mazza; außerdem die Gemälde der *Kreuzigung* von Calvaert und *Der Tod von Sisara* von Franceschini. Saal V, reiche Barockmöbel aus dem 17. und 18. Jahrhundert, darunter eine *Kommode* mit aufgestelltem Schränkchen aus dem 16. Jahrhundert; das berühmte Gemälde der drei *Würfelspieler* von Giuseppe M. Crespi; die *Kreuzabnahme* von Giuseppe M. und Luigi Crespi; *Landschaft* von Paul Brill; *Kopf eines Alten* von Simone Cantarini; zwei *Porträts eines Man-*

1. Museo Davia Bargellini: Eine Gala-Reisekutsche aus dem 18. Jahrhundert. 2. Zwei Bauern als Figuren von der Weihnachtskrippe. 3. Ein kleines Marionettentheater (18. Jh.) 4. Giuseppe M. Crespi: Würfelspieler.

nes von Domenico M.Canuti; *Der hl.Franz von Assisi* von Mastelletta. Saal VI, geschnitztes und vergoldetes Mobiliar des 17. und 18.Jahrhunderts: Tische, Sessel, große Leuchter, Betstuhl für Papst und Bischöfe für sakrale Handlungen , Rahmen; eine wunderbare *Gala-Reisekutsche* aus schwarzbemaltem Holz, 18.Jahrhundert; interessant ist das Modell einer *Villa des 18.Jahrhunderts* mit feiner Ausarbeitung der Einzelheiten; zahlreiche Gemälde von Franceschini, Mirandolese und Bigari; *Hl.Johannes der Täufer* von Mastelletta, *Kruzifix mit der Jungfrau und anderen Heiligen* von Guido Reni, *Porträt einer Dame* von Luigi Crespi und *Porträt eines kleinen Mädchens* von Felice Torelli. Saal VII, Vitrinengegenstände, Keramiken und Werke aus Terrakotta; Keramiken aus Bologna und der Emilia-Romagna aus der Zeit der Bentivoglio bis zum Ende des 16.Jahrhunderts, Keramiken aus Wedgwood, Porzellanware aus Sachsen, Capodimonte und Ginori, Glas aus Murano; Weihnachtskrippenfiguren von Piò, Mazza und De Maria; Stickarbeiten des 18.Jahrhunderts; ein faszinierendes *Marionettentheater*, das früher der Familie Albicini aus Forl gehörte, mit in Tempera gemalten Bühnenbildern, inspiriert durch Bibiena, und 32 reich bekleideten Marionetten, wie sie dem Geschmack des *Barockadels* entsprachen.

Die Sammlungen des Palazzo Davia Bargellini können Dienstag bis Samstag von 9.00-14.00 Uhr und Sonntag von 9.00-12.30 Uhr besichtigt werden; montags und an Festtagen geschlossen.

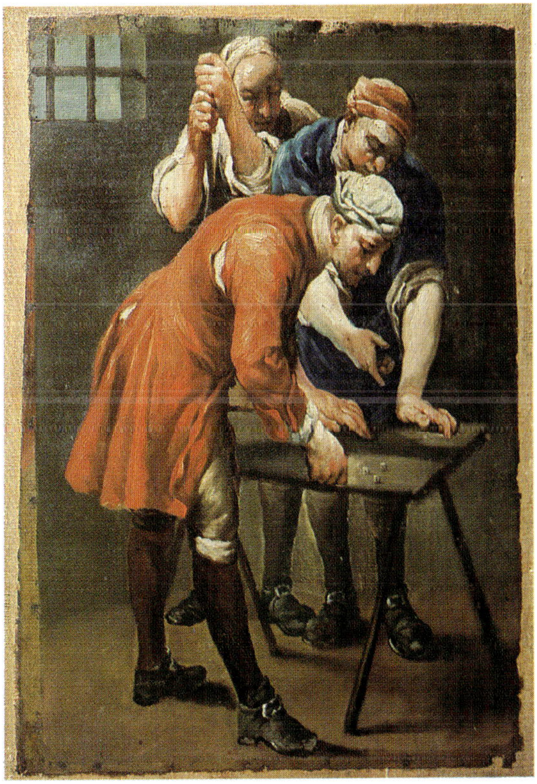

4

1

BASILICA DI S.MARIA DEI SERVI

Unter den Bettelorden des 13. Jahrhunderts waren die Serviten der dritte, der sich nach den Franziskanern (1212-13) und den Dominikanern (1218) innerhalb der Mauern Bolognas niedergelassen hatte (1261). Sie begannen mit dem Bau einer Kirche im Jahre 1346 und erweiterten diese bereits im Jahre 1386 nach einem Plan von Bruder Andrea Manfredi aus Faenza: Dem Ordensgeneral, der mit dem Architekten Antonio di Vincenzo eben jenen mit der Durchführung der Arbeiten beauftragte, der vier Jahre später mit dem Bau der riesigen Basilika St. Petronio beginnen sollte.

Die Arbeiten gingen sehr langsam voran. Die Apsis der Hauptkapelle wurde 1437 fertiggestellt und der Chorumgang mit drei Radialkapellen 1470 hinzugefügt. Erst im Jahre 1504 vollendete man die Rippengewölbe des Mittelschiffs.

Von großem Zauber und unglaublicher Leichtigkeit ist der Portikus, dessen ältester Teil sich an die Kirche schmiegt. Er wurde 1393 von Antonio di Vincenzo begonnen und 1492 mit drei weiteren Bogen in Richtung Porta Maggiore und einem neuen Flügel entlang der Kirchenfassade im Jahre 1521 ergänzt. Die vierseitige Galerie zur Via Guerazzi hingegen wurde erst in den Jahren 1852-1855 nach alten Plänen vollendet.

Das Innere zeigt mit seinen drei Schiffen eine harmonische und ausgewogene gotische Linienführung.

Die an den Seitenwänden zwischen dem 16. und dem 18. Jahrhundert gebauten Altäre haben die Kirche mit außerordentlichen Kunstschätzen bereichert. Zugleich schlossen diese aber auch die seitlichen Fenster und verdunkelten dadurch das Innere, verstärkten aber auch den Effekt des besonderen Lichteinfalls an der Apsis.

Der erste Altar links (Architekt Francesco Tadolini) trägt eine interessante barocke Darstellung der *Schmerzensmutter* von Angelo Gabriello Piò (1690-1769); am zweiten Altar ist das 1644 von dem damals sechsundsechzigjährigen Francesco Albani mit frischer, klassizistischer Anmut gemalte *Noli me tangere* (berühr mich nicht) zu sehen.

Über einem Seiteneingang ist das monumentale Grabmal des Lodovico Gozzadini (gestorben 1536), ein wertvolles Werk von Giovanni Zacchi da Volterra.

Francesco Albani hat mit seinen Schülern 1641 das Bild des vierten Altars *Der hl. Andrea wird zum Martyrium geführt* gemalt, dem fünften hingegen hat der immer lebhafte Pietro Faccini (1562-1602) die *Maria Himmelfahrt* hinzugefügt, darunter eine wertvolle *Madonna mit Kind*, die an byzantinische Werke erinnert und der Bologneser Bruderschaft von ihrem Gründer selbst, dem hl. Filippo Benzini, 1285 geschenkt wurde. Auf dem sechsten Altar ist ein wunderbares klassisches Altarbild von Formigine, das auch die *Verkündigung* von Innocenzo da Imola, rein und schimmernd im Stile des Raffaello, einschließt.

Die riesige Orgel ist modern und einzigartig in der Anzahl ihrer Pfeifen und der Vielfalt der Register.

Der *Hauptaltar* mit einer sehr bunten und kompli-

zierten Ikonographik ist ein manieristisches Werk von Giovanni Agnolo da Montorsoli, einem Schüler und Mitstreiter Michelangelos, und wurde zwischen 1558 und 1561 errichtet.

Im Chorumgang links sieht man ein melancholisch anmutendes Gemälde von Alessandro Tiarini, das die *Erziehung der Jungfrau* darstellt, während sich rechts, in den Boden eingelassen, das *Grabmal von Bruder Andrea Manfredi aus Faenza* (gest.1396) befindet.

In der ersten der drei großen Kapellen am Ende der Kirche wird das bedeutendste Kunstwerk der Kirche aufbewahrt, die wunderbare *Madonna mit Kind auf dem Thron und Engeln* von Cimabue. Deren weiche Gesichtszüge könnten jedoch eine Mitarbeit des jungen Duccio di Boninsegna verraten, was die Datierung des Bildes zwischen 1280 und 1285 sinnvoll erscheinen läßt, jene Zeit also, in der Duccio die Schule des Cimabue besuchte. Die Tafel ist eine Schenkung der Familie Pepoli (1345).

5

1. Basilika S.Maria dei Servi: Die Fassade mit dem Kreuzgang aus dem 19.Jahrhundert. 2. Der Säulengang aus dem 14.Jahrhundert entlang einer Seite der Kirche. 3. Teilansicht des Säulengangs: Der Teil von Antonio di Vincenzo. 4. S.Maria dei Servi: Das harmonische Innere. 5. Cimabue: Madonna mit Kind (13.Jh.).

1

Gleich nach den Apsiskapellen stößt man auf ein schönes Relief, die *Madonna mit Kind unter den Heiligen Lorenzo und Eustachio* von Vincenzo Onofri; ebenfalls bedeutend ist das breite *Polyptychon aus Backstein* mit Fresken von Lippo Dalmasio (Ende des 14. Jahrhunderts) und dic Sakristei, deren drei große Leinwandgemälde über dem Altar von Mastelletta (1575-1665) leider geschwärzt sind.

Das rechte Schiff entlanggehend entdeckt man folgendes: Der sechste Altar mit dem *Paradies*, ein effektvolles, wenn auch unnatürliches Werk von Denjs Calvaert (1602) und der letzte mit einem eleganten und stillen Werk von Marcantonio Franceschini (1648-1729), *Die Madonna händigt den sieben Gründern der Serviten den Talar aus.*

Bevor man die Kirche wieder verläßt, empfiehlt es sich, das Äußere der 1437 fertiggestellten Apsis und den 1453 errichteten, jedoch 1725 umgebauten Kirchturm zu besichtigen. Beide wurden 1925 unter Leitung des Ingenieurs Guido Zucchini restauriert und von späteren baulichen Ergänzungen befreit.

Der **Palazzo Carrati** in der Via Guerrazzi 13 ist ein Gebäude, das seit 1525 der Familie Sanvenanzi gehörte und dann im Jahre 1627 in den Besitz des Grafen Carrati überging, der es vollständig umbauen ließ. Dort gründete Vincenzo Maria Carrati (gest.1675) im Jahre 1666 die **Philharmonische Akademie**, die noch heute tätig und weltbekannt ist. Am 9. Oktober bestand hier der damals vierzehnjährige Mozart die Aufnahmeprüfung für die Hochschule. Die Einrichtung bewahrt in einer Sammlung wichtige Erinnerungsstücke berühmter Komponisten und der eigenen Vergangenheit auf. Die *Sammlung* von Musikinstrumenten enthält einzigartige Stücke: Das *Spinett von Rossini* aus Mahagoniholz, 1850 in Wien gebaut; das *Schreibpult von Rossini,* ein Bologneser Möbelstück des 19. Jahrhunderts; eine *Orgel mit 360 Pfeifen* von Traeri (1673); ein *Klavier von Ottrino Respighi* aus der Wiener Werkstatt Fritzmann & Sohn; ein *Klavier von Stefano Golinelli* aus Paris von Erard; einen *Notenständer von Stefano Mancinelli* aus Buchsbaumholz. Hinzu kommen zahlreiche Ölgemälde: *Hl. Anton von Padua*, der Schutzheilige der Hochschule, ein Ölgemälde von Elisabetta Sirani.

Besichtigung nur nach Absprache mit der Leitung der Hochschule (Tel. 222997).

Die Funktion der Laubengänge ist die, einen beinahe nahtlosen Übergang zwischen den Bauwerken und den Jahrhunderten zu schaffen. So bilden die schmalen Säulen der Serviten einen spannenden Kontrast zu denen des **Palazzo Hercolani** (Nr.45), der im 18. Jahrhundert von dem Architekten Angelo Venturoli erbaut wurde. Diesen Wohnsitz der Senatorenfamilie der Hercolani erreicht man über eine effektvolle Prunktreppe, die Statuen von Giacomo De Maria trägt und deren Gewölbe mit einem Fresko der Apotheose des Herkules von Filippo Pedrini bemalt ist, während man im Hauptsalon einen *Apollo mit den Stunden* sehen kann. Zwei weitere Räume wurden von Vincenzo Armani und Davide Zanotti in chinesischem Stil eingerichtet und verziert; ein anderer von Rodolfo Fantuzzi ist der Landschaft gewidmet. Ein öffentlicher Englischer Garten ist von der Via dei Bersaglieri zugänglich.

Der mit Loggien ausgestattete erste Hof des **Palazzo Angelelli** (Nr.51) beherbergt eine Statue des Prometheus, der vom Adler zerrissen wird, von dem Bildhauer Giovanni Battista Bolognini; im Garten erblickt man die bezaubernde Szenerie einer von Antonio Ambrosi geplanten Reitbahn, die im Jahre 1710 als Theater benutzt wurde.

Auch im **Zoppi-Haus** entstand gegen Ende des 16. Jahrhunderts eines der ältesten privaten Theater. In seinem Hof findet man einen Brunnen, dessen zwei dorische Säulen einen Tragbalken stützen, auf dem sich zwei Delphine ausruhen; die Konstruktion wird Antonio Morandi, auch «Terribilia» genannt, zugeschrieben.

Den Abschluß der Strada Maggiore bildet das **Tor** aus dem 13. Jahrhundert, dessen Fassade von Francesco Dotti den Straßenbauarbeiten zum Opfer fiel und dessen vollständigen Abriß Alfonso Rubbiani verhinderte, indem er die historische Bedeutung dieses mittelalterlichen Denkmals mutig verteidigte.

1. Vitale da Bologna: Die Madonna der Geburt (14.Jh.). 2. Porta Maggiore: Das große Tor aus dem 14.Jahrhundert. 3. Anfang der Via S. Vitale bei S.Bartolomeo. 4. Die Piazza Ravegnana von der Einmündung der Via S. Vitale aus.

Via San Vitale

Einstmals von den Kaufleuten befahren, die das Salz von Ravenna nach Bologna brachten, was sie vermutlich in jener Zeit Via Salaria heißen ließ, bewahrt die Via San Vitale noch heute den Zauber der Vergangenheit: Vielleicht wegen ihrer Läden, die dem Verkauf von Antiquitäten, alten Bilderrahmen, Möbeln oder anderen Seltenheiten seither treu geblieben sind.

In der zweiten Hälfte des 16. Jahrhundert wurde der **Palazzo Orsi** (Nr. 28-30) errichtet, um die Fassaden zweier schon bestehender Gebäude miteinander zu ver-

4

1

binden, deren Inneres jedoch die eigene Charakteristik beibehielt. Indem auch dieser Palast A.Morandi zugeschrieben wird, ist es möglich, den Entwicklungsprozeß des Künstlers nachzuvollziehen, der 1562 in der eindrucksvollen Ausführung des Archiginnasio gipfelte. Leider hat die Korrosion des Sandsteins die Verzierungen der Fensterfriese mit Schriftrollen und Sirenen bis zur Unkenntlichkeit entstellt. Im Inneren am Ende des Hofes wird Herkules, der gerade den Nemeischen Löwen erwürgt, von einem Halbrund geschützt, ein wertvolles Terrakottawerk von Domenico Piò (1775). Er ist gleichzeitig Maler der frommeren Darstellung jener Skulptur der *Madonna mit Kind*, welche eine Prunktreppe aus dem 18.Jahrhundert verziert, die dem kulturellen Umkreis der Bibiena entstammt.

Das **Negri-Haus** (Nr.15), ein Beispiel nüchternen Geschmacks der Architektur der Renaissance, wird an seiner Eingangstür von zwei magischen Maskaronen in kostbarer Ausführung des 16.Jahrhunderts bewacht, die als Türklopfer dienen. Der Dichter und Architekt Giovanni Francesco Negri, der unter anderem «Das befreite Jerusalem» von Tasso in bolognesischen Dialekt übersetzte, gründete hier die «Akademie der Ungezähmten», eine der zahlreichen privaten Gesellschaften, die das intellektuelle Leben der Stadt mit neuen Impulsen zu bereichern suchten.

Der **Palazzo Fantuzzi** (Nr.23) ist zweifellos das großartigste Bauwerk der ganzen Straße. Im Jahre 1517 erhielt die Familie Fantuzzi von der «Assunteria d'Ornamento», dem Ausschuß, der alle Baupläne der Stadt prüfte, die Erlaubnis, den Säulengang ihres Wohnhauses abzureißen; unter der Bedingung jedoch, eine neue Fassade zur Verschönerung des Stadtbildes zu erbauen. Das Ergebnis ist eine Plastizität, die durch den Rhythmus der mit starkem Bossenwerk versehenen Halbsäulen und Fenstern mit vorspringenden Giebeln entsteht. Dies wird noch verstärkt durch den plötzlichen Wechsel von Licht und Schatten der einzelnen Bauteile. Es ist das Werk eines geschickten Künstlers, dem die damaligen avantgardistischen Ideen eines Giulio Romano und eines Serlio bekannt waren, und den die Forschung allgemein als Andrea da Formigine identifiziert. An den Arbeiten, die Ende des 16.Jahrhunderts ihren Abschluß fanden, nahmen auch Antonio Tassi, auch «Triachini» genannt, und später dessen Sohn Bartolomeo teil. Im folgenden Jahrhundert erforderte der gewachsene politische Einfluß der Familie, diesen auch im Bau jener großartigen *barocken Prunktreppe* zu manifestieren, die im Jahre 1680 von Paolo Canali geschaffen wurde. Im Hintergrund findet man die *Allegorie des Sonnenwagens* von Gioachino Pizzoli; die Statuen des *Herkules*, des *Atlas*, des *Ruhmes*, des *Überflusses* und des *Wohlstandes* sind von Gabriello Brunelli.

Das **Franchini-Haus** (Nr.31) ist aus der Mitte des 16.Jahrhunderts und in seiner Struktur mit jenem «**torresotto**» verbunden, der einst zum Tor des Mauerrings «des Jahres eintausend»(12.-13.Jahrhundert) gehörte.

DIE KIRCHE DEI SANTI VITALE ED AGRICOLA

Der Legende nach wurde die Kirche auf den Überresten einer ehemaligen römischen Arena erbaut, in der das Martyrium der Heiligen Vitale und Agricola stattgefunden haben soll. Tatsächlich ist sie erstmals in einem glaubwürdigen Zeugnis aus dem Jahre 1088 erwähnt, der ihre Lage am Ende des Bezirks Porta Ravegnana beschreibt.

Gegen Ende des 16.Jahrhunderts wurde die Kirche nach dem Willen der Nonnen des Ordens der «Schwarzen Benediktiner» vollständig umgebaut, wobei die tra-

1. Via S.Vitale: Der Palazzo Fantuzzi (16.Jh.). 2. Der Torresotto von S.Vitale (13.Jh.). 3. Kirche der Heiligen Vitale und Agricola: Die Fassade von 1862. 4. Säulengang der Kirche: Detail des Portals von S.Maria degli Angeli von Formigine. 5. Roso da Parma: Grabmal der Familie Liuzzi (14.Jh.).

3

ditionelle Ost-West-Ausrichtung verloren ging, bei der die Gebäudeachse parallel zur Straße lag. Noch heute ist das Kirchenschiff in Richtung Nord-Süd ausgerichtet. Der Einweihung des Gebäudes 1641 folgte eine bedeutende Restaurierung der Hauptkapelle im Jahre 1680. Nach der Napoleonischen Repression (s.S.70) in den Jahren 1824 bis 1862 wurden ebenfalls das Innere und die Fassade erneuert.

Der Glockenturm der Kirche wurde 1670 nach einem Plan des Architekten Agostino Barelli umgebaut.

Im Säulengang kann man eine Grabtafel entdecken, die 1318 von Roso da Parma für Lucio de'Liuzzi und Mondino angefertigt wurde. Mondino, der Neffe von Lucio, war ein berühmter Arzt an der Bologneser Universität und wird als Begründer der modernen Anatomie angesehen.

In der Nähe kann man durch eine sehr schöne Tür in die Kapelle der hl.Maria der Engel (mit Ornamenten aus der Schule des Formigine) gelangen, die gegen 1497 von Gaspare Nadi mit einem quadratischen Grundriß erbaut wurde und in der sich folgende Werke befinden: Fresken von Giacomo Francia in der Nische (*Geburt Christi* und *Die Engel*) und Bartolomeo Ramenghi da Bagnacavallo (*Heimsuchung Mariä*); das schöne Gemälde *Die Flucht nach Ägypten* von Alessandro Tiarini (1577-1668) und eine erstaunliche Plastik der *Heiligen Familie*, die Angelo Piò (1690-1769) aus Stoff und Wachs modellierte.

Bemerkenswert ist die Tafel des Hauptaltars mit dem

4

5

Martyrium der Heiligen Vitale und Agricola, die 1872 durch Luigi Busi innerhalb des riesigen Altarbildes des Malers Tommaso Laureti aus Sizilien entstand. 1580 wurde es von Giacomo Gentili mit vergoldeten Holzschnitzereien versehen und eingefaßt. Sehr suggestiv wirkt auch die *Krypta*, der einzige, kostbare Überrest der ursprünglichen Kirche aus dem 11.Jahrhundert, den man 1891-92 wiederentdeckte, nachdem er in einem Jahrhundert des Verfalls von dem Ingenieur des angrenzenden Gartens, Giovanni Battista Martinetti, in eine Grotte umgestaltet worden war.

Im **Palazzo Martinetti** (Nr.56) befand sich der Salon der mondänen Gesellschafterin, der schönen Cornelia Rossi, Frau des Architekten Martinetti, den Ugo Foscolo, Canova und Byron, die sie umschwärmten, oft frequentierten.

Aus dem 16.Jahrhundert stammen das **Grassi-Haus** (Nr.60), das **Grimani-Haus** (Nr.49) und das **Prati-Haus** (Nr.53). Letzteres verrät die Hand eines bedeutenden Künstlers, vielleicht Antonio Morandis, den man auch «Terribilia» nannte.

Kirche der hl.Maria della Pietà (der Barmherzigkeit, Nr.112). Die Bauarbeiten zu dieser Kirche begannen im Jahre 1601 und wurden vom Bologneser Senat und verschiedenen Kunstvereinen finanziert. Schon zwei Jahre später wurde die Hauptkapelle eingeweiht und 1667 konstruierte man die Gewölbe nach einem Plan des Architekten Bartolomeo Belli.

Das Innere mit nur einem einzigen Kirchenschiff und Seitenkapellen von geringer Tiefe ist sehr schlicht angelegt und folgt damit dem üblichen Schema im Bologna des 16.Jahrhunderts.

Die Gemälde mit den *Schutzheiligen der Stadt* die der Kirche der St.Lucia entnommen sind, wurden hoch oben angebracht und stammen aus dem 17.Jahrhundert. An den Seiten stößt man auf eine beträchtliche Zahl von Altartafeln: Die ersten zwei Altäre links tragen das *Kruzifix* und die *Hl.Anna* von Bartolomeo Cesi (1556-1629); während die dritte *Die Vermehrung des Brotes und der Fische* von Lavinia Fontana (1552-1602); die vierte, reich verzierte Kapelle die *Flucht nach Ägypten*, ein Werk aus Email von Andrea Donducci (1575-1663), auch «Mastelletta» genannt, und die fünfte den *Hl.Eligio* des leidenschaftlichen Tiarini (1577-1668) zeigen.

Die *Pietà mit den Schutzheiligen von Bologna* in der Hauptkapelle ist eine unvollendete, von Clemente Albri im letzten Jahrhundert ausgeführte Kopie des berühmten Originals von Guido Reni, das sich heute in der Pinakothek befindet.

Wendet man sich zur rechten Seite, so stößt man beim ersten Altar auf die *Verkündigung* von Giovanni Luigi Valesio (1579-1640); beim zweiten auf die *Wunder des Hl.Alò* von Giacomo Cavedoni (1577-1660) und beim letzten auf die Altartafel mit der *Hl.Ursula mit Begleiterinnen* von Bartolomeo Passarotti (1530-1592), gemalt in Anlehnung an die *Hl.Cecilia* von Raffaello.

Das **Brogli-Haus** (Nr. 55) besitzt eine prunkvolle Treppe, die von Alfonso Torreggiani geplant wurde. Mit einem Blick in die rechte Querstraße, Via Begatto, entdeckt man einen bezaubernden Teil der alten Stadt, der typisch für die Konstruktionen des 14. und 15.Jahrhunderts ist.

Verloren gegangen ist dagegen das ursprüngliche mittelalterliche Gesicht der *Porta San Vitale*, deren Zugbrücken im 18.Jahrhundert beseitigt und deren Vorbauten 1952 abgerissen wurden.

1

1. Die Via San Vitale von Südost aus. 2. Der Palazzo Malvasia, 1760 von Francesco Tadolini umgebaut. 3. Der Wein-Maskaron im Schlußstein des Malvasia-Bogens.

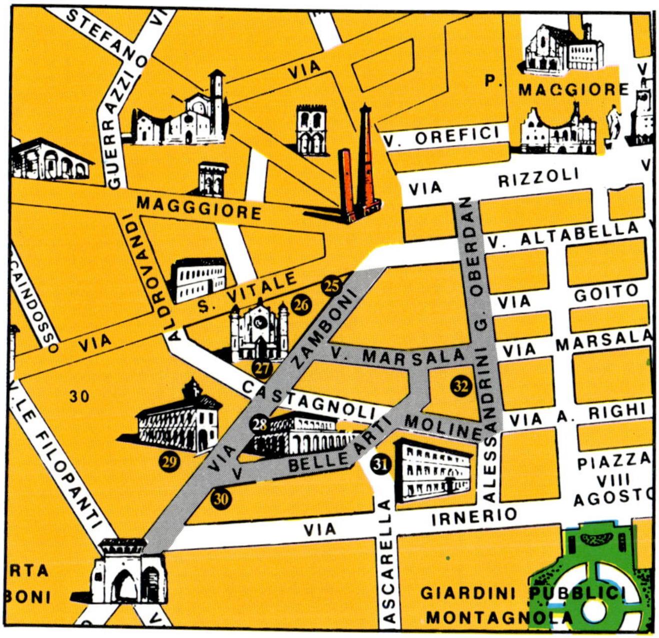

DRITTEN WEG

- (25) *Palazzo Malvezzi de Medici*
- (26) *Konservatorium*
- (27) *Kirche S.Giacomo Maggiore*
- (28) *Teatro Comunale (Stadttheater)*
- (29) *Palazzo Poggi und die Museen der Universität*
- (30) *Staatspinakothek*
- (31) *Palazzo Bentivoglio*
- (32) *Basilika S.Martino*

Via Zamboni

Die einstige Via San Donato wurde im Jahre 1867 nach dem jungen Jakobiner Zamboni benannt, der 1794 einen Aufstand gegen die päpstliche Regierung initiiert hatte. Sie war schon damals eine «Strada», d.h. eine gepflasterte Straße, die im Straßenbild der Renaissance wegen des Palastes der Bentivoglio, dem Wohnsitz der Stadtherren, sowie anderen prächtigen Häusern bedeutender Familien eine wichtige Rolle spielte.

Der **Palazzo Malvasia** (Nr.14-16) ist ein altes Gebäude aus dem 13.Jahrhundert und wurde 1760 von Francesco Tadolini nach neopalladianischen Vorbildern umgestaltet. Dies ist auch an der Fassade ersichtlich, die mit einem klassischen Giebeldreieck abschließt und mit Lisenen versehen ist. An der Seite des Palastes befindet sich eine Tordurchfahrt, auf deren Scheitel ein Maskaron aus Felsgestein thront, aus dem man bei besonderen Feiertagen die unter ihm befindliche Menschenmenge mit Wein begoß. Sie führt in die Via Del Carro und war einer der Zugänge zum Judenviertel.

Der **Palazzo Bianchetti** (Nr.9) bewahrt einen eleganten Säulengang aus dem 16.Jahrhundert mit Kapitellen aus Felsgestein in Form von Adlern, Widdern und Pflanzen. Aus der Familie Bianchetti stammt auch Zanna, die Gesellschaftsdame der Frau von Kaiser Karl IV. (1316-1378), die wegen ihrer umfangreichen Sprachkenntnisse berühmt war.

3

1

Der **Palazzo Malvezzi De Medici** (Nr.13) ist heute Sitz der Provinzverwaltung und war früher auch als «Palast mit der dunklen Galerie» bekannt. Er wurde 1560 von Bartolomeo Triachini unter strenger Beachtung der damals geltenden architektonischen Vorgaben entworfen, indem er eine dorische, eine ionische und eine korinthische Anordnung übereinanderlagerte. Die gewaltige Prunktreppe im Innern ist ein Werk von Francesco Bibiena; die Verzierung des Hauptgeschosses ist Malern und Stukkateuren der zweiten Hälfte des 19.Jahrhunderts zu verdanken: Francesco Cocchi, Prospero Pesci, Luigi Samoggia u.a. Das Gebäude begrenzt auch die Piazza Rossini und liegt der Fassade der Kirche S.Giacomo gegenüber.

DAS KONSERVATORIUM

Das Konservatorium «Giovanni Battista Martini» hat seinen Sitz seit 1804 - damals noch ein «Liceo Musicale» - in dem ehemaligen Augustinerkloster S.Giacomo Maggiore. Dies geht auf das Jahr 1267 zurück, wurde jedoch in der Barockzeit umgebaut. Vom Kreuzgang aus erreicht man eine Prunktreppe, die zum ersten Stockwerk führt und 1752 von Alfonso Torreggiani erbaut wurde. Giovanni Battista Martini (1706-1784), «Pater Martini», ein Franziskaner aus Bologna, war ein musikalisch sehr gebildeter Mann, ein berühmter Bücherfreund, ein Komponist sakraler und weltlicher Musik, der Autor wichtiger Texte über die Musik des 18.Jahrhunderts und Kantor der Kirche S.Francesco. Aus seinem Nachlaß stammen zwei eng mit der Geschichte des Konservatoriums verbundene Sammlungen. Eine davon ist die berühmte **Gemäldesammlung von Pater Martini**, die 1773 achtzig und bereits elf Jahre später 300 Porträts besaß (weitere Gemälde wurden im 19. und 20. Jahrhundert erworben).

Es handelt sich um eine einzigartige Kollektion von Porträts berühmter Komponisten, die vielleicht heute schon in Vergessenheit geraten sind und die sich Martini von den einzelnen Persönlichkeiten «gratis» schicken ließ. Der größte Teil davon befindet sich im Bossi-Saal, in den Sälen des Musikmuseums und in den Büros und Auditorien des Konservatoriums. Mehrere der Gemälde sind von bedeutenden Malern signiert: *Charles Burney* von Sir Joshua Reynolds; *Johann Christian Bach* von Thomas Gainsborough; *Carlo Broschi, Farinello* genannt, von Corrado Giaquinto; *Francesco Maria Zanotti* von William Keeble; *Giuseppe Corsini* (1769) und *Ferdinando Gini* (1759) von Luigi Crespi; *Giovanni Paolo Colonna* von Giovanni Maria Viani; *Giuseppe Santarelli* von Pompeo Batoni; *Antonio Colonna del Corno* von Giuliano Dinarelli; *Giacomo Antonio Arrighi* von Sante Legnani; dazu viele Porträts von Angelo Crescimbeni: *Pater Martini*, *Thomas Christian Walter* (1778), *Jacopo Stecchini*, *Giulio Panziera* (1772), *Philiph J.Hinner*, *Valerio Tesei*, *Ferdinando Giuseppe Bertoni*, *Eugenio di Ligniville* usw. Das Porträt von *Ludovico Bortolotti* hat Antonio Muzzi gemalt.

Das **Civico Museo Bibliografico Musicale** (Musikalisch-Bibliographisches Stadtmuseum), indem sich ein wunderbarer *Bücherschrank für Musikalien* befindet, dessen zwei Türflügel 1710-15 von Giuseppe M.Crespi bemalt wurden, war die erste musikalische Bibliothek in Bologna (1797). Das Museum, des-

1. Der Palazzo Malvezzi de'Medici von Triachini (16.Jh.). 2. Konservatorium: Das alte Portal der Augustiner. 3. Der Bossi-Saal mit einem Teil der Gemäldesammlung von Pater Martini.

3

sen *Alter Saal* mit wertvollen Schränken und Schaukästen ausgestattet ist (1969-72 restauriert), besitzt über 30.000 Ausstellungsstücke (Manuskripte, Kodizes in Miniatur, verschiedene Drucke und Operntextbücher). Beachtlich ist auch die Sammlung von Madrigalen und Musikalien heiliger Musik aus dem 16. bis 18.Jahrhundert und die Anzahl der Notenbücher aus dem 16.Jahrhundert wie die von Petrucci und Antico. Unter den handschriftlichen Exemplaren sind u.a.: Werke von Claudio Monteverdi, Mozart (Prüfungsarbeit für die Aufnahme in die Philharmonische Hochschule vom 9.Oktober 1770), Rossini (Partitur der Oper *Der Barbier von Sevilla* und Teile der Partitur der *Stabat Mater*), Caldara, Carissimi und Benedetto Marcello.

Die Gemäldesammlung und das Museum sind wochentags von 8.30 - 13.00 Uhr geöffnet. Es empfiehlt sich, den Besuch vorher telefonisch anzumelden unter 221117 für das Museum und unter 221483 für die Gemäldesammlung und das Konservatorium (Sekretariat).

DIE KIRCKE S. GIACOMO MAGGIORE

Die Augustinermönche, die im Jahre 1267 von der kleinen, am Stadtrand gelegenen Kirche des St.Giacomo di Savenna kamen, wo sie zwanzig Jahre gelebt hatten, begannen hier mit dem Bau ihrer großen, ebenfalls dem hl.Jakobus gewidmeten Kirche genau gegenüber der kleinen Pfarre der St.Cecilia.

Im Jahre 1315 waren die Hauptstrukturen der Kirche geschaffen und 1341 wurde die Apsis mit dem Bau von Chorkapellen erweitert.

Die Familie Bentivoglio, die ihren wundervollen Palast an der Stelle des heutigen Teatro Comunale auf der Piazza Verdi gebaut hatte, war um die Kirche sehr bemüht und trug entscheidend zu ihrer Bereicherung in der zweiten Hälfte des 15.Jahrhunderts bei. Nachdem sie im Jahre 1445 ihre eigene Adelskapelle gebaut hatte, ließ sie den eleganten Laubengang in toskanischem Stil zwischen 1478 und 1481 errichten und das gesamte Innere des Hauptschiffes zwischen 1493 und 1498 umbauen. Der hölzerne Dachstuhl wurde durch drei Gewölbe und eine kleine Kuppel ersetzt, was für das Bologna der damaligen Zeit recht außergewöhnlich war. Anschließend wurden an den Seiten der Kirche kleine Kapellen angebaut, was der Kirche das typische Aussehen der Renaissance verlieh.

Die Fassade wurde 1295 von Egidio da Campignano errichtet, der auch die Skulpturen unter Mithilfe von Godefrino di Giacomo schuf (beide stammten aus Mailand). Die Vorhalle wurde später wesentlich umgebaut und der Glockenturm aus dem 14.Jahrhundert mit dem Bau der schönen Turmstube 1471 und 1472 vollendet.

Die Kirche besitzt einen Reichtum an Kunstgegen-

2

ständen, der vor allem die Bologneser Malerei des 16. Jahrhunderts umfaßt.

Am neunten Altar ist die etwas gedrängte Darstellung der *Vorstellung im Tempel* von Orazio Samacchini (1575) zu sehen. Die Ornamente dieser Kapelle stammen von Agostino Carracci (1557-1602). Die *Madonna mit Kind, hl. Nicola und drei Mädchen* von Ercole Procaccini (1582) ist am zehnten Altar und das aufregende Gemälde *Das Martyrium der hl. Katharina* von Tiburzio Passarotti am elften Altar zu sehen.

Beim ersten Altar des Chorumgangs stößt man auf die *Lobpreisung der Madonna mit Kind und den Heiligen Benedikt, Johannes dem Täufer und Franziskus*, einem der Meisterwerke von Bartolomeo Cesi (1598), bei dem er mit silbrigen Tönen und in evangelischer Schlichtheit gehalten einen erstaunlichen Ausdruck der Einsamkeit der abgebildeten Personen zu erzeugen vermag. Hier befindet sich auch die großartige Kapelle der Bentivoglio, das meisterlichste Zeugnis einer Adelskapelle des 15. Jahrhunderts in Bologna.

Ihr Entstehen geht auf das Jahr 1445 zurück. Giovanni II. Bentivoglio ließ sie zwischen 1488 und 1494 erweitern und fügte wertvolle Gemälde hinzu. Die wunderbare Altartafel, die den Einfluß toskanischer Eleganz attestiert, ist ein Meisterwerk von Francesco Raibolini, der auch «il Francia» genannt wurde. Die Fresken *Triumph des Ruhmes und des Todes* (links) und *Johannes II. mit seiner Frau Ginevra Sforza und seinen Kindern der Madonna mit Kind gegenüberstehend* (rechts) sind von Lorenzo Costa. Der Kapelle gegenüber befindet sich das Wandgrabmal von Anton Ga-

1. Kirche S. Giacomo Maggiore: Die Fassade von 1295. 2. Säulengang von S. Giacomo (15. Jh.): Der Fries aus Backstein mit dem Profil von Giovanni II. Bentivoglio. 3. Kirche S. Giacomo Maggiore: Das Innere im Stile schlichter Renaissance. 4. Innocenzo da Imola: Die mystische Hochzeit der hl. Katherina.

leazzo Bentivoglio, ein wertvolles Werk von Jacopo della Quercia (1371-1438). Die *Manzoli-Kapelle* von Giuseppe Mazza (1681) ist die erste Kapelle von Bologna, in der auf Malerei ganz verzichtet wurde und man sich stattdessen auf Reliefarbeiten beschränkte.

In der folgenden Apsiskapelle findet man: Das *Kruzifix*, ein Werk von großer Bedeutung von Simone dei Crocifissi (1370); ein kostbares *Polyptychon* von Paolo Veneziano (ca.1340); einige *Freskenfragmente* von Cristoforo da Bologna (1360-1375) und ein zweites *Polyptychon* von Jacopo di Paolo (ca.1416).

Jenseits der Tür zur Sakristei öffnet sich die Poggi-Kapelle, eine Arbeit mit feinen, manieristischen Linien von Pellegrino Tibaldi (1527-1597), der sowohl die architektonische Ausgestaltung übernahm, als auch die Fresken der *Taufe Christi* über dem Altar malte. Von Prospero Fontana hingegen sind die kleinen Geschichten im Gewölbe.

In der zweiten Kapelle sind bis auf die Altartafel von Denjs Calvaert mit dem *Erzengel Michael* alle Gemälde von Lorenzo Sabbatini (1575).

Die dritte Kapelle ist von dem Thema des traurigen Gespräches beherrscht, das der *Hl.Rocco* mit dem Himmel führte und Ludovico Carracci (1602) in seinen Fresken nachempfand. Die zeitgenössischen Ornamente an den Wänden stammen von Francesco Brizzi.

4

1

3

Wenn man diese Seite der Kirche noch eingehender studieren will, fallen weitere Werke auf: In der fünften Kapelle *Die mystische Hochzeit der hl. Katharina und Heilige* von Innocenzo da Imola (1536), der auch die *Geburt Christi* auf der Altartafel malte; in der siebenten die *Madonna auf dem Thron mit Heiligen und den Auftraggebern*, ein Werk von Bartolomeo Passarotti (1565), der das Bild am unteren Rand mit einem «passerotto» (kleiner Spatz) signierte; *Jesus erscheint*

6

7

dem hl.Johannes aus St.Facondo, ein imposantes Werk von Giacomo Cavedoni (um 1620); die *Bekehrung des hl.Paulus* von Ercole Procaccini (1573) und in der letzten Kapelle nahe der Tür die *Anbetung der Heiligen Drei Könige*, ein Fresko, das kürzlich unter einem barocken Altarbild gefunden worden ist und den weniger bedeutenden Malern zugeschrieben wird, die in der benachbarten Kirche S.Cecilia wirkten.

An der linken Außenseite der Kirche schließt sich ein Säulengang an, den Giovanni II. Bentivoglio zwischen 1477 und 1481 errichten ließ. Die Kapitelle der Säulen verraten eine Neigung zur Spätantike, doch bleibt deren Schöpfer unbekannt. Diese spätrömischen Anklänge wiederholen sich bei den Arkaden des **Palazzo Pannolini** (Nr.18), in dessen Hof eine Statue des Pallas von Petronio Tadolini zu sehen ist. Der **Palazzo Magnani** (Nr.20) wurde zwischen 1577 und 1590 nach einem Plan von Domenico Tibaldi erbaut und ist heute Sitz der Bank «Credito Romagnolo». Sein größter Salon bietet einem 25m langen Fries Raum, das in verschiedenen Paneelen, von den Gebrüdern Carracci bemalt, *Die Sagen um die Gründung Roms* erzählt. Jede Episode ist einem Staffeleigemälde gleich angelegt, das jeweils durch Gruppen farbiger Figuren, sogenannte «termini», unterbrochen wird. Das Studium der Plastik bewegter menschlicher Figuren und die Beachtung

---

1. Francesco Raibolini, auch «il Francia» genannt: Madonna mit Kind und Heiligen. 2. Lorenzo Costa: Der Triumph des Ruhms . 3. Jacopo della Quercia: Das Grabmal von Anton Galeazzo Bentivoglio. 4. Simone dei Crocifissi: Kruzifix von 1370. 5. Jacopo di Paolo: Polyptychon der Krönung von Maria. 6. Pellegrino Tibaldi: Die Empfängnis des Täufers. 7. Im Säulengang des 15.Jahrhunderts: Gräber aus dem 14.Jahrhundert.

1

des Details in der Landschaft waren beispielgebend nicht nur für das eigene künstlerische Umfeld. Auch junge ausländische Maler Europas zog es zur Schule der Carracci, um die einzigartige Auffassung des natürlich Schönen auf der Basis des klassischen Ideals zu erfahren.

Die Kirche S.Cecilia. Am vorletzten Mauerring, von dem noch ein Teil hinter der Apsis zu sehen ist, errichtet, ist ihre genaue Entstehungszeit unklar. Als erstes Datum läßt sich das Jahr 1323 feststellen, als sie den Augustinern der nahen Kirche S.Giacomo übertragen wurde, die sie wegen ihres baufälligen Zustandes 1359 restaurieren ließen. Zwischen 1481 und 1483 erhöhte Gaspare Nadi das Bodenniveau der Kirche, um es dem kurz zuvor erbauten, außerhalb gelegenen Säulengang anzugleichen. Darüberhinaus errichtete er ein Tonnengewölbe mit Abschrägungen, das noch heute zu sehen ist.

Giovanni II. Bentivoglio ließ dann zwischen 1505 und 1507 die Kirche mit einer Reihe von Fresken ausstatten, die die Geschichten der hl.Cecilia und des hl.Valeriano erzählen. Sie stellen Meisterwerke der Bologneser Renaissance dar, indem sie den Übergang von der Sicherheit des 15. zur Unruhe des 16.Jahrhunderts repräsentieren.

Die Geschichten nehmen ihren Anfang am Altar der linken Seite: *Die Hochzeit von Valeriano und Cecilia* von «il Francia», bei dem sich der Einfluß Raffaels nicht nur in der Form ausdrückt; *Die Bekehrung des Valeriano* von Lorenzo Costa, das letzte Werk des Malers in Bologna vor seinem Umzug nach Mantua, wo er Mantegnas Stelle als Hofmaler einnahm; *Die Taufe des Valeriano*, ein Gemeinschaftswerk, bei dem die zwei manieristischen Figuren im Vordergrund von Giacomo und Giuglio Francia, die zwei abseits stehenden Figuren und der wunderbare Hintergrund jedoch von Amico Aspertini stammen; *Ein Engel, der die Neuvermählten krönt* ebenfalls von Amico Aspertini, bei dem sich die formelle Geometrie in einer unruhigen melancholischen Stimmung aufzulösen scheint; *Das Martyrium der Heiligen Valeriano und Tiburzio* von Amico Aspertini, eines seiner bekanntesten und typischen Werke, wo er versucht, im Schatten des wiederauflebenden Interesses für Archäologie, das er bei einer kurz vorher unternommenen Reise nach Rom spüren konnte, die umbrisch-toskanischen mit den «perfiden» deutschen Harmonien zu versöhnen; auch von ihm die *Bestattung der Heiligen Valeriano und Tiburzio*; *Die hl.Cecilia vor dem Präfekt Almachio*, dessen Zuschreibung zweifelhaft ist (man vermutet ein Werk von Giovan Maria Chiodarolo nach einem Plan von Amico Aspertini); *Das Martyrium der hl.Cecilia* von Cesare Tamaroccio, bei dem die linke Figurengruppe von Aspertini ausgeführt wurde; *Almosen der hl.Cecilia* von Lorenzo Costa, ein harmonisches Ganzes von ruhiger Heiterkeit; *Bestattung der hl.Cecilia* von Francesco Francia, ein wunderbar ausgewogenes Werk.

Den **Palazzo Malvezzi-Campeggi** (Nr.22) ließ die Familie Malvezzi, die der erbitterte Feind der Familie Bentivoglio war, Mitte des 16.Jahrhunderts erbauen, nachdem sie im Jahre 1486 aus Bologna verbannt worden war. Sie konnte erst in die Stadt zurückkehren, als die Truppen von Papst Julius II. die Herrschaft Giovannis II. beendeten.

1. Kirche S.Cecilia: Die Taufe des Valeriano, Giacomo und Giuglio Francia zugeschrieben. 2. Lorenzo Costa: Die Bekehrung des Valeriano. 3. Das Teatro Comunale, 1763 eingeweiht.

Die Architektur dieses Wohnsitzes, die Andrea und Giacomo Marchesi Formigine zugeschrieben wird, präsentiert eine kunstvolle Steindekoration mit eingravierten Rosetten. Mit dem äußeren Säulengang korrespondieren zwei übereinanderliegende Ordnungen von Loggien in dem eleganten inneren Hof. Die Skulptur des Herkules ist von Giuseppe Mazza. In den Sälen des Palastes werden Temperagemälde von Carlo Lodi und Antonio Rossi aufbewahrt.

Das **Teatro Comunale** (Nr.30) wurde von Antonio Bibiena an der Stelle erbaut, an der einst die «domus aurea» der Familie Bentivoglio zu finden war, die 1507 zerstört wurde. Die festliche Einweihung fand 1763 mit der Aufführung der Oper *Der Triumph der Cloelia* von Chr.W.Gluck statt. Das Theater wurde mit vier Logenrängen und einer Gallerie ausgestattet, während der ursprüngliche Plan von Bibiena, der weitaus kühnere Lösungen aufwies, wie noch heute aus dem Holzmodell erkenntlich ist, keine Zustimmung fand. Eine tiefgreifende Umstrukturierung der Künstlergarderoben und Büros sowie der Bühnentechnik führte Giuseppe Tubertini bereits in den ersten Jahrzehnten des 19.Jahrhunderts durch. Die Ausgestaltung des Innenraums wurde 1866 durch Luigi Busi und Luigi Samoggia erneuert und die Fassadenarbeiten von Umberto Rizzi fanden endgültig 1933 ihren Abschluß.

Der **Palazzo Salaroli** (Nr.25) geht auf die Zeit der Bentivoglio zurück. Er besitzt einen Hof mit Loggien, eine Treppe aus dem 15.Jahrhundert und ist mit Fresken des 15. und 16. Jahrhunderts bemalt.

Kirche S.Sigismondo. Über diese Kirche wird bereits im 13.Jahrhundert berichtet und bald darauf taucht ihr Name im Zusammenhang mit der Familie Malvezzi auf, die in dem nahegelegenen «Cà granda» (großes Haus) wohnte, das heute zur Universität gehört.

Gaspare Malvezzi ließ die Kirche im Jahre 1450 vollständig restaurieren, während sie der Marchese Sigismondo Malvezzi zwischen 1725 und 1728 nach einem Plan des Architekten Carlo Francesco Dotti rekonstruierte. Letzterer versuchte den extremen Raummangel des Ortes durch eine einfache Linienführung des Äußeren und gekrümmte Flächen im Inneren zu verbergen.

Die Breite des einzigen Schiffes der Kirche wurde später durch den Bau von vier Altären (Giuseppe Jarmorini, 1792) an den Seiten noch mehr verringert. Besonders schön sind die Verzierungen des Gewölbes, die 1870 von dem Figurenmaler Napoleone Angiolini und dem Stukkateur Michele Mastellari geschaffen wurden: *Die Verherrlichung des hl.Luigi Gonzaga* und die *Kommunion der Heiligen Imelda Lambertini*, deren Überreste in dem reich verzierten Sarkophag an der Seite (Arch. Pater Angelo Raule, 1940) aufbewahrt werden.

Der kleine Glockenturm wurde 1795 nach einem Plan des Architekten Angelo Venturoli errichtet.

2

PALAZZO POGGI UND DIE MUSEEN DER UNIVERSITÄT

Der **Palazzo Poggi** (Nr.33) ist seit 1803 der Hauptsitz und das Rektorat der Universität. Er wurde zwischen 1549 und 1560 nach einem Plan von Pellegrino Tibaldi und/oder Bartolomeo Triachini als prächtige Wohnstatt der Adligen Alessandro Poggi und dessen Bruder, dem Kardinal Giovanni erbaut. Das Innere des Palastes zeigt eine Reihe wunderbarer Verzierungen: Fresken von Pellegrino Tibaldi mit biblischen und mythologischen Darstellungen sowie von Nicolò dell'Abate mit Landschaften und volkstümlichen Szenen. Über dem Palast ragt der *Turm der Sternwarte* empor, der 1712-13 nach einem Plan von Giuseppe Antonio Torri angefangen und 1723-25 von Carlo Francesco Dotti vollendet wurde. Er wurde zu dem Zeitpunkt dem Palast hinzugefügt, als dieser laut Testament von Luigi Ferdinando Marsigli zum Sitz des von ihm selbst 1711 gegründeten und 1714 eingeweihten *Istituto delle Scien-*

1. Teatro Comunale: Der Saal von Bibiena. 2. Die Piazza Verdi zwischen dem Teatro Comunale und dem alten Marstall der Familie Bentivoglio. 3. Die Piazza Verdi mit dem Mauerring des Jahres eintausend und den Glockentürmen der Kirchen S.Giacomo und S.Cecilla. 4. Der Turm der Sternwarte in einem alten Stich. 5. Palazzo Poggi, Sitz der Universität: Der innere Hof.

4

1

ze (Institut der Wissenschaften) umgebaut wurde. Am Ende des Säulengangs in Richtung Largo Trombetti steht das Emblem der Bologneser Studentenschaft, eine ungefähr einen Meter hohe Marmorsäule von 1870, «fittone delle Spaderie» genannt, der aus der gleichnamigen, jetzt zerstörten Straße 1912 hierher verbracht und 1984 restauriert wurde.

Das Gebäude beherbergt außer den Einrichtungen der Universität auch Säle und Sammlungen, die vielleicht mehr unter wissenschaftlich-kulturellem Aspekt denn unter touristischem interessant sind. Zur ihrer Besichtigung ist ein Rundgang eingerichtet worden, der in der *Carducci-Aula* im ersten Stock beginnt, wo der große Dichter seit 1860 dreiundvierzig Jahre lang seine Vorlesungen über italienische Literatur hielt. In der Aula stehen noch die alten Bänke, auf denen einst Studenten, die später der Wissenschaft zum Fortschritt verhelfen sollten, saßen. Man findet hier auch die Bronzebüste eines lebhaften Sängers der «Odi Barbare», in Rom von Bastianelli ausgeführt. Der Aula gegenüberliegend schließt sich der *Saal des Herkules* an, der seinen Namen von der Statue des Herkules (Angelo Piò, 1730) erhalten hat, die vor einigen Jahren nach ihrer Restaurierung vom gleichnamigen Hof (wo sie jetzt von einem Gipsabdruck vertreten wird) hierher gebracht wurde. Den Besuchern der Museen des Palazzo Poggi wird der in Italien und im Ausland einzigartige wissenschaftliche und kulturelle Reichtum vorgeführt, den das Istituto delle Scienze während des gesamten 19. Jahrhunderts in seinen Laboren versammeln konnte und aus dem ein großer Teil der Universitätsmuseen, darunter die wissenschaftlichen, hervorgegangen ist.

Das **Museo Storico dello Studio** (Historisches Museum des Studiums), das 1888 im Rahmen der Achthundertjahrfeier eingerichtet wurde, umfaßt über 250 Dokumente, zahlreiche Raritäten (darunter die Rektoreninsignien des 16. Jahrhunderts und den Talar von Luigi Galvani) sowie verschiedene Porträts.

Das **Museo Delle Navi** (Schiffsmuseum) und die **Collezione delle Antiche Carte Geografiche** (Sammlung historischer Landkarten) bilden zusammen die *Camera di*

5

6

7

Geografia e Nautica (Raum für Geographie und Schiff-ahrtskunde, seit 1724): ersteres stellt sehr seltene Modelle von Kriegsschiffen aus dem 17. und 18. Jahrhundert, dar-inter *Le Royal Louis, Le Bien Aim* (1771) und *Le Vain-queur*; letztere mit bedeutenden Kupferstichen aus dem 18. Jahrhundert aus Bologna, Paris, Marseille, Amster-dam und England.

Das Schiffsmuseum umfaßt auch die **Camera di ar-chitettura Militare** (Raum für militärische Anlagen) mit ihren zwei Sälen, die der militärischen Laufbahn Marsi-glis und seinem unstillbaren Wissensdurst zu verdanken sind. In der Mitte eines Raumes sticht das große Modell

---

. Die Aula von Giosuè Carducci. 2. Insignien der Rektoren der Universität (16. Jh.). 3. Schiffsmuseum: Le Bien Aim. 4. Le Royal Louis, ein Modell von 1630. 5. Le Vainqueur. 6. und 7. Camera di Architettura militare (Raum für militärische Anlagen): Modelle von Stadtbefestigungen (Details).

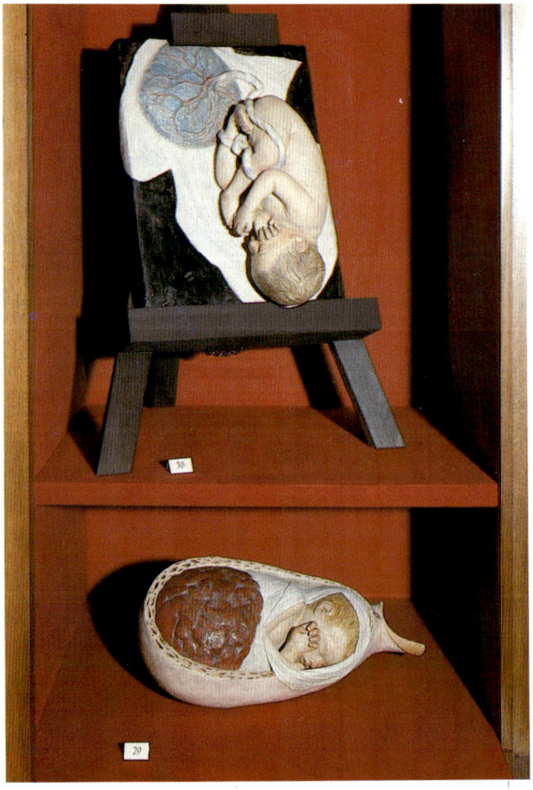

2

der Stadt Breisach hervor; unter den anderen ausgestellten Stücken sind Modelle von Festungen, eine *Vernetta* (Stützgerüst für die Verlegung von Kanonen), eine *Militärbrücke*, ein *Munitionswagen*, große Aquarelltafeln und kleine Modelle von Mörsern und Kanonen.

Anschließend betritt man die Räume des **Museo Ostetrico «Giovanni Antonio Galli»** (Entbindungsmuseum), das auf Wunsch von Benedetto XIV. im Jahre 1757 eingerichtet wurde, der dafür die wissenschaftliche Ausrüstung des berühmten Chirurgen Galli (1708-1782) gekauft hatte. Das Museum ist die Rekonstruktion eines experimentellen Labors, das für seine Zeit einzigartig war und das hohe Niveau der Geburtshilfe im 18. Jahrhundert unterstreicht. Es enthält anatomische Tafeln, Modelle aus Ton, Holz und Wachs und chirurgische Instrumente.

Das **Museo di Etnografia Indiana e Orientale** (Museum für indianische und morgenländische Ethnographie) ist erst kürzlich, nach der Zerstörung seines ehemaligen Sitzes im Archiginnasio während des Krieges, wieder für die Öffentlichkeit zugänglich gemacht worden. Es setzt sich aus Kunstwerken und Dokumenten von außerordentlicher Bedeutung zusammen, die der Wissenschaftler und Patriot Sen. Francesco Pullè (1850-1934) der Stadt

1. und 2. Ein Saal des Museo Ostetrico (Entbindungsmuseum) und zwei Modelle von Giovanni Antonio Galli. 3. und 4. Astronomiemuseum: Alte Instrumente (Armillarsphäre und Fernrohr). 5. Der Saal des Meridians in der Sternwarte (Detail).

3

4

schenkte. Im Rektorat und in der Universitätsbibliothek befindet sich die **Gemäldesammlung** mit über 600 wertvollen Porträts, die bei ihrer Gründung 1754 durch den Bologneser Kardinal Filippo Maria Monti schon 403 Stücke aufweisen konnte. Es handelt sich um Gemälde von Kardinälen, Theologen, Philosophen, Juristen und Literaten, deren Maler größtenteils unbekannt sind. Es sollen folgende ausgewählt sein: in der Bibliothek, *Francesco Zanotti* von William Keeble; *Ludovico M. Montefani*, Angelo Crescimbeni zugeschrieben; *Marco Antonio Collina Sbaraglia* von Donato Creti; *Selbstporträt* von Lucia Casalini Torelli; *Giovanni Antonio Galli* von Crescimbeni; *Luigi Ferdinando Marsigli*, anonym. Im Rektorat und in den Museen: *Benedetto XIV.*, Carlo Vandi zugeschrieben; *Eustachio Zanotti*, Giampietro Zanotti zugeschrieben; *Eustachio Manfredi*, eine Marmorbüste von Ercole Lelli und sein *Selbstporträt*; *Laura Bassi* von Carlo Vandi und sein *Selbstporträt*.

In dem kleinen Turm und im Saal des Meridians der **Sternwarte** (Nr.31) ist das **Astronomiemuseum** untergebracht, das die Entwicklung der Himmelsbeobachtung, die von den Astronomen des Istituto delle Scienze im 18. und 19. Jahrhundert durchgeführt wurde, durch wertvolle Gerätschaften dokumentiert. Im Jahre 1741 wurde ein *Meridian* aus Messing und Marmor von Ercole Lelli im gleichnamigen Saal installiert, der 1726 eingerichtet worden war und weitere interessante Stücke zu zeigen hat: die zwei *mobile Quadranten* von Lusverg (1703) und Menini (1710), eine *Fadensonnenuhr* von 1726, eine *Uhr* von Quare (17.Jh.) und einen *Mauerquadranten* von Sisson (1739).

Im Turm der Sternwarte findet man weitere Instru-

5

mente, die Zeugnis ablegen über das Entstehen der astronomischen Wissenschaften: Ein *Vermessungswinkel* des 16.Jh. aus Messing, ein *Astrolabium* (1565) von Gualtiero di Lovanio, ein *Theodolit* von Paul Carr (17.Jh.), eine *Sonnenuhr* des Franzosen Bion (18.Jh.), ein acht Meter langes *Fernrohr* von Campani (17.Jh.) und ein *Quadrant* (1739) von Jonathan Sisson aus London. Im 18.Jahrhundert wurde die großartige *Aula magna* des Istituto delle Scienze, die von Dotti geplant worden war, an der nördlichen Seite des Palazzo Poggi erbaut und nach zwanzig Jahren Arbeit 1756 feierlich eingeweiht. Sie gehört jetzt zur **Universitätsbibliothek**

(Nr.35), die derzeit über 900.000 Bände und bedeutende Sammlungen von Kodizes, Manuskripten, Inkunabeln, Stichen und Zeichnungen verfügt. Sie beherbergt außerdem zwei wissenschaftliche Museen. Eines davon ist das **Museo Aldrovandi**, das 1907 eingerichtet wurde und in seinen Vitrinen jenes seltene Forschungsmaterial des Naturforschers Ulisse Aldrovandi (1522-1605) enthält, das im 18.Jahrhundert erstmals im Palazzo Pubblico der Öffentlichkeit zugänglich gemacht worden war. Sehenswert sind hier verschiedene Aquarelltafeln und einige Holzschnitte, sowie die berühmte *Ranina Aldrovandi*. Das Museum ist mit dem 1930 gegründeten **Museo Marsigli** verbunden, das dem Wirken des großen Bologneser Wissenschaftlers gewidmet ist.

Die Museen der Universität und des Palazzo Poggi (Tel. 259021, 259022, 259023, 259030) sind täglich außer montags von 9.00 - 12.30 Uhr und von 15.30 - 18.30 geöffnet. Führungen sind nach vorheriger Anmeldung möglich (Tel. 512151).

In den Räumen des alten Krankenhauses «Azzolini» befindet sich heute das **Museo di Geologia e Paleontologia «Giovanni Capellini»** (Museum für Geologie und Paläontologie, Nr.63). Im Jahre 1881 wurde dieses Museum eingeweiht, das dem bedeutenden Geo-

3

1. Astrolabium aus dem 16.Jahrhundert von Gualtiero. 2. Carlo Francesco Dotti: Aula Magna des Istituto delle Scienze. 3. Museo Marsigli mit dem Denkmal des Forschers.

2

logen und Paläontologen Giovanni Azzolini (1833-1922) gewidmet ist, der auch mehrfacher Rektor der Universität gewesen war. Es enthält wissenschaftliches Material aus den Sammlungen von Aldrovandi (der 1556 das erste Museum für Naturgeschichte gründete), von Ferdinando Cospi (17.Jh.) und Marsigli. Einige Ausstellungsvitrinen stammen aus dem 18.Jahrhundert. Eine Auswahl der einzigartigen Stücke: Fossilien und Gesteine aus dem bereits 1648 angelegten *Museum Metallicum* von Aldrovandi; ein *Ichthyosaurus quadriscissus* (Fischeidechse) aus Deutschland; ein *Mastodon alvernensis* (Rüsseltier); ein *Ursus spelaeus* aus dem ehemaligen Gebiet von Venezia Giulia; ein *Glyptodon Typus* aus Argentinien; das *Scelidoterium capellinii* aus Südamerika; ein großes Modell des *Diplodocus carnegiei*. Unter den Bologneser Fundstücken sind der Rest eines *Cetoteriophanes*, eines Furchenwals aus dem Pliozän aus S.Lorenzo in Collina und das *Felsinotherium forestii der Seekühe* aus Riosto di Pianoro zu nennen. Außerdem findet man im Museum über 150.000 Exemplare von Wirbellosen, 200 von Wirbeltieren, 6000 Pflanzenfossilien und 15.000 Steine.

Besuch nach vorheriger Anmeldung unter Tel.354555.

Das **Museo di Mineralogia e Petrografia «Luigi Bombicci»** wurde 1862 von Luigi Bombicci Porta gegründet und ist heute in einem Gebäude von 1903

3

4

5

(Arch.Pasquale Penza) an der Piazza di Porta S. Donato eingerichtet. Die ursprüngliche Anordnung der drei Sammlungen ist beibehalten worden: Allgemeine Mineralkunde mit über 5000 Steinen und Meteoriten; regionale Sammlung mit mehr als 12.000 Exemplaren; magmatisches, metamorphisches und Sedimentgestein, sowie Gesteinsproben die für die Erforschung von Bodenschätzen wertvoll sind. Interessant sind auch die Sammlungen von Bern- und Edelsteinen.

Besuch nach vorheriger Anmeldung unter Tel.243556.

Museo di Zoologia (Museum für Zoologie), Via Francesco Selmi 1 (Tel.354188). Auch der Kern dieses Museums entstammt den Sammlungen von Aldrovandi (1556) und wurde durch weitere Sammlungen von Giuseppe und Gaetano Monti, Camillo Ranzani u.a. ergänzt. Seine Anordnung beruht auf der Konzeption von Alessandro Ghigi, der in diesem 1933 errichteten Gebäude die alten Sammlungen mit den zeitgenössischen und denen des 19.Jahrhunderts zusammenführte. Hiervon sind bemerkenswert: Eine *Sammlung von Fischen* von Ranzani; eine *Korallensammlung* von Marsigli; *ausgestopfte Präparate* (hervorzuheben hier der *Mondfisch* und das *einhörnige Rhinozeros*); eine *Sammlung der Vögel Italiens* von Zaffagnini-Bertocchi; eine *Sammlung von Kolibris* von Pius IX.; eine *Muschelsammlung* von Attilio Giovanardi usw. Von großem wissenschaftliche Interesse sind auch die Dioramen und die didaktischen Sammlungen. Die große *Lederschildkröte*, auch *Lautenschildkröte* genannt, ist eine Schenkung von Benedetto XIV.

Zur Besichtigung: Tel.251723 oder 354188.

Museo di Antropologia (Museum für Anthropòlogie), Via Francesco Selmi 1. Der Anthropologe Fabio Frassetto gründete 1908 dieses Museum, dessen Reichtum an osteologischen Materialien die wesentlichen Stufen des menschlichen Entwicklungsprozesses und seiner Vorgeschichte vom frühen Paläolithikum bis zum Neolithikum dokumentiert und aufgrund seiner wissenschaftlichen Bedeutung für Anschauungszwecke genutzt wird: Masken, Modellplastiken, Modelle und Skelettsammlungen von Primaten, wobei die Gebiete um Bologna und der gesamten Emilia-Romagna besonders gut vertreten sind.

Zur Besichtigung: Tel.354209.

Museo di anatomia comparata «Ercole Giacomini» (Museum der vergleichenden Anatomie), Via Belmeloro 8. Im Jahre 1807 mit Anschauungsstücken der berühmten Ärzte Germano Azzoguidi, Antonio Alessandrini und Gaetano Gandolfi eingerichtet, stellt das Museum einige durch Injcktion gefärbten Wachses gewon-

1. Museo Aldrovandi: Der Saal von Benedikt XIV. 2. Ein wertvolles Fossil: Das «Ranina Aldrovandi». 3. Museum der Zoologie: Steinböcke und Gemsen in einem Diorama des Gran Paradiso. 4. Der Braunbär, im Diorama des Parco d'Abruzzo. 5. Vorraum mit dem Rhinozeros Unicornis und dem Mondfisch.

1

2

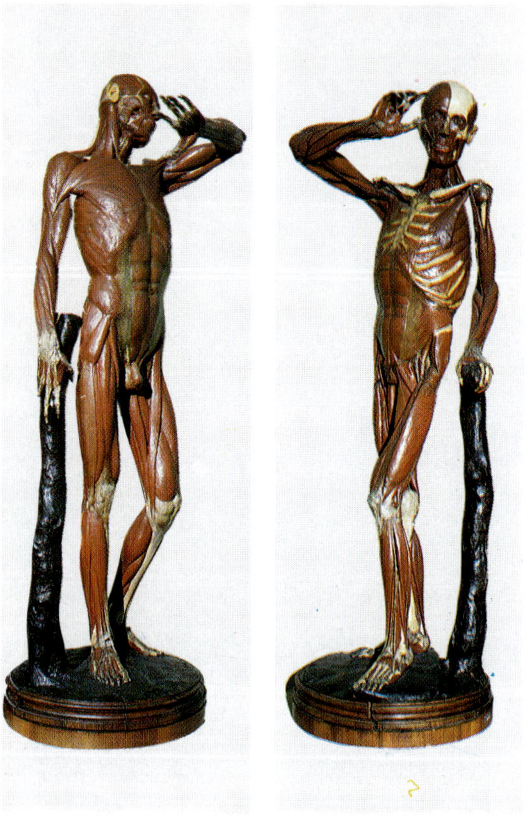

3

nene Präparate aus, die das Arterien- und Venensystem von Säugetieren verdeutlichen sollen. Außerdem enthält es verschiedene Wirbeltierskelette, darunter das des *Physeter macrocefalus*, eines 20 m langen Pottwals. Das Museum ist jenem Professor gewidmet, der die Sammlung von 1903 bis 1934 systematisierte.

Zur Besichtigung: Tel.354188

Museo di anatomia degli animali domestici (Museum für die Anatomie des Haustiers), Via Belmeloro 12. Ursprünglich aufgebaut auf dem Kern des *Museums der Veterinärmedizin*, das 1784 von Giacomo Gandolfi gegründet worden war, wurde es 1882 von Clemente Papi neu angeordnet und später erweitert. Es beherbergt ungefähr 2000 Präparate aller Organe der Haustiere. Viele von ihnen stammen aus dem 18. und 19. Jahrhundert. Diesem Museum folgt in inhaltlicher Einheit das **Museo di Patologia Generale e Anatomia patologica Veterinaria** (Museum für allgemeine Pathologie und pathologischer Anatomie der Veterinärmedizin), Via Belmeloro 10, mit sehr schönen Modellen in Lebensgröße aus Wachs, Ton und Gips und die **Sammlungen des Istituto di Patologia speciale e clinica chirurgica veterinaria** (Pathologisches Institut für spezielle und klinische Veterinärchirurgie), Viale Quirico Filopanti 9.

Museo di anatomia umana normale (Museum für allgemeine menschliche Anatomie), Via Irnerio 48. Das Museum geht auf die anatomische Wachsfigurensammlung zurück und versammelt Lehrmaterial, das im 18. Jahrhundert große Verbreitung fand, da es für die Studenten fast unmöglich war, direkt am Verstorbenen zu arbeiten. Das Museum wird im Volksmund auch *Wachsfigurenkabinett* genannt, da die Plastiken von berühmten Modellen meist aus Wachs angefertigt wurden. Sein Ursprung geht auf die Einrichtung des Anatomiekabinetts im Istituto delle Scienze durch Benedetto XIV. (1742) zurück. Nachdem der Papst die hier ausgestellten Tafeln, die eine *normale Niere* und eine *Niere in Hufeisenform* darstellen, des Bildhauers und Anatomen Ercole Lelli gesehen hatte, beauftragte er diesen mit der Schaffung weiterer Werke, die auch vom künstlerischen Standpunkt her interessant sind: Eine Reihe von acht *Sta-*

4

tuen der *«Enthäuteten»* in Lebensgröße, die der Veranschaulichung der Oberflächen- und Tiefenmuskulatur des Mannes und der Frau dienen sollten, in wunderbaren Glasvitrinen aus dem 18.Jahrhundert (die Statuen des *Adam* und der *Eva* hat Lelli wahrscheinlich unter Mithilfe von Domenico Piò und Ottavio Toselli geschaffen; Giovanni Manzolini hingegen die übrigen); von Anna Morandi Manzolini sind zwei Statuen, die mit ihrem *Selbstporträt* und die ihres Mannes *Giovanni Manzolini*; die mit Recht berühmten *Hände*; ein *Fötus mit Nabelschnur und Plazenta* von Giovanni Manzolini. Sehr gut ausgeführte Arbeiten sind auch die Wachsfiguren des 19.Jahrhunderts von Clemente Susini und Giuseppe Astorri. In dem Gebäude des Museums, das 1907 eingerichtet wurde, befindet sich auch die *Calori-Sammlung*: Ungefähr tausend Schädel unterschiedlicher Herkunft und Epochen, die der bekannte Anatom Luigi Calori (1807-1896) zusammengetragen und erforscht hat. Einer der Schädel, den man 1838 in Barbianello auf den Bologneser Hügeln gefunden hatte, wurde als der des Athalarich, dem Sohn von Amalaswintha, identifiziert und aufgrund einer Medaille, die das Skelett trug, vom Kardinal Oppizzoni für echt befunden.

Zur Besichtigung: Tel.351691.

1. «Wachsfigurenkabinett: Büsten des Ehepaars Manzolini von Anna Morandi Manzolini. 2. Ercole Lelli: Adam und Eva. 3. Ercole Lelli: Oberflächen- und Tiefenmuskeln. 4. Das Istituto Botanico, 1916 von Collamarini eingerichtet. 5. Botanischer Garten: Exotische Pflanzen im Gewächshaus.

5

Museo di Fisica (Museum für Physik), Via Irnerio 46, Tel.351099. Das Museum beschreibt die Geschichte der physikalischen Wissenschaften vom 18.Jahrhundert bis heute, indem es die Entwicklungen auf den Gebieten der Mechanik, Optik und der Akustik mit ihren frühesten Gerätschaften bis zu den modernen reflektiert. Hier befinden sich: Das *optische Labor* von Giuseppe Campani (17.Jh.); die *Dunkelkammer* von Adams (18.Jh.); das

Planetarium von Adams-Ferguson; das *Modell einer Lokomotive* (1857); die *Anschauungs- und Experimentiergeräte* aus dem 18.Jahrhundert aus dem Kabinett von Lord George Cowper und die von Augusto Righi und Quirino Majorana.

Orto botanico ed erbario (Botanischer Garten und Herbarium), Via Irnerio 42, Tel. 351301. Der von Ulisse Aldrovandi gegründete und im Hof des Palazzo Pubblico angelegte Garten, deren Zisterne Terribilia baute und die heute in der Pinakothek zu sehen ist, folgt einem Entwurf von Luca Ghini. Er wurde dann im Jahre 1803 im Rahmen der Schaffung eines Universitätsgeländes, das Giovanni Martinetti plante, in die Nähe des Palazzo Bentivoglio verlegt. Früher nannte man ihn den «Garten der Einfachen», da hier nur Naturheilpflanzen angebaut wurden, die man auch «einfache Heilmittel» nannte. Sein heutiges Aussehen erhielt er von Niccolò Giosuè Scannagatta und dem berühmten Botaniker des 19.Jahrhunderts Antonio Bertoloni. Der Garten umfaßt über 2000 Arten von Pflanzen, von denen einige in modellhafter Umgebung angebaut werden, die den ursprünglichen Lebensbedingungen entspricht. Alle Gewächse und künstlichen Umgebungen sind botanisch wertvoll und interessant: die Gymnospermen, die Heilkräuter der italienischen Flora, der Waldpark, die Pflanzen des mediterranen Klimas und der Tropen, der Garten der Ornamente, der Süßwasserbiotop, der Mesophytenwald der Apenninen und das wunderbare Gewächshaus mit der Sammlung dickblättriger Pflanzen. Das Herbarium besitzt Tausende von getrockneten Exponaten in einer Sammlung, die in ganz Europa berühmt ist. Sie enthält Exemplare, die schon im 17.Jahrhundert von Aldrovandi getrocknet wurden, dazu jene reichhaltige Sammlung aus dem 18.Jahrhundert von Giuseppe Monti, das *hortus siccus florae italicae* (mit über 30.000 Exemplaren) und das *hortus siccus florae bononiensis*, beide von Bertoloni gesammelt und systematisiert.

Museo di anatomia e istologia patologica «Cesare Taruffi» (Museum für Anatomie und pathologische Histologie), Via Massarenti 9, Tel.308991. Zwischen dem 18. und dem 19.Jahrhundert gegründet, wurde das Museum 1948 hierher verlegt und 1983 von Professor Paolo Scarani umstrukturiert. Es besteht zu einem großen Teil aus der teratologische Abteilung (d.h. Mißbildungen) des berühmten Pathologen Cesare Taruffi aus Bologna (1821-1902). Sie beinhaltet Formalin- und Trockenpräparate, sowie anatomische Wachsfiguren von Giuseppe Astorri und Cesare Bettini.

Öffnungszeiten Montag und Mittwoch von 9.00-12.30 Uhr und Sonnabend von 10.00-13.00 Uhr; Bitte vor der Besichtigung anrufen.

Der **Palazzo Gorrieri** (Nr.34) besitzt eine Prunktreppe von Angelo Venturoli (1791) mit Skulpturen von Bonaventura Furlani.

Einen schönen Säulengang und einen Vorhof mit Kapitellen aus dem 16.Jahrhundert kann hingegen der **Palazzo Riario** (Nr.38) aufweisen.

In der **Via Belmeloro**, die ihren Namen der Legende nach von der einstigen Anwesenheit eines wunderschönen Lorbeerbaums zu verdanken hat, befindet sich der Sitz der amerikanischen **Universität «Johns Hopkins»** (Nr.11), die 1962 in das eigens für sie von Enzo Zacchiroli gebaute Gebäude einziehen konnte. Auch die Via Zamboni wird von einem Tor, das des **S.Donato**, beschlossen. Es stammt aus dem 13.Jahrhundert und wurde 1354 mit einer Zugbrücke ausgestattet. Nachdem 1903 die Stadtmauern abgerissen wurden, blieb das Tor freistehend.

Via Belle Arti

Die Via Belle Arti (Straße der Schönen Künste), die früher auch Borgo della Paglia (Strohviertel) hieß, wurde 1878 nach der Kunstakademie, die hier ihren Sitz hat, benannt.

PINACOTECA NAZIONALE

Die Pinacoteca Nazionale (Staaatspinakothek) in der Via Belle Arti 56, die größte Gemäldegalerie Bolognas, ist in dem ehemaligen Jesuitenkloster S.Ignazio untergebracht. In einem anderen Teil des Klosters (Nr.54), zu dem auch die Barockkirche S.Ignazio gehört, befindet sich die Akademie der Schönen Künste. Im Jahre 1796 sammelte der Senat von Bologna die Gemälde der aufgelösten Kirchen und Klöster, sowie die des Istituto delle Scienze zusammen und organisierte eine öffentliche Ausstellung in jener Akademie, um die ihnen drohende Verlegung nach Frankreich zu verhindern. Dies war die Geburtsstunde der heutigen Pinakothek, deren erste Heimstatt das Kloster der Hll. Vitale und Agricola war. Die neue Galerie wurde am 20.September 1803 in dem ehemaligen, von Torreggiani 1726 und 1727 erbauten Novizeninternat der Jesuiten eingeweiht. Im Laufe der Jahre durch Nachlässe, Schenkungen und Käufe bereichert, wurde die Pinakothek 1882 von der Akademie unabhängig und beschreibt vollständig und mit Lebhaftigkeit alle großen Themen der Bologneser und jener Malerei des Umlandes, die in Bologna ihre Wurzeln hat. Die Kollektion gibt uns einen detaillierten Überblick über alle Etappen dieses kontinuierlichen historischen Prozesses, bei dem trotz der vorhandenen herausragenden Werke, das Niveau der künstlerischen Mitte, das für das Bologna des 16. bis 18. Jahrhunderts bezeichnend ist, offensichtlich wird.

1. Pinacoteca Nazionale. Vitale da Bologna: Der hl.Georg mit dem Drachen.

1

Im Hof steht die *Zisterne* von Francesco Terribilia, die dem «Garten der Einfachen» im Palazzo Comunale entstammt (Foto s.S.30). Im Treppenhaus mit der Prunktreppe, wo sich das große Gemälde *Die Hochzeit zu Kana* (1775) von Gaetano Gandolfi befindet, gibt eine perspektivische Bemalung des Gewölbes einen Säulengang vor.

Abteilung der Primitivisten. Saal I (Bologna): Ein großes *Kruzifix* von einem Schüler Giunta Pisanos, auch «Meister des Kruzifixes von S.Maria del Borgo» genannt, 13.Jh.; *Der hl.Georg mit dem Drachen*, eine wunderbare Altartafel von Vitale da Bologna, ca.1335-40; ebenfalls von Vitale sind die vier *Geschichten vom hl.Anton dem Abt* und *Die Krönung der Jungfrau*; *Das Gebet im Garten* von Cristoforo da Bologna; *Geschichten der Jungfrau und vier anderen heiligen Frauen*, ein kleiner Altar von Cristoforo da Bologna; die *Kreuzigung* und andere Werke von Simone dei Crocifissi. Saal II: *Die Krönung der Jungfrau* von Lippo Dalmasio; drei Täfelchen mit *Figuren von Heiligen* von Jacopo di Paolo; ein großes *Kruzifix* von Giovanni da Modena.

Kleiner Saal von Giotto: *Madonna mit Kind und Engeln* von Lorenzo Monaco; ein großes Polyptychon mit der *Jungfrau auf dem Thron mit Heiligen*, von Giotto signiert, zum Teil von seinen Schülern, auf 1333-34 datiert; kleine Tafeln mit dem *Hl.Anton dem Abt und dem hl.Bartholomäus* von Lorenzo Veneziano.

Kleiner Saal der Kruzifixe, mit Gemälden des 15.Jahrhunderts in gotischem Stil des 14.Jhdts.: Zwei große *Kruzifixe* von Michele di Matteo; ein Polyptychon von Pietro Lianori von 1443 mit der *Madonna auf dem Thron und Heiligen*.

Salon der Fresken des 14.und 15.Jahrhunderts: *Das Letzte Abendmahl mit vier Heiligen* von Vitale da Bologna, 1340; ein Fragment der *Auferstehung* von Vitale; das wunderbare Gemälde *Der hl.Jakob in der Schlacht von Clavijo*, erste Hälfte des 14.Jh. von einem Meister, der sich Pseudo Jacopino nennt.

Saal der Fresken von Mezzaratta in ursprünglicher Anordnung: Das große Fresko im Hintergrund (*Verkündigung, Christi Geburt, Wunder und Traum der Jungfrau*) ist von Vitale; die Fresken der rechten Wand *(Geschichten aus dem Leben Christi)* sind von Jacopo di Paolo und Simone dei Crocifissi; die der linken (*Geschichten des hl.Joseph und Moses*) von Jacopo da Bologna und Jacopo Avanzi.

Abteilung der Renaissance: *Polyptychon* (1450) von Antonio und Bartolomeo Vivarini; *Altartafel der Händler* (1472), ein einzigartiges Werk von Francesco del Cossa; *Madonna mit Kind und Heiligen* (1496) von Lorenzo Costa; *Das Weinen einer Maria*, ein außergewöhnliches Freskenfragment von Ercole Roberti. Eine Serie von Werken von Francia, darunter: Die *Madonna Scappi*, die *Felicini-Altartafel* (1494), die *Madonna der Manzoli*, *Der tote Christus von zwei Engeln gestützt. Die Vermählung der Jungfrau* von Lorenzo Costa; die *Altartafel der Lehrzeit* von Amico Aspertini; sehr berühmt ist *Die Ekstase der hl.Cecilia mit den Hll. Paulus, Johannes dem Täufer, Augustin und Maria Magdalena* von Raffael (1515), ein Auftrag der hl.Elena Duglioli Dall'Olio für die Kirche S.Giovanni in Monte; *Madonna mit Kind und Heiligen* von Perugino (ca.1495); *Anbetung des Kindes* von Garofalo. Werke des 16.Jahrhunderts aus der Emilia-Romagna: Darunter die *Madonna der hl.Margherita*, ein berühmtes und anspruchsvolles Werk von Parmigianino.

Unter den Werken von ausländischen Malern sind *Das Letzte Abendmahl* von El Greco (ca.1567); *Madonna des Rosengartens* von Martin Schongauer; ein kleiner Altar mit *Ahasver* und *Esther* und auf den Altarflügeln *Adam* und *Eva* von Pseudo Civetta zu erwähnen.

Saal der Manieristen: *Das Abendmahl des hl.Gregor dem Großen* von Vasari; die *Kreuzabnahme* von Prospero Fontana; *Die Krönung der Jungfrau und Heilige* von Guido Reni; die *Auferstehung Christi* und *Die Darbringung im Tempel* von Bartolomeo Passarotti.

---

1. Pinacoteca Nazionale: Das Kruzifix von S.Maria del Borgo (13.Jh.). 2. Vitale da Bologna: Täfelchen mit zwei Episoden aus dem Leben des hl.Anton dem Abt. 3. Giotto und seine Werkstatt: Polyptychon. 4. Marco Zoppo: Der büßende hl.Hieronymus.

Saal der Carraccis: *Die Kommunion des hl.Hieronymus* und *Himmelfahrt Mariä* von Agostino; *Die Verkündigung* auf zwei Paneelen, *Madonna von St.Ludwig* und *Himmelfahrt Mariä* von Annibale; *Die Bekehrung des hl.Paulus, Madonna der Scalzi, Madonna der Bargellini, Die Predigt des Täufers* und das *Martyrium der hl.Ursula* von Ludovico.

Abteilung des Barocks und des 18.Jahrhunderts. Saal von Guido Reni: *Modell des Brunnens der vier Flüsse* (1650) von Bernini. Berühmte Gemälde von Guido Reni: *Die Altartafel der Bettler, Der siegende Samson, Der hl.Sebastian, Der Kindermord von Bethlehem* (ca.1611), *Die Kreuzigung mit Magdalena und den Betrübten, Der hl.Andrea Corsini, Großes Pallium der Pest*. Besonders interessant in den folgen-

3

4

den Sälen sind: Das *Martyrium des hl.Angelo* und *Die Familie Tacconi* von Ludovico Carracci; *Die Toilette der Venus* und *Der verspottete Jesus* von Annibale Carracci; *Die hl.Irene* und *Der hl.Sebastian* von Guercino; *Porträt der Mutter* und *Porträt einer alten Edelfrau* von Guido Reni; *Porträt eines Mädchens mit einer Katze und einem Rosenzweig* von Giuseppe M. Crespi; *Die Kreuzabnahme* und das dramatische Gemälde *Das Begräbnis der Jungfrau* von Alessandro Tiarini; *Der hl. Wilhelm von Aquitanien* von Guercino (1620); *Der hl.Petrus der Märtyrer* von Domenichino; *Susanna und die Alten* von Simone Cantarini; zahlreiche Gemälde des ausdrucksstarken Mastelletta, darunter *Almosen von einer Heiligen* (ca.1610) und *Jesus wird von Engeln bedient* (ca.1615); bemerkenswert ist auch das späte, auf ca.1565 datierte Werk von Tizian *Der gekreuzigte Christus und der gute Schächer*.

ONIVS
FRACSCVS CESSA FERRARIENSIS · F ·

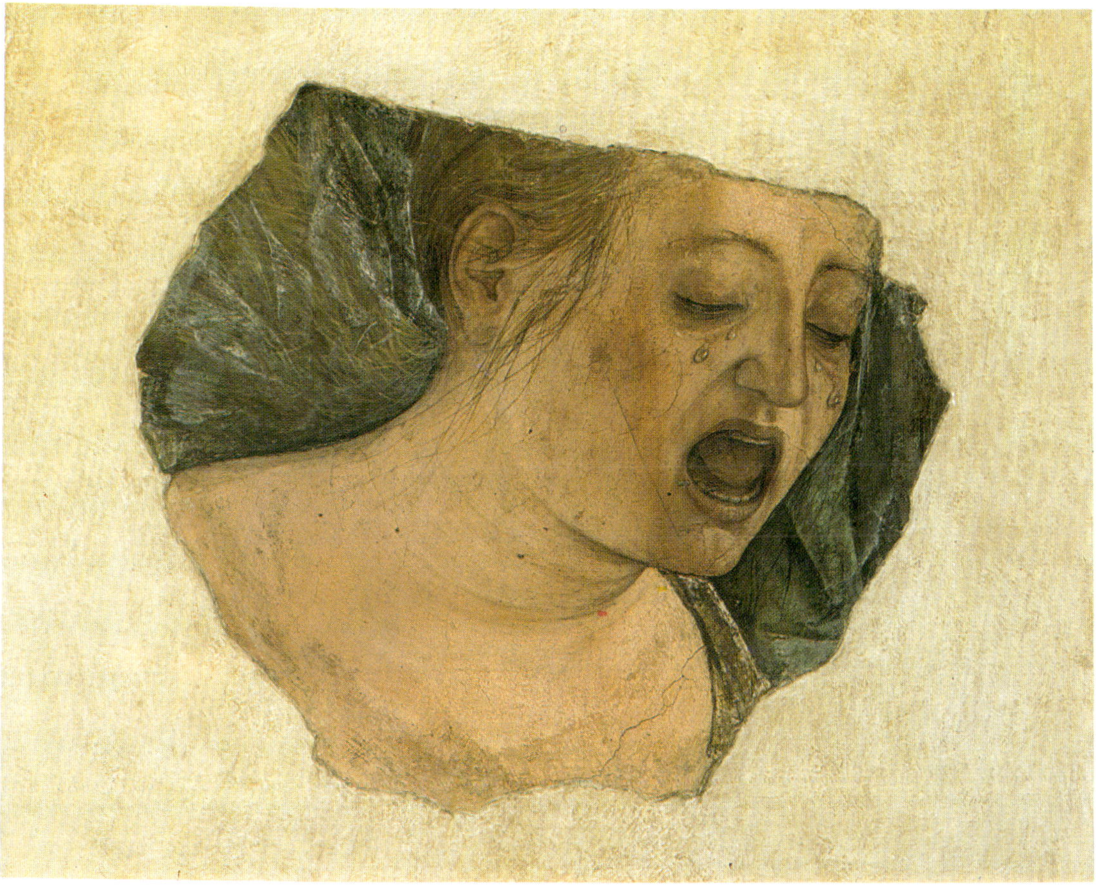

Saal der Crespi: Von Giuseppe M. Crespi sind folgende wertvolle Gemälde ausgestellt: *Der hl. Johannes Nepomuk*, ein *Selbstporträt*, *Der verspottete Jesus*, *Die Herrlichkeit der Jungfrau mit dem Kind*, *Latona verwandelt die Hirten in Frösche*, *Die Hütte*, *Der Kindermord von Bethlehem*, *Ein Jäger*, *Die Familie von Zanobi Troni*, *Der Schlaf der Liebe*, *Die hl. Ursula*. Von Antonio Crespi stammt das sehr berühmte *Porträt des Kanonikers Luigi Crespi*. Von Luigi Crespi: *Porträt eines jungen Architekten*.

Salon der Altartafeln oder Lehrsaal: *Die Taufe Jesu* von Francesco Albani; *Madonna des Rosenkranzes*

1. Saal der Fresken von Mezzaratta. 2. Francesco del Cossa: Altartafel der Händler. 3. Ercole Roberti: Fragment einer weinenden Madonna. 4. Il Francia: Der tote Christus, von zwei Engeln gestützt.

4

1

ınd *Das Martyrium der hl. Ursula* von Domenichi-ıo: *Der hl.Bruno der Kartäuser* von Guercino; *Die Jungfrau mit dem Kind und Heiligen* von Carlo Cig-ıani; die *Verklärung Christi* von Ludovico Carrac-i; die *Beweinung Christi*, ein unvollendetes Gemäl-le von Federico Barocci.

Kleiner Saal von Nicolò dell'Abate: Acht auf Lein-vand übertragene Fresken mit den *Geschichten aus lem «Rasenden Roland»*, die um 1550 für den Pa-azzo Torfanini angefertigt wurden, sind hier ausge-tellt.

Zur Pinakothek gehört auch das **Gabinetto dei Di-egni e delle Stampe** (Kabinett der Zeichnungen und ;tiche), eine besondere Sammlung mit über 42.000 ;tücken, unter denen sich auch die 81 Bände mit Sti-hen aus der Schenkung von Benedikt XIV. befinden.

Die Pinacoteca Nazionale ist wochentags von 9.00-14.00 'hr, an Feiertagen von 9.00-13.00 Uhr geöffnet; montags 'nd an Staatsfeiertagen geschlossen. Für die Besichtigung 'es Kabinetts der Stiche bitte mit der Leitung Verbindung ufnehmen.

. Raffaello Sanzio: Die Ekstase der hl.Cecilia. 2. Domeni-o Thetocopulos, auch El Greco genannt: Das Letzte Abend-ıahl. 3. Ludovico Carracci: Die Madonna Bargellini.

3

1

4

*'. Guido Reni: Der Kindermord von Bethlehem. 2. Giovan-
ıi Francesco Barbieri, auch Guercino genannt: Der hl.Seba-
'tian, von Irene geheilt. 3. Annibale Carracci: Die Toilette
ler Venus. 4. Francesco Mazzola, auch Parmigianino ge-
ıannt: Die Madonna von S.Margherita.*

2

Der **Palazzo Bianconcini** (Nr.42) aus dem 15.Jahrhundert wurde 1770 von Francesco Tadolini umgestaltet und besitzt einige bedeutende Fresken von Pietro Scandellari im Treppenhaus. In seinen Sälen stechen die mythologischen Darstellungen von *Bacchus* und *Ariadne* von Gian Gioseffo Dal Sole und Enrico Haffner hervor. In anderen Sälen befinden sich Gemälde von Gaetano Gandolfi und Pietro Fancelli mit Verzierungen von Giuseppe Mazza.

Via Centotrecento (die zweite Querstraße rechts, wenn man die Via Belle Arti zurückgeht). Der Ursprung des Namens ist unklar: Es könnte sich um eine Verstümmelung einer älteren Bezeichnung handeln, nämlich «Cento Trasende», d.h. «Cento Finestre» (Hundert Fenster).

Das **Collegio Illirico-Ungarico** (Illyrisch-Ungarisches Internat), heute Collegio Venturoli (Nr.4) und Anfang

1. Giuseppe M.Crespi: Die Hütte. 2. Giuseppe M.Crespi: Porträt eines Mädchens mit Katze. 3. Der Palazzo Bentivoglio (16.Jh.). 4. Basilika S.Martino: Die Fassade von 1879.

3

des 18.Jahrhunderts von Giuseppe A.Torri restauriert, bewahrt in seinem Refektorium Fresken von Gioachino Pizzoli auf, die Episoden aus der kroatischen und ungarischen Geschichte erzählen und wichtige Schutzheilige des Staates darstellen. Früher wohnten hier ungarische Studenten, die die Universität von Bologna besuchten, später wurde sie als Hinterlassenschaft des Architekten Angelo Venturoli in eine Einrichtung zur Förderung künstlerisch begabter Jugendlicher, die aus ärmlichen Verhältnissen stammten, umfunktioniert.

Der **Palazzo Bentivoglio** (Nr.8) ist Mitte des 16.Jahrhunderts erbaut worden und wird Bartolomeo Triachini zugeschrieben. Er ließ eine phantastische Fassade von drei Stockwerken erstehen, die viele, für die damalige Zeit sehr kühne Lösungen aufweist. Auch der innere, unvollendete Hof, vermutlich nach einem Plan von Domenico Tibaldi, offenbart die Ansätze eines ehrgeizigen Entwurfs, der mit Recht in der damaligen lokalen Fachwelt Aufsehen erregte.

4

DIE BASILIKA S.MARTINO

(Via Oberdan 25). Eine Gemeinschaft von Karmelitern ließ sich gegen Mitte des 13.Jahrhunderts in der jetzt zerstörten Kirche S.Nicolò nahe dem «Campo del Mercato» nieder und zog 1272 nach S.Martin um, wo sich schon (mindestens seit 1217) eine kleine Kirche befand, die der Orden bald umbauen sollte.

Die eigentlichen Bauarbeiten begannen aber erst im Jahre 1308 und mußten schon 1315 wegen des Widerstandes der Augustiner von S.Giacomo unterbrochen werden, da diese den Bau einer so großen Kirche in ihrer Nähe nicht dulden wollten. Diese Schwierigkeiten konnten aber bald überwunden werden, sodaß die Arbeiten auch mit Hilfe der Gemeinde noch vor 1350 zu Ende geführt wurden.

Ein Jahrhundert später schon sollte die Bautätigkeit erneut aufgenommen werden, um unter der Leitung von Giovanni da Brensa dem Gebäude neue Gewölbe (1457), eine weitere Spannweite am Eingang und eine neue Fassade (1491-96) hinzuzufügen.

Schließlich riß man auf dem Platz vor der Kirche alte Häuser nieder, um ihr einen würdigen Freiraum zu schaffen. So konnte man im Jahre 1511 endlich ihre Einweihung feiern.

Die Fassade wurde im Jahre 1879 durch Giuseppe Modonesi umgebaut und erhielt so ein neogotisches Aussehen. Aus dem 16.Jahrhundert ist hingegen das Portal des Seiteneingangs erhalten geblieben , das in der Lünette die heroische Backsteinplastik des *Hl.Martin, der den Bettler bekleidet* von Francesco Manzini (1531) birgt.

Im Kircheninneren stößt man sogleich auf die wundervolle Paltroni-Kapelle, ein quadratisch angelegter Raum mit ruhigen und hellen Linien im Stil der Re-

1

naissance. Sie wurde bereits im Jahre 1506 fertiggestellt, als hier der berühmte Jurist und Professor für bürgerliches und Kirchenrecht Alessandro Paltroni seine letzte Ruhestätte fand. Ungefähr zur selben Zeit malte Francesco Raibolini, auch «il Francia» genannt, die beeindruckenden Altarbilder *Thronende Madonna mit Kind zwischen Engeln und Heiligen*, *Die Kreuzabnahme* und *Die Kreuztragung Jesu,* die alle Teile des großen Gemäldes von Formigine sind; ebenfalls von «il Francia» ist der *Hl.Rocco* in einem darüber-

2

1. Das harmonische gotische Kircheninnere (14.-15.Jh.). 2. Paolo Uccello: Geburt Christi. 3. S.Rocco: Glasfenster von Giacomo da Ulma nach einer Zeichnung von il Francia. 4. Vitale da Bologna: Fragment einer Freske mit Kruzifix. 5. Il Francia: Madonna mit Kind und Heiligen.

3

4

5

liegenden Fensterchen. Von Amico Aspertini stammt die *Grablegung Christi* im Antependium ; das Fragment der *Geburt Christi*, das kürzlich unter einer bemalten Fläche in der Sakristei wieder zum Vorschein kam, ist von Paolo Uccello (Florenz, 1397-1475) und ist auf der rechten Seite zu sehen. Auch die schöne Backsteinstatue der *Madonna vom Berge Karmel* zur linken ist sicherlich aus dem 15.Jahrhundert.

Am vierten Altar kann man den *Hl.Hieronymus* von Ludovico Carracci (1555-1619) bewundern, dessen Gedanken sich im Zwielicht der Abenddämmerung zu verlieren scheinen. Die Darstellung der *Himmelfahrt Mariä* und die darüberliegende Lünette am fünften Altar sind von Lorenzo Costa (1506). Das sehr edle Altarbild des Hauptaltars, die *Thronende Madonna mit Heiligen*, wurde 1548 von Girolamo Sicciolante da Sermoneta geschaffen. Die Orgel der Kirche ist ein kostbares Instrument von Giovanni Cipri (1556) aus Ferrara.

Bewundernswert ist auch die kleine Kapelle der *Heiligen Jungfrau vom Berge Karmel*, die 1752 nach einem Plan von Alfonso Torreggiani eingerichtet wurde und Fresken von Vittorio Bigari und ein schönes Gemälde von Tiarini, *Die Heiligen Carlo, Alberto, Theresia und Francesca Romana* (ca.1618), beherbergt.

Richtet man seine Schritte weiter entlang dieses Kirchenschiffes, gelangt man zum ersten Altar, wo man die *Madonna mit den Heiligen Lucia, Ambrosius, Nikolaus und den drei Jungfrauen*, ein Meisterwerk (um 1515) des Amico Aspertini, dessen Originalität es oft an der zeitgemäßen Ehrerbietung fehlen läßt.

Der letzte Altar wurde zwischen 1523 und 1532 nach dem Willen jener Adelsfamilie Boncompagni ausgestaltet, aus der auch Ugo stammt (geb.1502), der spätere Papst Gregor XIII. und Namensgeber der Kalenderreform.

Alessandro Bigni aus Bergamo schuf das fein verzierte, hölzerne Altarbild nach einer Zeichnung von Bartolomeo da Bagnacavallo, das die *Anbetung der Könige* von Girolamo da Capri (1501-1568) umschließt. Die Ornamente arbeitete Bernardino di Cristoforo da Milano in Felsgestein.

Die Säule auf dem Platz gegenüber der Kirche wurde 1705 nach einer Zeichnung des Architekten Giovan Antonio Conti errichtet und trägt die Statue von Andrea Ferreri.

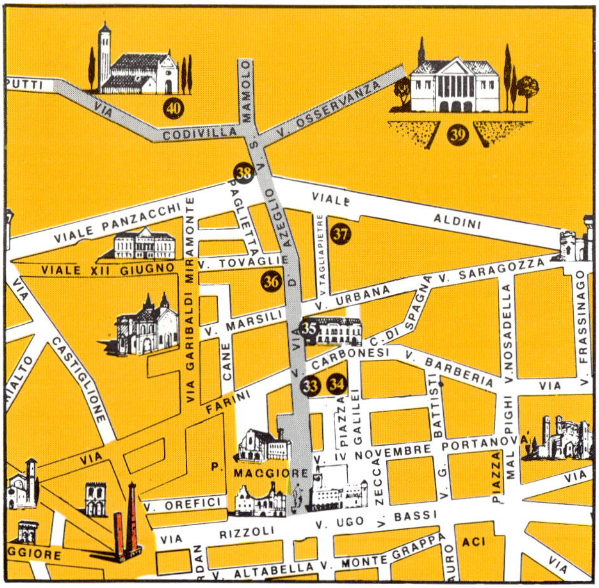

VIERTER WEG

- (33) ***Kirche S.Giovanni Battista dei Celestini***
- (34) ***Archivio di Stato (Staatsarchiv)***
- (35) ***Palazzo Bevilacqua***
- (36) ***Kirche S.Procolo***
- (37) ***Kirche Corpus Domini o «della Santa»***
- (38) ***Kirche Ss.Annunziata***
- (39) ***Villa Aldini***
- (40) ***Kirche S.Michele in Bosco***

Via D'Azeglio

Die Straße, die die Piazza Maggiore mit dem Tor, das Anfang des 20.Jahrhunderts niedergerissen wurde, verbindet, nannte man bis zum Jahre 1874 Via San Mamolo oder San Mamante. Die alte, großzügig angelegte Via San Mamolo diente bereits den Kutschen des 18.Jahrhunderts, um die naheliegenden Bologneser Hügel zu erreichen.

Der **Corte dei Galluzzi** (Galluzzi-Hof) setzt sich aus zwei angrenzenden Höfen zusammen: Einer, den früher die Häuser der Familie Galluzzi umschlossen und der einen Turm aus dem 13.Jahrhundert besitzt, führt auf die Via D'Azeglio. Der andere hingegen führt auf die Piazza Galvani und wurde bis in das 19.Jahrhundert hinein in bolognesischem Dialekt «Pavaiuncìn», d.h. «kleiner Pavaglione», genannt. Der **Pavaglione** war ein Gelände hinter der Basilika S.Petronio, wo seit 1449 die Messe der «foliselli» (Seidenraupe) abgehalten wurde. Dieser alte Name hat sich bis heute in der Sprache der Bologneser erhalten: Sie nennen den Säulengang, der zur Via Archiginnasio führt, Arkade des Pavaglione.

In der Via D'Azeglio findet man auch die **Kirche St.Giovanni Battista dei Celestini**. Der Bologneser Adlige Antonio Galluzzi ließ hier im Jahre 1369 eine erste Anlage mit Kirche und dazugehörigem Kloster errichten, um einer Gruppe von Celestinermönchen Obdach zu bieten, die sich ein Jahr zuvor in Bologna angesiedelt hatten.

Im Laufe des 16.Jahrhunderts ließen die Mönche ihr Domizil vollständig restaurieren. Sie begannen zwischen 1520 und 1523 mit der Erweiterung der größten Kapelle der Kirche und beschlossen die Arbeiten 1595 mit der Errichtung eines Glockenturmes.

Der erste Baumeister war Lorenzo di Pietro Tassi, der nach seinem Tode 1552 von Bartolomeo di Antonio Tassi, beide «Triachino» genannt, abgelöst wurde. Als auch dieser im Jahre 1587 starb, wurden die Arbeiten von dem Architekten Tommaso Martelli fortgeführt. Die Fassaden der Kirche und des Klosters ergänzte man erst 1770 nach einem Plan von Francesco Tadolini.

Das Kircheninnere wurde erst zwischen 1687 und 1727 mit feinen und kostbaren Verzierungen versehen. Begonnen wurde 1687-88 mit der Hauptkapelle, deren Gewölbe von Antonio Burrini (Figuren) und Enrico Haffner (Ornamente) eine Darstellung der *Herrlichkeit des hl.Pier Celestino* zeigt; Antonio Orsoni schnitzte den großen hölzernen Rahmen; Giuseppe Mazza modellierte die Plastiken *Der Glauben* und *Die Sanftmut mit Putten und dem Wappen der Celestini* auf dem Gesims sowie zwei ausdrucksstarke Büsten des *Hl.Benedikt* und der *Hl.Scholastika*, die früher zu Seiten des Altarbildes standen und heute in den zwei Nischen neben dem Eingangsportal der Kirche zu finden sind. Marcantonio Franceschini mal-

1. Kirche S.Giovanni Battista dei Celestini: Die Fassade von 1770. 2. und 3. Archivio di Stato (Staatsarchiv): Miniaturen aus dem 17.Jahrhundert aus der «Insignia» der Weisen.

1

2

3

te das schöne Altarbild mit der *Thronenden Madonna mit dem Kind unter den Heiligen Johannes dem Täufer, Pier Celestino und Lukas.*

Es folgte dann die Ausgestaltung der Gewölbe des Schiffes, die die Maler Giacomo Boni und Giacinto Garofalini (Figuren) und Luca Bistega (Ornamente) mit folgenden Darstellungen versahen: *Dem Einsiedler Pietro da Morrone wird die päpstliche Tiara angeboten, Pier Celestino, von der Sanftmut geführt, legt die Tiara der Religion zu Füßen* und *Der Tod des Heiligen.*

Eine Reihe weiterer Werke in der Kirche sind nennenswert: Das Altarbild des *Hl.Sebastian und der hl.Irene* am ersten Altar links, ein spätes Gemälde von Andrea Donducci (1575-1655), auch «Mastelletta» genannt; das schöne *Noli me tangere* von Lucio Massari (1569-1633); die *Madonna, die dem hl.Pietro Celestino im Traum erscheint* von Emilio Taruffi befindet sich im Baptisterium gegenüber der *Madonna der Marionetten*, einer hölzernen Renaissancestatue nördlicher Herkunft; der *Hl.Johannes der Täufer* auf einer Tafel im Kirchenbüro, die einst zum Polyptychon von Francesco Zaganelli gehörte (1513); und schließlich der 1776 nach einer Zeichnung von Francesco Tadolini geschmackvoll verzierte Raum der Sakristei.

Der große Gebäudekomplex des Klosters (Piazza de'Celestini 4), der zur Kirche S.Giovanni Battista gehört, geht auf das Jahr 1369 zurück, wurde dann aber von Carlo Francesco Dotti gänzlich umgebaut. Ihm ist der helle *Kreuzgang* zu verdanken, der zwischen 1729 und 1754 errichtet wurde. Die Fassade stammt ebenfalls aus dem 18.Jahrhundert und wurde von Francesco Tadolini konstruiert. Seit 1940 beherbergt das Gebäude das **Archivio di Stato** (Staatsarchiv), das hier bis in die sechziger Jahre hinein mit seinen verschiedenen Abteilungen, die Urkunden vom 10.Jahrhundert bis heute umfassen, eingerichtet wurde: Das *Stadtarchiv* (12.-15.Jh.), das *päpstliche Archiv* (16.-18.Jh.), das *Archiv der selbstverwalteten Körperschaften* (19.Jh.; es umfaßt die napoleonische Zeit, die der päpstlichen Legaten und der provisorischen Regierung der Romagna) und das *Archiv der aufgelösten Klöster* (12.-18.Jh.). Desweiteren gehören eine reiche Sammlung von ungefähr 2000 Siegeln seit dem 13.Jh. und eine 1874 gegründete Bibliothek zum Archiv.

Das Staatsarchiv ist für Studienzwecke Montag bis Freitag von 8.30-19.00 Uhr und Samstag von 8.30-13.00 Uhr geöffnet; feiertags geschlossen.

Der **Palazzo Legnani** (Nr.38) ist aus dem 16.Jahrhundert und wurde 1870 von Antonio Zannoni rekonstruiert. Im Inneren des Palastes erblickt man eine Prunktreppe des 18.Jahrhunderts von Gabriele Chelini, sowie zwei Zentauren und Skulpturen von Petronio Tadolini (1758) im Hof, die den *Herkules* und die *Verkörperung zweier Flüsse* darstellen.

Im Hinterhof des ehemaligen **Carbonesi-Hauses** (Nr.27) tritt die Fassade eines neoklassizistischen Gotteshauses ins Blickfeld.

1

Das **Mezzovillani-Haus** (Nr.42) und das **Rizzi-Haus** (Nr.35) sind ihrer Höfe wegen eindrucksvoll, die Verzierungen des 16.Jahrhunderts aufweisen.

Der **Palazzo Sanuti**, heute **Palazzo Bevilacqua** (Nr.31-33), wurde 1477 von Arbeitern aus der Toskana erbaut und 1531 in seinem Innern von Galeazzo Alessi umgestaltet. Er weist mindestens drei Elemente auf, die der damaligen Bologneser Architektur der Renaissance fremd waren: Das Fehlen eines Laubenganges, das Fehlen des typischen Ziegelmauerwerks (das durch ein Bossenwerk aus grauem Fels aus dem Steinbruch von Porretta ersetzt wurde; es besitzt eine starke plastische Wirkung) und schließlich die durch die Art der Gesimse erzeugte Horizontalität des Gebäudes. Im Hof dagegen findet man zwei übereinanderliegende Ordnungen von Loggien und einige architektonische Elemente, die dem vierseitigen Portikus eine größere Schlankheit und Vertikalität verleihen, wie z.B. die Abschlüsse der korinthischen Kapitelle oder das hohe Gebälk. Bologneser Augenzeugen berichten, sogar Donato Bramante hätte an der Restaurierung des Palastes teilgenommen.

Am **Palazzo Marsigli** (Nr.48) ist noch ein Aufbau zu sehen, der einst eine Sternwarte war, die Graf Luigi Ferdinando Marsigli 1702 von dem Baumeister G.A.Taruffi für astronomische Beobachtungen errichten ließ. Im hinteren Hof sticht eine effektvolle Terrasse hervor, die von Carlo Francesco Dotti geplant wurde.

DIE KIRCHE S. PROCOLO

Diese Kirche ist eine der ältesten Besitzungen des Ordens der Benediktiner.

Sie wurde gegen Mitte des 11.Jahrhunderts über dem Grab vom hl.Procolo errichtet, einem der ersten Märtyrer der örtlichen Christengemeinde. Weil diese seit dem 12.Jahrhundert als häufiger Versammlungsort der Studentenschaft diente, bezeichnet man sie auch als «Wiege der Universität».

Auf dem Vorplatz der Kirche St.Procolo wurden Martino und Bulgaro begraben, zwei der berühmten vier Lehrer der Rechte, die im November 1158 von Friedrich Barbarossa zum Reichstag von Roncaglia (bei Piacenza) gerufen worden waren, um die kaiserlichen Rechte über die abtrünnigen oberitalienischen Provinzen wieder herzustellen.

Zwischen 1383 und 1407 wurden auf Betreiben des Benediktinerabtes Giovanni di Michele die schlichte go-

1. Der Palazzo Sanuti Bevilacqua (1477), einer der Paläste ohne Arkaden. 2. Das wundervoll verzierte Portal im Bossenmauerwerk der Fassade. 3. Die Kirche S.Procolo mit einem schönen Portal aus Backstein (14.Jh.).

tische Fassade der Kirche und die Kreuzgewölbe der Kirchenschiffe erbaut.

In der Mitte des 16.Jahrhundert fand eine großangelegte Umstrukturierung statt, während der Antonio Morandi (Terribilia) die Gewölbe umbaute, die Kirche um eine Spannweite vergrößerte und den beeindruckenden Glockenturm errichtete. Der Architekt Domenico Tibaldi schuf den runden Chor, der später von dem Architekten Carlo Francesco Dotti restauriert und überbaut wurde (1744).

Die Fassade hat ein schönes Portal aus dem 14.Jahrhundert und einen kleinen Gedenkstein mit dem etwas makabren Wortspiel: SI PROCUL A PROCULO PROCULI CAMPANA FUISSET NUNC PROCUL A PROCULO PROCULUS IPSE FORET (das angegebene Datum 1393 wurde falsch übertragen) «Wäre Prokulus der Glocke des Prokulus ferngeblieben, dann wäre Prokulus jetzt fern von Prokulus» erinnert an die fatale Episode des Procolo della Maglia, dem Kirchenglöckner, der 1538 beim teilweisen Einsturz des Glockenturmes ums Leben kam und deshalb an der Basis desselbigen begraben wurde.

Auch die Werke dieser Kirche sind erwähnenswert: Die zweite Kapelle links, dem *hl.Procolo* gewidmet, wurde 1741 nach einem Plan von Alfonso Torreggiani (1682-1758) vollständig wieder aufgebaut und beherbergt ein Altarbild von Francesco l'Ange (1675-1756) und zwei Ovale von Carlo Cesare Giovannini (ca.1695-1758). Der prunkvolle Hauptaltar, 1752 nach einem Plan von Torreggiani errichtet, ist mit wertvollem Marmorwerk und Stein, mit Marmorornamenten der Gebrüder Toselli und Bronzeverzierungen von Bonaventura Gambari ausgestattet. Hinter ihm befindet sich das *Grabmal des hl.Procolo*, ein spätrömisches Marmorwerk, das in eine christliche Grabstätte umgewandelt wurde.

Unterhalb der Orgel, einem kostbaren Instrument von Baldassarre Malamini (1580), hat Bartolomeo Cesi (1556-1629), der hier seine Familienkapelle hatte, in einer Nische das eindrucksvolle Werk der *Anbetung der Könige* geschaffen - eine außergewöhnliche Mischung von Malerei, Reliefkunst und Bildhauerei. Er malte auch *Die Ekstase des hl.Benedikt* in der zweiten Kapelle.

Das ehemalige Benediktinerkloster S.Procolo, in dem sich heute die Entbindungsstation des «C.A.Pizzardi»-Krankenhauses (Ospedale Maggiore) befindet, hat drei Kreuzgänge aufzuweisen, die noch recht gut erhalten sind: Der Kreuzgang *des Kapitels* oder *des Tores*, 1586 von Giulio Dalla Torre nach einem Plan von Domenico Tibaldi erbaut; der Kreuzgang *der Sakristei*, zwischen 1612 und 1628 auch von Giulio Dalla Torre errichtet und der Kreuzgang *des Refektoriums*, von den Brüdern Giacomo und Benedetto Dalla Torre 1548 in einem Stil gebaut, der an die Kreuzgänge von Ferrara erinnert. Dazu gesellt sich ein Hof mit weiteren Arkaden, die zwischen 1573 und 1584 von Giulio Dalla Torre geschaffen wurden und mit Konstruktionen von Terribilia Ähnlichkeit besitzen.

1

3

Kirche des Corpus Domini oder «der Heiligen Jungfrau» (Via Tagliapietre 19). Am 13.November 1456 ließ sich eine Gruppe Nonnen des Klarissenordens aus Ferrara, die vier Monate zuvor in Bologna angekommen war und von der hl.Caterina de'Vigri geführt wurde, in dem alten Kloster St.Christophorus nieder, das sich an der Ecke der heutigen Via Urbana und der Via Bocca di Lupo befand. Die Klarissinnen erwarben in wenigen Jahren durch Käufe und Schenkungen den gesamten Häuserblock.

Zwischen 1477 und 1480 ließen sie ihr inneres Kloster (Klausur) und die der Öffentlichkeit zugängliche Kirche Corpus Domini zur Via Tagliapietre hin errichten, wo sie noch heute zu sehen ist. Diese Kirche erbauten die Meister Nicolò di Marchionne da Firenze und Francesco Fucci da Dozza. Ihre nüchterne Backsteinfassade im Stil der Renaissance ist von einem Baumeister unbekannten Namens geschaffen worden, hinter dem man Sperandio aus Mantua vermutet, der zu dieser Zeit in Bologna tätig war; auch hat man versucht sie wegen der offensichtlichen toskanischen Einflüsse einem der besten Schüler von Pagno di Lapo oder Antonio di Simone aus Florenz zuzuschreiben

1. Die Kirche Corpus Domini (15.-17.Jh.). 2. Das Portal aus Backstein vom Ende des 15.Jahrhunderts. 3. Der unverweste Körper der hl.Katherina aus Bologna. 4. Marcantonio Franceschini: Der Tod des hl.Joseph. 5. Die Kirche SS.Annunziata (15.Jh.).

Ein Neubau der Kirche wird von dem Architekten Gian Giacomo Monti zwischen 1684 und 1695 in Angriff genommen, wobei die Fassade davon unberührt blieb. Er verlängerte die Kirche um ungefähr drei Meter, indem er die hintere Wand versetzte und damit den Raum der Klausur verringerte; außerdem schuf er die großen Seitenkapellen und überbaute die Kirche, wodurch sie mehr Raum und Helligkeit gewann. Diese Bauarbeiten wurden von einer Neuausgestaltung des Innenraums begleitet, die unter den Händen von Marco Antonio Franceschini (Figuren), Enrico Haffner (Malereiverzierung) und Giuseppe Mazza (plastische Ornamente) schon nach wenigen Jahren einen Raum von seltener Erhabenheit entstehen ließen.

Bei einem Bombenangriff vom 5.Oktober 1943 wurde sie in wenigen Minuten fast vollständig zerstört.

Verschont blieb unter anderem das berühmte und oft reproduzierte Oval von Franceschini (1692), das den *Tod des hl.Joseph* darstellt und sich links vom ersten Altar befindet.

Vom zweiten Altar (rechte Tür) erreicht man die kleine Kapelle der Heiligen, wo der unverweste Körper der hl.Caterina da Bologna aufgebahrt ist. Sie ist die Begründerin des Klosters und eine ungewöhnliche Persönlichkeit, die zugleich kontemplative Askese und Leidenschaft für Musik und Malerei in sich vereinigen konnte. In der Kapelle, die den Bombenangriff fast unbeschädigt überstand, fertigten innerhalb von 25 Tagen (Juni 1687) Mazza das Stuckwerk, Franceschini und Luigi Quaini die Figuren und Haffner die Ornamente an.

Der sich anschließende Saal enthält ein kleines, interessantes Museum mit Erinnerungsstücken aus dem Kloster und solchen seiner Gründerin, die von den Bolognesern auch die *Heilige* genannt wird.

Der Hauptaltar ist von dem riesigen Gemälde der *Kommunion der Apostel* von Franceschini, der *Herrlichkeit des Ewigen Vaters* und von *Die Heiligen Franziskus und Chiara* von Mazza beherrscht. Vom selben Künstler sind ebenso alle Statuen und Reliefs der naheliegenden Kapelle der Madonna des Rosenkranzes, auf deren Seitenwänden man auch zwei schöne Gemälde von Ludovico Carracci findet: *Christi fährt in die Vorhölle* und *Himmelfahrt Mariä.*

In der folgenden, kleinen Kapelle liegt der berühmte Arzt Luigi Galvani, der Begründer der Elektrophysiologie, begraben. In der Mitte, in den Kirchenboden eingelassen, hat die Dozentin für experimentelle Physik am Istituto delle Scienze und herausragende Forscherin des 18.Jahrhunderts Laura Bassi Veratti ihre letzte Ruhestätte gefunden.

Am letzten Altar ist der *Hl.Franziskus* von Denjs Calvaert (1540-1619) zu sehen.

Verläßt man die Kirche, gelangt man durch ein Tor zu dem *alten Kreuzgang* (1461), dessen Säulen schöne Kapitelle mit Backsteinverzierungen tragen.

Die **Confraternita degli Innocenti** (Bruderschaft der Unschuldigen, Via D'Azeglio 41-43) war im 16.Jahrhundert eine Einrichtung zur Aufnahme von Findelkindern. Heute ist in einem Teil (Nr.41) das Teatro La Soffitta untergebracht.

Der **Palazzo del Collegio Montalto** (Palast des Internats Montalto), heute einfach **Collegio San Luigi** genannt (Nr.55), wurde 1586 von Pietro Fiorini geplant und später von Francesco Guerra erweitert und diente der Unterbringung von Studenten aus den Marken.

Vom Stadtzentrum kommend, stößt man direkt nach der Porta S.Mamolo auf den Komplex der Kirche und des Klosters **Ss.Annunziata**, der zum Teil militärische Strukturen aufweist.

5

2

Die Franziskaner begannen 1488 mit den Bauarbeiten für die Kirche an der Stelle, wo früher ein Kloster der Basilianer gestanden hatte. Es entstand ein dreischiffiges Gebäude im Stil der Gotik und der Renaissance mit einer Vorderfront, von welcher ein langer Säulengang gebildet wird, dessen Fresken *Mariengeschichten* (1619) darstellen. Die Apsis stammt aus dem Jahre 1620, und den schönen Glockenturm baute Battista Della Casa 1687-90 wieder auf. Der Komplex wurde in der Barockzeit völlig umgebaut und erlitt schwere Beschädigungen, als man ihn 1870 in eine Kaserne verwandelte. Diese zweckentfremdete Nutzung endete 1944 und die Kirche konnte durch großzügige Restaurierungsarbeiten wieder in ihr ursprüngliches Aussehen des späten 15.Jahrhunderts verwandelt werden. In einem Teil des Klosters, der noch zum militärischen Staatseigentum gehört, ist eine selbständige Einheit der Artillerie und das **Museum für Waffen und Munition «Pietro Comito»** untergebracht.

Das Museum ist jeweils am 4.November geöffnet; ansonsten sind Besichtigungen nach vorheriger Vereinbarung mit dem Comando del Presidio Militare (Kommando der Militärischen Garnison, Via Galliera 1, Tel. 232095 oder 237613) möglich.

Via dell'Osservanza. Sie entstand 1659-60 durch Paolo Canali, der die Straße mit vierzehn kleinen Pfeilern als Stationen eines *Kreuzweges* des 18.Jahrhunderts konzipierte, dessen Terrakottaskulpturen Gaetano Pignoni zu verdanken sind. Oben auf dem Hügel «Osservanza» erbauten Giuseppe Nadi und Giovan Battista Martinetti nach dem Willen von Antonio Aldini, dem Minister Napoleon Bonapartes, die klassizistische **Villa Aldini.** Ihr wurde das Kloster Madonna del Monte (Madonna des Berges, 12.Jh.) einverleibt, dessen romanischer Rundbau fortan als Speise- oder Musiksaal diente. Die Fassade der Villa in ionischem Stil schließt mit einem Giebelfeld ab, in dem sich ein Stuckrelief von Giacomo De Maria mit einer Darstellung des Olymp befindet. In der romanischen *Rotunde* sind interessante Fresken aus dem 12.Jahrhundert zu sehen (*Madonna* und *Apostel*). Die nahegelegene **Kirche S.Paolo in Monte** geht auf das 15.Jahrhundert zurück und wurde 1828 durch Vincenzo Vannini mit klassizistischen Formen versehen.

1. Die neoklassizistische Villa Aldini umschließt die romanische Rotunde der Madonna del Monte. 2. Die Kirche S.Paolo auf dem Monte all'Osservanza (19.Jh.). 3. Der große Komplex S.Michele in Bosco thront über der Stadt.

SAN MICHELE IN BOSCO

Auf einem Hügel, der sich in alten Zeiten Belvedere nannte, ragt der Krankenhauskomplex des Istituto Ortopedico Rizzoli hervor. Er befindet sich in dem ehemaligen Kloster der Olivetaner und ist von der Via Giulio Cesare Pupilli 2 und von der Piazza S.Michele in Bosco aus zugänglich.

Kirche San Michele in Bosco. Schon im Jahre 1114 lebte auf diesem Hügel eine kleine Gemeinschaft, von der man lediglich weiß, das alle ihrer Mitglieder bei der Pest des Jahres 1348 starben.

Infolgedessen übertrug 1364 der Legat Kardinal Androino della Rocca den Ort den Benediktinischen Olivetanern. Diese aber wurden in den folgenden hundertfünfzig Jahren tobender Kriege häufig vertrieben, da der Hügel große strategische Bedeutung für die Einnahme und Verteidigung der Stadt besaß. Sie kehrten jedoch jedesmal zurück. Es nimmt also nicht Wunder, daß die Kirche mehrfach zerstört und wieder aufgebaut wurde, bis ein endgültiger Neubau, vermutlich nach einem Plan des großen Architekten Biagio Rossetti (gest.1516) aus Ferrara, zwischen 1517 und 1523 ausgeführt wurde.

An der schönen Fassade sticht wegen seiner klassischen Linien, der raffinierten Ausführung und der Farbe des Materials das Marmorportal hervor, das Giacomo di Andrea da Formigine und Bernardino da Milano 1522 nach einem Plan des berühmten Architekten Baldassarre Peruzzi aus Siena schufen. Das Seitenportal wird dagegen Andrea da Formigine zugeschrieben.

Die Spitze des eleganten, 1520 errichteten und 1788 restaurierten Glockenturms wurde 1862 zerstört und 1890 wieder aufgebaut.

Die Kirche ist einschiffig und traditionsgemäß in den Teil für die Mönche (auf erhöhtem Bodenniveau) und den für die anderen Gläubigen aufgeteilt. Über dem Eingang befindet sich die große Orgel, ein wertvolles Instrument, das von Giovanni Battista Facchetti da Brescia 1509 gebaut wurde (die anmutigen Ornamente der Klassik wurden 1526 hinzugefügt).

Wenn man sich zur rechten Seite des Kirchenschiffes wendet, trifft man über den Seiteneingängen auf *vier von Putten gestützte Ovale*, erfrischende Jugendwerke von Carlo Cignani (1628-1719); die Kapelle *S.Francesca Romana* mit dem Bild der Heiligen von Alessandro Tiarini (1577-1668), die Freskenornamente (*Die Herrlichkeit der Heiligen und Episoden aus ihrem Leben*) von Gioachino Pizzoli (1705) und das Grabmal von Francesco Rizzoli, dem Gründer des gleichnamigen, weltberühmten Orthopädischen Instituts. In der kleinen gegenüberliegenden Kapelle findet man das Gemälde *Durchzug des hl.Carlo Borromeo* und Fresken mit anderen *Episoden* aus dessen Leben von Tiarini (1614).

Die zwei Beichtstühle demonstrieren die große Geschicklichkeit, mit der Raffaele da Brescia die Einlegearbeiten im Jahre 1521 ausführte. Er hatte auch am Chorgestühl mitgearbeitet, das aber bei einem Brand im letzten Jahrhundert zerstört wurde. Einige dieser Arbeiten befinden sich heute in der Kapelle des Allerheiligsten in der Basilika S.Petronio.

Unter dem Kirchenchor befindet sich das *Grabmal von Armaciotto de'Ramazzotti*, zwischen 1525 und 1526 von Alfonso Lombardi (Figuren) und Bernardino da Milano (Ornamente) ausgeführt. Letzterer bearbeitete auch das schöne Weihwasserbecken, das man in der Nähe findet.

Über die zentrale Treppe, die von den Statuen des *König David, des Propheten Jesaia und der Heiligen Benedikt und Mauro* (Werke von Giovanni Maria Rossi, 1662) flankiert wird, gelangt man in die Kirche der Mönche.

Der Bogen der Hauptkapelle stammt aus dem Jahre 1525 und ist ein Werk Bernardino da Milanos. Die Fresken des Bogens (*Erzengel Michael, Dämonen vertreibend*) als auch die der Kuppel und der Nischenwölbung hat Domenico Canuti (1620-1684) geschaffen.

Bemerkenswert ist auch der Tabernakel aus Marmor und Stein von Giovanni da Piacenza (1619). Das Altarbild ist eine Kopie von Federico Gnudi (1850) des Originals von Innocenzo da Imola (1494-1550), das sich in der Pinakothek befindet.

Sehr schön ist die Sakristei der Kirche (links), an deren Ende Bartolomeo Ramenghi da Bagnacavallo (1484-1542) die *Verklärung Christi* malte, indem er Rafaels berühmte Darstellung der selben Szene als Vorlage nahm. Die kleine Kapelle enthält sehr bewegte Fresken von Bruder Paolo Novello d'Arpino (1662), während die Fresken der Seitenwände von Girolamo da Capri und die der Decke von Biagio Pupini und Girolamo Borghese im Jahre 1525 ausgeführt wurden.

Dem Eingang der Sakristei gegenüber findet man zwei Türen, deren größere zu einem oktogonalen Kreuzgang und die andere zum Kloster führt.

1. Die Kirche S.Michele in Bosco (16.Jh.). 2. Das reich verzierte Kircheninnere (16.-17.Jh.). 3. Alfonso Lombardi: Grabmal von Armaciotto de'Ramazzotti. 4. Bagnacavallo: Die Verklärung Christi.

3

1

Der achteckige Kreuzgang, ein Ort voller Zauber, wurde zwischen 1602 und 1603 nach einem Plan des Architekten Pietro Fiorini errichtet und kurz danach von Ludovico Carracci und seinen Schülern (Tiarini, Reni, Cavedoni, Spada, Massari u.a.) mit den Geschichten des hl.Benedikt, der hl.Cecilia und des hl.Valeriano bemalt, einem berühmten Freskenzyklus, der heute leider sehr beschädigt ist.

Die andere Tür führt zuerst in den Chor für die nächtliche Andacht, den Innocenzo da Imola 1517 mit Fresken bemalte, dann zu den Grabtafeln der Juristen Antonio Budrio von Jacopo della Quercia (1435) und Egidio di Lobia (1319). Schließlich betritt man den breiten Flur mit den Mönchszellen, der mit 162,25 m der längste geschlossene Raum Bolognas ist und auf dessen Boden die Längen anderer Gebäude Bolognas eingraviert sind. Hier kann man auch ein erstaunliches perspektivisches Phänomen beobachten: Je weiter man sich von dem Fenster - das zumal einen phantastischen Rundblick erlaubt - entfernt, desto größer - statt kleiner - wird der im Fenster eingerahmte Turm der Asinelli.

Seit 1896 beherbergt S.Michele in Bosco das **Istituto Ortopedico Rizzoli**, das dank der großen Hinterlassenschaft des weltberühmten Chirurgen Francesco Rizzoli (1880) entstand. Im alten Refektorium der Ordensbrüder und in ihrer Bibliothek sind die Werke aus der **Schenkung des Chirurgen Vittorio Putti** (1880-1940) versammelt. Das ehemalige Refektorium, das Fresken von Schülern Vasaris und ein großes Gemälde *Jesus im Haus von Martha* (1539) vom Meister aus Arezzo selbst enthält, beherbergt die *Sammlung von Chirurgischem Besteck* aller Zeiten, von der römischen Dekadenz bis zum 20.Jahrhundert. Hier sind auch die Geräte von Cesare Tartferi, Francesco Rizzoli und Alessandro Codivilla ausgestellt. Gleichermaßen interessant sind zwei anatomische Puppen aus Elfenbein aus dem 17.und 18.Jahrhundert. Dazu befindet sich hier eine Medaillensammlung vom 16. bis zum 19.Jahrhundert und eine bemerkenswerte Porträtgalerie. Die sehr schöne *Bücherei der Mönche*, die auch jene von *Umberto I.* mit einschließt, wurde 1677-80 von Giovan Giacomo Monti errichtet und von Domenico Maria Canuti und Enrico Haffner mit Fresken bemalt. Die Bibliothek, 1920 gegründet, besitzt rund 16.000 Bände, darunter 1158 bedeutende Texte über Medizin und Chirurgie vom 14. bis 18.Jahrhundert (mit 17 Manuskripten, 66 Inkunabeln

1. Pietro Fiorini: Achteckiger Kreuzgang (1602-1603). 2. Die Uhr aus dem 18.Jahrhundert im großen Flur. 3. Kloster S.Vittore: Der Kreuzgang (15.Jh.).

und 238 Bänden aus dem 16.Jh.). Inmitten ihrer Regale findet man außerdem eine Erdkugel von Matteo Greuter und eine Armillarsphäre (1528) von Gerolamo della Volpaia.

Die Sammlungen des Rizzoli-Instituts können Montag bis Freitag von 10.30-13.30 Uhr und Samstag von 9.00-13.00 Uhr besichtigt werden; feiertags geschlossen.

DIE KIRCHE S.VITTORE

Die erste glaubwürdige Nachricht von einem Kloster auf dem Hügel S.Vittore geht auf das Jahr 1062 zurück. Von jenem Gebäude ist bis heute nicht weiteres übriggeblieben, als eine kleine Kapelle, die in die quadratische Apsis der Kirche umgewandelt wurde. Das Kirchenschiff hingegen wurde im darauffolgenden Jahrhundert errichtet und 1178 von Giovanni V., dem Bischof von Bologna, für die Regularkanoniker eingeweiht.

Nach der Napoleonischen Repression und einer verheerenden Periode des Verfalls wurde die Kirche 1830 von den Oratorianern von St.Filippo Neri gekauft, die mit der Restaurierung begannen. Diese fand 1860 ein jähes Ende, als die Kirche den Pioniertruppen des Militärs übergeben werden mußte. Die Arbeiten wurden dann aber 1892 wieder aufgenommen und das Gebäude wird auch heute noch für den Gottesdienst genutzt.

S.Vittore ist eine der wenigen alten Kirchen Bolognas, die die früher übliche Trennung zwischen dem Teil der Mönche (Chor) und dem Teil der anderen Gläubigen erhalten hat. Eine starke Wand bildet diese Chorschranke, die sich in ihrem unteren Teil nur in einer kleinen Tür öffnet und oben mit einer wunderschönen romanischen Loggia abschließt, auf deren Mitte die archaische Figur vom hl.Viktor (13.Jh.) gemalt ist.

In der Kirche der Mönche findet man noch den alten hölzernen Chor, den 1426 Pellegrino degli Anselmi aus Bologna und Pietro di Antonio aus Florenz anfertigten. Im anderen Teil der Kirche befindet sich ein Grabmal mit den sterblichen Überresten des 1421 gestorbenen Bischofs Enrico della Fretta von Bologna.

Der Altar ist eine moderne Kopie von jenem, der in der Kirche S.Giovanni in Monte zu sehen ist.

Der helle Kreuzgang wurde im 15.Jahrhundert anstelle eines noch älteren aus dem 12.Jahrhundert errichtet, von dem fast alle kleinen Marmorsäulen erhalten blieben.

Der Brunnen stammt aus dem Jahre 1560. Die Gedenktafeln im Kreuzgang beziehen sich auf historische Ereignisse des Klosterlebens sowie auf berühmte Persönlichkeiten, die hier Halt machten, Obdach fanden oder starben. Unter ihnen befindet sich auch Ugo di Porta Ravegnana, ein berühmter Glossator, der auch zu den vier Juristen zählte, die von Friedrich I. zum Reichstag von Roncaglia (1158) gerufen wurden, um über die kaiserlichen Rechte zu befinden.

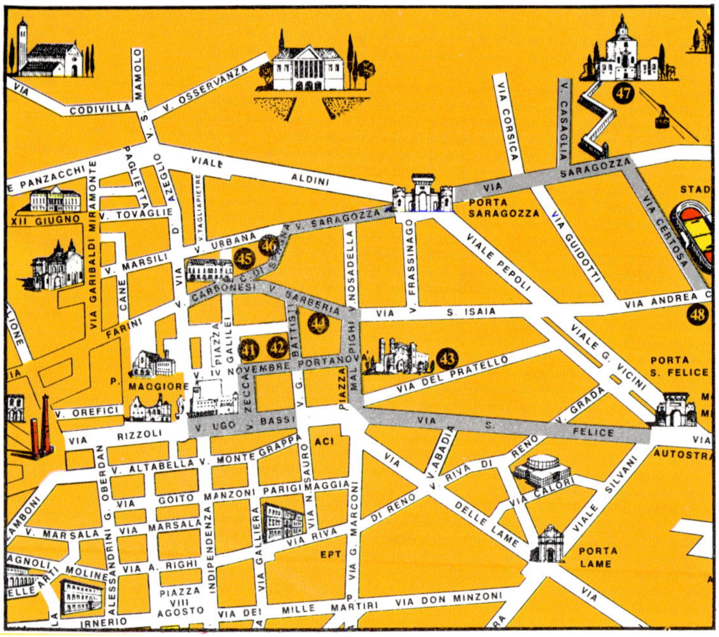

FÜNFTER WEG

(41) *Kirche S.Salvatore*
(42) *Palazzo Caprara*
(43) *Basilika S.Francesco*
(44) *Villa Spada - Museo Storico Didattico della Tappezzeria*
(45) *Basilika S.Paolo Maggiore*
(46) *Collegio di Spagna (Spanisches Internat)*
(47) *Basilika Santuario della Madonna di S.Luca*
(48) *Kirche S.Girolamo della Certosa*

Via Ugo Bassi

Die Via Ugo Bassi wurde zwischen 1920 und 1930 vollständig umgebaut, als sich herausstellte, daß eine Breite von sechs Metern, die die damalige, für Kutschen bestimmte Via dei Vetturini hatte, für den modernen Verkehr unzureichend war.

Auf dem Hof des Palazzo Pubblico, wo einst der bekannte Naturwissenschaftler Ulisse Aldrovandi den Botanische Garten, auch «Garten der Einfachen» genannt, anlegte (1568), entstand ein Gebäude, das 1886 der Handelsbörse Platz bot. An der Stirnseite, wo die sogenannte **Fontana Vecchia** (Alter Brunnen, 1565), ein Werk von Giovanni Andrea della Porta nach einem Plan von Tommaso Laureti, noch heute ihr Wasser spendet, fallen das schwere Bossenwerk, eine Aussparung des Giebelbogens, die dem Wappen diente und die Zinnenkrone ins Auge.

Der **Palazzo della Dogana** (Zollamt, Nr.1), der heute der Sitz der Banca di Roma ist, wurde von Domenico Tibaldi geplant und seine Fassade von Angelo Venturoli verändert. Die Tatsache, daß sich auch die Münze bis 1889 auf der gegenüberliegenden Straßenseite befand. Sie fiel einem neuen städtischen Bebauungsplan zum Opfer und ist Ausdruck der großen Bedeutung dieser zentral gelegenen Straße im 16.Jahrhundert; in einer Zeit, als man das städtebauliche Prinzip der Konzentration der wichtigsten öffentlichen Gebäude verfolgte, um in einem Zentrum mit politischen, religiösen und kulturellen Symbolen seine Macht zu demonstrieren.

Biegt man gleich links in die erste Querstraße ein, erreicht man in der Via IV Novembre entlang der Westseite des Palazzo Pubblico den **Palazzo Caprara** (Nr.22-24), 1732 von Alfonso Torreggiani restauriert und heute Sitz der Präfektur.

Der Hof ist ein Werk von Giuseppe Antonio Torri, dem wahrscheinlich auch die Prunktreppe mit zwei Seitenrampen zu verdanken ist. Im Repräsentationssaal werden zwölf Temperagemälde von Mirandolese über der Tür aufbewahrt, die Ruinenansichten darstellen.

Der **Palazzo Dall'Armi** (Nr.5) aus dem 17.Jahrhundert, Sitz der «Soprintendenza per i Beni Ambientali» (Kultusministerium), besitzt viele Fresken von Bologneser Künstlern des 17.und 18.Jahrhunderts, von denen die *Allegorie der Luft und des Feuers* von Guido Reni und ein von Giani verzierter Saal in Ellipsenform besonders hervorzuheben sind.

1. Die Via Ugo Bassi vom Westen aus. 2. Piazza Rousevelt: Der Palazzo Caprara (rechts). 3. Palazzo Caprara: Die Prunktreppe vom Torri.

1

2

Auf der Via Cesare Battisti, der vierten Querstraße auf der linken Seite, kann man weitere Wohngebäude des 15. Jahrhunderts und ihre Höfe entdecken: Den **Palazzo Garagnani** (Nr.7), **Pandolfi** (Nr.13), **Desideri** (Nr.22) und **Felicini** (Nr.23).

DIE KIRCHE SS. SALVATORE

Seit 1136 waren hier die Regularkanoniker von S.Maria di Reno untergebracht, eine Bruderschaft von Priestern, die sich nach Anerkennung der Regel des hl.Augustin und der Bestimmungen der Lateransynode von 1059 für ein gemeinsames Leben in christlicher Armut entschieden hatte; im Gegensatz zu anderen Orden jedoch, die die persönliche Perfektion in den Vordergrund stellten, schenkten die Regularkanoniker dem Pastoralbrief und der Nächstenliebe mehr Aufmerksamkeit.

Die kleine alte Kirche der Kanoniker, deren Geburtsstunde angeblich das Jahr 1056 war, ist Ende des 15. Jahrhunderts restauriert, dann aber von einer neuen Kirche ersetzt worden, die mit großen Ausmaßen von Vincenzo Porta nach einem Plan des Barnabiten Pater Ambrogio Mazenta und des Architekten Tommaso Martelli zwischen 1606 und 1623 errichtet wurde. Majestätisch und klassisch mutet die Längsseite der Kirche an, edel und ruhig hingegen die Fassade, vier Statuen der *Evangelisten* Raum bietend, die Giovanni Tedeschi (1615-1622) aus Backstein formte und die früher mit einer effektvollen Bronzebemalung versehen waren. An den Ecken des Giebeldreiecks thronen drei Statuen aus Kupfer des selben Jahres von Orazio Provaglia, die früher vergoldet waren.

Die Kirche ist prunkvoll eingerichtet: In der ersten

3

Kapelle links ist ein Altarbild mit den Darstellungen des *Hl.Giovannino,* des *Hl.Zaccaria,* der *Hl.Anna und anderen Heiligen* von dem ausgezeichneten Maler Benvenuto Tisi aus Ferrara, auch «Garofalo» genannt (1542); in der zweiten befindet sich das Gemälde *Die Himmelfahrt* von Carlo Bononi (1569-1632) und die Statuen an den Seiten von Giovanni Tedeschi (1622-24), dem Künstler, der zusammen mit dem Stukkateur Andrea Guerra fast alle Plastiken und Ornamente der Kirche schuf, unter anderem die elegante innere Seite der Fassadenwand.

Über dem vierten Altar findet man die großen Fi-

1

2

guren der *Heiligen Familie* von Alessandro Tiarini (1577-1668).

Die Hauptkapelle ist von dem Gemälde der *Herrlichkeit des Erlösers* beherrscht, das Giovan Francesco Gessi nach einer Zeichnung und mit Hilfe von Guido Reni (1620) schuf. Den *König David*, der sich oben zwischen drei Propheten befindet, und das Gemälde

3

Die Ungläubigen, die um das Kruzifix von Beirut streiten malte Giacomo Cavedoni (1577-1660); ein weiteres Gemälde mit der *Taufe der Ungläubigen* ist von Francesco Brizzi (1574-1623). Der Altar und das Ziborium sind Werke aus kostbarem Marmor, die Camillo Ambrosi (1725-1790) plante.

Die rechte Seite wieder am Eingang beginnend, stößt man in der ersten großen Kapelle auf ein Polyptychon von Vitale da Bologna (1353), das *Die Krönung der Jungfrau an der Krippe* und *Das Martyrium der hl.Caterina mit verschiedenen Heiligen* darstellt. Dem Polyptychon gegenüber befindet sich das Werk *Die Jungfrau im Tempel mit hl.Thomas von*

1. Die Kirche SS.Salvatore (17.Jh.). 2. Die Madonna della Vittoria (des Sieges), Lippo zugeschrieben. 3. Carlo Bononi: Himmelfahrt Christi. 4. Der Bogen der Porta Nova umrahmt die Glockentürme von S.Francesco.

Canterbury von Girolamo da Treviso (1508-1544), das sich früher in der alten Kirche über dem Altar der englischen Schüler befand (da der Heilige Student in Bologna war, ist es wahrscheinlich, daß er die Kirche zusammen mit ausländischen Studenten besuchte).

Die schöne Sakristei ist mit Gemälden von hohem künstlerischen Niveau ausgestattet. Man findet hier u.a. den *Erlöser* von Cavedoni, einen *David* von Giovan Antonio Burrini (1656-1727) und den *Hl.Johannes den Täufer* von Giuseppe Maria Crespi (1665-1747), auch «der Spanier» genannt.

Beim zweiten Altar findet man die *Madonna des Sieges* aus dem späten 14.Jahrhundert, Lippo di Dalmasio zugeschrieben, die sich früher in der Kirche des Berges (heute Villa Aldini) befand. Der darauffolgende Altar trägt das Gemälde *Die Auferstehung Christi* von Andrea Donducci (1575-1655), auch Mastelletta genannt. Die oberen Statuen stammen von Clemente Molli, jene unten von Tedeschi.

Die Fresken über den Bogen der kleineren Kapellen mit Heiligenbildern malte Cavedoni. In der Mitte des Kirchenbodens ist das Grabmal des großen Malers Giovan Francesco Barbieri (auch «Guercino»), eingelassen, der von den Kanonikern beherbergt wurde, als er von Cento nach Bologna umzog, und der hier begraben werden wollte (1666).

4

Piazza Malpighi - Via S.Felice

Auf der *Piazza Malpighi*, die früher nach der nahen Basilika St.Franziskus benannt war, ragt eine ionische Säule empor, die eine 1638 von Giovanni Tedeschi geschaffene Statue der Heiligen Jungfrau aus Kupfer trägt. Ihr gegenüber ist noch der «torresotto» (kleiner Turm) der **Porta Nova** (13.Jh.) des vorletzten Mauerrings erhalten, der als einziger Torresotto noch die Angeln der Torflügel aus Gipsspat besitzt.

BASILIKA DIE S.FRANCESCO

Bernardo di Quintavalle, einer der ersten Jünger des Franziskus, kam 1218 nach Bologna und gründete hier eine erste Gemeinschaft der Minoritenmönche an der Kirche St.Maria delle Pugliole (in der heutigen Via del Porto). Wenige Jahre später besuchte auch der Heilige Franz von Assisi die Stadt. Durch seine Predigten auf der Piazza Maggiore vermehrte sich die Glaubensgemeinschaft so rasch, daß sich die Mönche außerhalb der damaligen Stadtmauern niederließen, um ihre eigene Kirche zu errichten. Begonnen wurde mit der Apsis, die 1254 fertiggestellt wurde, während alle anderen Arbeiten an der Kirche 1263 abgeschlossen werden konnten.

Das Gebäude, weiträumig angelegt und ähnlich einer Kathedrale strukturiert, ist eine der ersten Kirchen Italiens in gotischem Stil. Sie bot schon nach kurzer Zeit den Medizin- und Kunststudenten Raum für ihre Versammlungen und diente seither als Ruhestätte vieler Lehrer der Bologneser Universität. Sehr berühmt sind die drei **Grabmale der Glossatoren** (Lehrer der berühmten Bologneser Fakultät für römisches Recht), die sich hinter der Apsis befinden (von links nach rechts): Accursio und sein Sohn Francesco, um 1250 errichtet; Odofredo, gest.1265; Rolandino dei Romanzi, 1284 von Alberto di Guidobono und Albertino di Enrico ausgeführt.

Bedeutend ist auch der Glockenturm, der zwischen 1397 und 1404 nach einem Plan von Antonio di Vincenzo, dem Architekten der Basilika S.Petronio, errichtet wurde und einen reifen gotischen Stil mit Verzierungen aufzuweisen hat. Der in der Nähe sich befindende, schlichtere Turm, der nach den Normen der Franziskaner nur für eine einzige Glocke bestimmt war, geht auf das 13.Jahrhundert zurück. Aus der selben Periode stammt auch die imposante Fassade

1

mit ihrem Satteldachprofil romanischer Herkunft, die aber mit typisch gotischen Ornamenten versehen ist, wie z.B. die Marmorreliefs mit Tiersymbolen nach venezianischem Geschmack an den Seiten des Hauptportals, die langen Lanzettfenster und die Rosenfenster, die auch das Mittelschiff kurz unter dem Dach öffnen.

Sehenswert sind auch die Keramikbecken, die den höher gelegenen Teil der Kirche schmücken und von denen viele aus dem 13. Jahrhundert stammen.

Der Kirche, die in den folgenden fünf Jahrhunderten mit zahlreichen historischen und Kunstschätzen bereichert wurde, gingen viele ihrer Reichtümer zwischen 1798 und 1886 wieder verloren, als sie nacheinander erst in ein Zoll- dann in ein Salz- und schließlich in ein Militärlager umgewandelt wurde. Dann wurde sie, nach einer langen und umfassenden Restaurierungsphase (Alfonso Rubbiani), bei den Bombenangriffen vom 24. und 25. September 1943 schwer beschädigt. Sie hat deshalb heute viel von ihrer Ursprünglichkeit verloren, bewahrt aber immer noch jene Faszination, die von der phantasiereichen Anordnung ihrer Baumassen ausgeht.

Im linken Seitenschiff befindet sich das *Grabmal von Papst Alexander I.* aus vielfarbiger Terrakotta, der 1410 in Bologna starb. Der obere Teil stammt von Nicolò Pietro Lamberti (1424), der Sockel hingegen von Sperandio da Mantova (1482).

2

1. Das Innere in gotischem Vertikalismus. 2. Die Piazza Malpighi mit der riesigen Apsis von S.Francesco, die Grabmale der Glossatoren und die Säule der Jungfrau Maria.

1

Der Hauptaltar ist zweifellos ein Meisterwerk der gotischen Bildhauerei Italiens. Zwischen 1388 und 1393 unter den Händen venezianischer Meister (den Brüdern Jacobello und Pier Paolo Dalle Masegne) entstanden, stellt er folgende Szenen dar: Auf dem Altarrelief die *Episoden aus dem Leben des hl. Franziskus*, im Zentrum *Die Krönung der Jungfrau*, darüber der *Ewige Vater und Heilige* zu dessen Seiten;

2

3

auf den Fialen die Büsten der *Propheten, Die Verkündigung,* zwei *Engel mit langen Trompeten,* die *Madonna mit Kind* (1884 von Carlo Chelli aus Carrara hinzugefügt) und schließlich das (moderne) *Kruzifix zwischen der Madonna und hl.Johannes dem Evangelisten.*

In den Kapellen der Apsis, die in den dreißiger Jahren mit Fresken bemalt wurden, befinden sich folgende Werke: Die Blumenverzierungen von Achille Casanova; die Keramiken der Bologneser Werkstatt Minghetti und, in der vierten Kapelle von links, zwei Grabmale von *Vianesio Albergati dem Alten,* ein raffiniertes Werk von Francesco di Simone Ferrucci da Fiesole (Ende des 15.Jh.), und von *Vianesio dem Jungen,* eine Nachahmung des ersteren von Lazzaro Casario (16.Jh.).

Im rechten Schiff kann man das großartige *Grabmal des Alessandro Zambeccari* von Casario (1571) bewundern, das Giacomo De Maria 1813 als Erinnerung an den Grafen Francesco Zambeccari hinzufügte, diesem unerschrockenen «Pionier der Lüfte», der ein Jahr zuvor mit seinem Ballon abgestürzt war.

Am Ende des Schiffes über einer Seitentür befindet sich das *Denkmal des 1545 verstorbenen Arztes und Philosophen Ludovico Boccadiferro,* ein Werk von Girolamo Coltellini, das wahrscheinlich nach einer Zeichnung von Giulio Romano angefertigt wurde.

Sehr eindrucksvoll ist auch der *Kreuzgang der Toten* an der südlichen Seite der Kirche aus dem 13.Jahrhundert, der im Jahre 1397 umgestaltet wurde. Man findet hier einige Grabtafeln von Lehrern der Bologneser Universität versammelt sowie verschiedene Fragmente von Ornamenten, die während der Restaurierungen hier angebracht wurden. Die nahegelegene *Kapelle Muzzarelli* wurde zwischen 1397 und 1400 nach einem Plan von Antonio di Vincenzo errichtet und bildet heute die Sakristei.

Wenn man die Kirche durch die Hintertür wieder

5

1. Basilika S.Francesco: Die Fassade (13.Jh.). 2. Tafel des Hauptaltars: Detail mit der Krönung Mariä. 3. Sperandio da Mantova und Pietro Lamberti: Grabmal von Papst Alessandro V. Filargo. 4. Die Altartafel aus Marmor von Dalle Masegne. 5. Der Kreuzgang der Toten (Ende 16.Jh.).

1

verläßt, kann man die Lünetten der Arkaden des ehemaligen Franziskanerklosters (heute Sitz des Finanzamtes) bewundern, die verschiedene Künstler im Laufe des 17.Jahrhunderts bemalt haben und die Episoden aus dem Leben des hl.Antonius von Padua darstellen. Bemerkenswert sind besonders die ersten Lünetten (von rechts nach links): *Der Heilige geht ins Kloster zur Einkleidung* von Alessandro Tiarini (1577-1668); *Einkleidung des Heiligen* vom selben Maler; *Predigt des Heiligen zu Franziskanern und Dominikanern* von Angelo Michele Colonna (1600-1687). Sehr schön ist auch die Malerei der zehnten Lünette: *Der Heilige weissagt einem Notar dessen Martyrium* von Giovan Battista Coriolano.

Die heute entweihte **Kirche Santa Maria delle Laudi** (Nr.1), die auf die Via Ugo Bassi geht, wird Domenico Tibaldi zugeschrieben. Rechts von ihr beginnt die Via S.Felice, auf der einige restaurierte Paläste aus dem 18.Jahrhundert zu sehen sind: Der **Palazzo Ariosti** (Nr.3), in dem Guido Reni geboren wurde, und der **Palazzo Roffeni** (Nr.21).

Im **Palazzo Pallavicini** (Nr.26) befinden sich die *Fresken der Geschichten von Phaeton* und der *Allegorie von Felsina* von Burrini (1690).

Die Straße endet an der **Porta S.Felice**, die 1506 wieder aufgebaut und 1805 aus Anlaß des Besuchs von Napoleon restauriert wurde. Biegt man rechts in den Innenstadtring ein, so gelangt man zur **Porta Lame**. Dieses Tor wurde von Agostino Barelli 1676 nach den ästhetischen Normen der Barockzeit errichtet. Man trifft hier auch auf zwei kraftvolle *Partisanen* aus Bronze (1952) von Luciano Minguzzi.

Gleich in der Nähe, auf dem Gelände des ehemaligen Hafens von Bologna, erhebt sich die **Salara** (1785), ein Lagerhaus, das Giuseppe Lanfranchini entworfen hat. Das Territorium außerhalb des Stadttores bis zu den Grenzen des Stadtviertels Corticella erstreckt sich entlang des **Canale Naviglio** oder **Navile** und ist einbezogen in ein stufenweises Projekt zur Rückgewinnung der alten schiffbaren Wasserader, die die Stadt seit dem 12.Jahrhundert mit Malalbergo und dem Po verband und unverzichtbar für die Wirtschaft Bolognas war. Seit der Zeit der Bentivoglio besaß der Naviglio ein System von **Schleusen**, sogenannten «**sostegni**» (Trägern) nach Mustern von Leonardo da Vinci, die Mitte des 16.Jahrhunderts von Vignola erneuert wurden. Sehr interessant ist die Besichtigung der Schleusen: **Bova, Battiferro, Torreggiani, Grassi, Landi** und **Corticella**. Das Projekt zur Wiedergewinnung historischer Industriestrukturen entlang des Naviglio und ihrer erneuten Nutzbarmachung hat bereits begonnen. So soll im Rahmen des Parks «Navile» ein «wissenschaftlich-technischer Stützpunkt» der Universität und des C.N.R. (nationales Forschungszentrum) entstehen. Zu diesem gehört u.a. - im Gebäude der alten Ziegelei Gallotti - das **Casa dell'innovazione e del patrimonio industriale** (Haus für Industriegut und Neuerungswesen), mit der Aufgabe, das Wissen um innovative Prozesse zu verbreiten, die im Laufe der Zeit die Produktionssysteme des Bologneser Raums geprägt haben. Besondere Aufmerksamkeit gilt hierbei Aktivitäten, wie der Produktion und Verarbeitung von Seide, die Ursache für die jahrhundertewährende Rivalität zwischen Bologna und Lucca.

Via Barberia

Die *Via Barberia* hat ihren ursprünglichen Namen erhalten können, obwohl Ende des 19.Jahrhunderts eine Umbenennung im Gespräch gewesen war. Alte Bologneser Chroniken beziehen den Namen auf Bruderschaften oder Vereinigungen, die entstanden waren, um christliche Sklaven aus der Gefangenschaft zu befreien. Andere behaupten hingegen, er sei zurückzuführen auf dort veranstaltete Rennen mit berberischen Pferden.

Die ursprüngliche, edle Ausgestaltung, die die Straße im 16.bis 18.Jahrhundert kennzeichnete, ist noch heute an einigen Palästen - Entwürfe berühmter Architekten - zu entdecken. Der **Palazzo Marescotti** (Nr.4), heute Sitz der PDS (Demokratische Partei der Linken), stammt aus dem 16.Jahrhundert, was man noch an den interessanten Kapitellen der Arkaden erkennen kann. Eine monumentale Prunktreppe mit zwei Rampen von Gian Giacomo Monti (1680-87) und viele weitere Treppen, die in der späten Barockzeit verziert wurden, sind im Palast zu sehen. In ihm findet man Fresken, die Episoden aus dem Leben von Marescotti darstellen: An der Salondecke die Apotheose der Familie von Giuseppe und Antonio Rolli (1686-87); die Wände mit Geschehnissen von großer gesellschaftspolitischer Bedeutung, vermischt mit mythologischen und allegorischen Geschichten, von Giuseppe Antonio Caccioli.

In der Via Gombruti (der vierten Querstraße rechts) kann man ein von Alfonso Torreggiani 1756 geplantes Gebäude bewundern, den **Palazzo Belloni** (Nr.13), ein Wohngrundstück bedeutender Größe inmitten der historischen Altstadt, das mehrere einzelne, von der Familie zu verschiedenen Zeiten erworbene Gebäude umfaßt. Der unvollendete und nicht homogen strukturierte Palast bedeutet für das private Bauwesen von Bologna ein Novum. Er erscheint als Ergebnis eines langen, durch die Zeiten verschleppten Bauprojektes, das wie ein Familienerbe vom Vater an den Sohn übergeht. In diesem Gebäude wurde auch James III. von England mit seinem Gefolge beherbergt.

Das Haus in der Via de'Gombruti 9 bildet das Herz der Bologneser Judengemeinde und wurde offiziell 1911 gegründet. Am 4.November 1928 wurde hier die von Attilio Muggia entworfene **Synagoge** eingeweiht, nachdem bereits 1829 Angelo Carpi aus Cento hier ein jüdisches *Oratorium* eingerichtet hatte. Dieser Israelitische Tempel mit seinen drei Schiffen und einer Empore wurde 1943 bei einem Bombenangriff zerstört, im Jahre 1954 von Guido Muggia aber wieder aufgebaut, unter Berücksichtigung der von seinem Vater geplanten Strukturen.

Die Fassade wird von einer Fensterrose mit dem Davidstern beherrscht und ist auf die parallel verlaufende Via Mario Finzi ausgerichtet. Eine Gedenktafel erinnert an die Deportation von 83 Bologneser Juden im Winter 1943, die nie zurückkehrten.

Der **Palazzo Salina Brazzetti** in der Via Barberia 13 ist ein imposantes und effektvolles Wohngebäude, das Carlo Francesco Dotti und Antonio Maria Monti Bendini 1720 projektierten. Die Fassade wurde ebenfalls von Dotti 1736-38 erbaut. Das Palastinnere ist mit Verzierungen von Ferdinando Bibiena, mit Fresken von Marcantonio Franceschini, Felice Cignani, Mariano Collina und anderen sowie Skulpturen von Giovanni Antonio Raimondi ausgestattet.

Der **Palazzo Dondini** (Nr.23) wurde an der Stelle errichtet, wo der ehemalige Mauerring der «torresotti» entlanglief. Die Gestaltung der Fassade des Palastes wird Alfonso Torreggiani (1753) zugeschrieben, der auch die Portale, unter denen sich ein blindes befindet, mit Rokokoverzierungen versah, während die Prunktreppe ein Werk von Gian Giacomo Dotti ist. Die Gartenterrasse, die auf die Piazza Malpighi geht, gehörte früher zu einer Reitschule, die Fiorini 1612 entworfen hatte.

1. Die Porta Lame von Agostino Barelli (1676). 2. Die Salara (18.Jh.), letzter Überrest des Porto Naviglio. 3. Via Barberia: Der Palazzo Salina Brazzetti (18.Jh.).

2

Die Via de'Carbonesi stellt seit den Ausgrabungsarbeiten von 1982 und 1985 eines der bedeutendsten archäologischen Zentren der Stadt dar. Hier wurde ein *antikes römisches Theater* entdeckt, das sich unter den Gebäuden des Häuserblocks befindet und sich bis zur Piazza de'Celestini erstreckt. Es ist vorgesehen, durch eine spezielle Form der Restaurierung dieses antike Denkmal der Öffentlichkeit zugängig zu machen.

Der **Palazzo Zambeccari** (Nr.11), der heute Sitz der Banca Popolare di Milano ist, wurde 1775 von Carlo Bianconi erbaut und besitzt ein bedeutendes Fresko von Domenico Canuti mit Ornamenten von Giacomo Alboresi, das dem Olymp gewidmet ist.

BASILIKA DIE S.PAOLO MAGGIORE

Der Bau der Kirche für die Regularkleriker von St.Pauli - auch Barnabiten genannt, nach ihrem ersten Sitz in der Kirche St.Barnabea von Mailand - wurde 1606 begonnen, und 1611 konnte man schon das Richtfest feiern. Der Architekt war einer jener Barnabiten, Pater Ambrogio Mazenta da Milano (1565-1635), der hier seine Auslegung des heiligen Raumes der Gegenreformation verwirklichen wollte: Ein weiträumiges, kostbares Gebäude mit geordneten Strukturen.

Die Fassade wurde gemäß den Vorstellungen der Familie Spada zwischen 1634 und 1636 nach einem Plan des Architekten Ercole Fichi erbaut, der auch die Statuen des *Hl.Carlo Borromeo* und des *Hl.Filippo Neri* aus Backstein in den oberen Nischen schuf. Die Statuen der unteren Nischen hingegen sind aus Marmor, stellen den *Hl.Paulus* und den *Hl.Petrus* dar und wurden von Domenico Mirandola begonnen und von Giulio Cesare Conventi vollendet.

Das Kircheninnere besitzt wundervolle Verzierungen der Gewölbe mit *Drei Episoden aus dem Leben des hl.Paulus*, die in großen phantasiereichen Rahmen von den Brüdern Giuseppe (Figurenmaler) und Antonio Rolli (Quadraturmaler) geschaffen wurden. Als Antonio im Jahre 1696 von einem Gerüst abstürzte und starb, übernahm Pier Antonio Guidi die Arbeiten.

Auch die Kapellen sind mit den in ihnen enthaltenen Reichtümern sehenswert: In der ersten Kapelle links die *Taufe Jesu* zwischen der *Geburt* und dem *Begräbnis von hl.Johannes dem Täufer*, drei Gemälden von Giacomo Cavedoni (1577-1660); in der dritten Kapelle, die 1611 als eine der ersten ausgestaltet wurde und die dem am 1.November 1610 heiliggesprochenen hl.Carlo Borromeo gewidmet ist, das tragische Gemälde *Der hl.Carlo in der Prozession der Pestkranken* und zwei Leinwandgemälde an den Seitenwänden von Lorenzo Garbieri (1588-1654).

Die Kuppel mit der *Herrlichkeit des hl.Paulus*, die Zwickel mit den Vier Erdteilen, die Gewölbe des Quer-

1

schiffes und der Apsis mit der *Bekehrung des hl.Paulus*, *Ananias tauft den Heiligen*, *Hl.Paulus zerstört die Bücher der Magie* und *Hl.Paulus im Gefängnis* wurden zwischen 1716 und 1719 von Giuseppe Antonio Caccioli und Pier Francesco Farina bemalt, denselben Malern, die auch die 1719 vom Architekten Paolo Francesco Salteri erbaute Sakristei ausgestalteten.

Im Raum vor der Sakristei findet man das Gemälde *Der hl.Alessandro Sauli* von Donato Creti (1671-1749), ein Werk von heller Einfachheit.

Der Hauptaltar wurde nach dem Willen der Kardinäle Bernardino und Virgilio Spada zwischen 1643 und 1650 errichtet. Architekt Francesco Borromini fertigte die Zeichnungen für die Altarplatte, das Tabernakel und die wunderbare Marmorperspektive. Vom Architekten Domenico Facchetti hingegen stammen die Zeichnungen für die Empore mit schönen Linien aber ein wenig schweren Proportionen, während das Medaillon im Antependium, die kleine Tür des Tabernakels, das Kruzifix (leider gestohlen) und die bedeutende Plastik der *Enthauptung des hl.Paulus* von Alessandro Algardi (1595-1654) geschaffen wurden. Das Werk wurde in Rom in Auftrag gegeben und sollte dann per Schiff nach Bologna verbracht werden, was allerdings nicht geschah, da das Schiff von Seeräubern überfallen wurde. Deshalb mußte es für die beträchtliche Summe von 33.000 Scudos losgekauft werden.

Über dem Altar des rechten Querschiffes befinden sich das Gemälde *Der hl.Gregor der Große und die Madonna, die für die Seelen im Fegefeuer fürbitten* von Giovan Francesco Barbieri, auch «Guercino» genannt, und das Gemälde der kleinen *Madonna der Vorsehung* (oder des Trostes) von Lippo Dalmasio (1352-1410).

Zu Seiten des Altars bilden folgende Gemälde einen inhaltlichen Zusammenhang: *Die schöpferische, erlö-*

sende, natürliche und übernommene Vaterschaft Christi, Werke von Giuseppe Maria Crespi (1665-1747). Sehr schön sind auch die von Angelo Michele Colonna (1600-1687) gemalten Perspektiven und die Orgel von Ottavio Negrelli (1647).

Entlang der rechten Seite findet man in der Mitte der ersten Kapelle *Die Vorstellung Christi im Tempel* (1612) von Aurelio Lomio, auch «il Pisano» genannt, und an den Seiten die *Anbetung der Könige* und *Anbetung der Hirten*, die zu den besten Werken von Giacomo Cavedoni (1577-1660) zählen, jenem Künstler, der auch die Fresken des Gewölbes malte.

Für die zweite Kapelle hat Ludovico Carracci (1555-1619) die *Unbefleckte Empfängnis Mariä* gemalt, das eines seiner meistgepriesenen Gemälde ist, allerdings als *Paradies* bekannt, da man das ursprüngliche Thema durch die langen Reihen von Heiligen und Musik spielenden Engeln, die um das göttliche Licht herum versammelt sind, nur noch erahnen kann.

Ein *Kruzifix* aus dem Jahre 1625, das Giovanni Tedeschi aus Terrakotta modellierte und Francesco Albani bemalte, sowie die schönen Gemälde *Die Agonie Jesu* und *Golgatha* von Andrea Donducci, auch «Mastelletta» (1575-1665) genannt, stellen den Reichtum dieser letzten Kapelle dar.

Auf der rechten Seite der Paulskirche nimmt die Via Collegio di Spagna ihren Anfang, die ihren Namen von dem gleichnamigen Internat erhalten hat, das Kardinal Egidio Albornoz zur Unterbringung der spanischen Studenten 1365 hat errichten lassen. Das **Collegio di Spagna** (Nr.4) ist ein Gebäude mit zwei Stockwerken, dem sein Architekt «Gattapone» (Matteo Giovannelli) einen wunderschönen Hof mit einer doppelten Loggienanordnung gegeben hat. Den Palast umgibt eine zinnengekrönte Mauer, die sich dem Besucher an dem kostbaren Eingangsportal von Formigine aus dem Jahre 1525 öffnet. Zum Gebäudekomplex gehört auch die gotische **Kirche S.Clemente** aus dem 14.Jahrhundert mit einem schönen Polyptychon von Marco Zoppo (15.Jh.).

3

Folgt man der Umfassungsmauer des Internats, erreicht man den prunkvollen Palazzo Albergati (Nr.26-28), der seit dem Mittelalter Wohnsitz der gleichnamigen Familie war. Wenn auch die Arbeiten schon 1519 nach dem Plan von Baldassarre Peruzzi begannen, wurden 1612 gerade die Verzierung der Fenster fertiggestellt. Auf einem Sockel und ohne Arkaden erhebt sich die Fassade des Palastes, bis sie auf Höhe des Hauptgeschoßes ein Gesims erreicht, das Me-

1. Die Basilika S.Paolo Maggiore (17.Jh.). 2. Collegio di Spagna: Der Hof mit der doppelten Loggia und der kleine Kampanile der Kirche S.Clemente. 3. Kirche S.Clemente: Das Innere.

2

topen und Triglyphen Platz bietet. Zur Erinnerung an römische Thermen, die sich einst in der Nähe befunden haben müssen, ließ die Familie Albergati einige Gedenktafeln im Portikus des Hofes (Nr.26) anbringen.

Von 1861 bis 1865 wurde die Via Saragossa wesentlich erweitert und begradigt. Das mittelalterliche Stadttor mit drei Bogen, das heute von zwei massiven Türmen mit Zinnenkrone flankiert wird, wurde von Enrico Brunetti Rodati 1859 erneuert.

Gleich nachdem man die Altstadt durch die **Porta Saragozza** verlassen hat, stößt man in der Via Bellinzona 6 auf die **Kirche San Giuseppe dei Cappuccini**, ein Gebäude in zurückhaltendem neoklassischen Stil, das zwischen 1841 und 1844 auf den Ruinen einer alten gotisch-romanischen Kirche nach einem Plan von Filippo Antolini errichtet wurde. Das alte Gotteshaus hingegen wurde 1273 von dem Baumeister Rolando für den Juristen Egidio Foscarari erbaut und St.Maria Magdalena gewidmet. Anfangs diente es einer Gemeinschaft von Dominikanernonnen als Domizil. Im Jahre 1566 wurden sie von den Serviten abgelöst, die der Kirche den Namen St.Joseph geben, bis 1818 die Kapuziner als endgültige Herren die Kirche übernahmen.

Die Gemälde und Reliefs der Kirche bilden eine besondere Komposition von Kunstschätzen des 19.Jahrhunderts aus der Emilia. Von besonderem Interesse sind: In der ersten Kapelle rechts die große Gruppe der *Pietà mit dem hl.Franziskus von Assisi*, eine bemalte Plastik aus Backstein von Angelo Piò (1727); in der dritten rechts die *Heilige Familie*, auch Madonna der Barmherzigkeit genannt, ein abgelöstes Fresko, das der Überlieferung zufolge von Annibale Carracci stammt; am Hauptaltar die *Hochzeit der Jungfrau* von Adeodato Malatesta. Durch einen anmutigen Kreuzgang von Giovanni Antonio Conti (1718-22), in dem man ein bedeutendes Hochrelief aus dem 13.Jahrhundert bewundern kann, das die *Hll. Petrus und Paulus* darstellt und dem «Meister des Diakons von St.Stephan» zugeschrieben wird, gelangt man in das **Museum des hl.Joseph**. Hier befindet sich eine reiche Sammlung von Werken aus Kirchen und Klöstern der Kapuziner aus der ganzen Provinz Romagna. Sie wurde 1923 von Pater Leonardo Montalti von Mercato Saraceno (1891-1942) ins Leben gerufen, von ihm selbst und Pater Umile Negri von Camugnano (1892-1956) 1928 angeordnet und schließlich zwischen 1970 und 1973 von Pater Celso Mariani (1923-1982) in Ordnung gebracht und als ständige Ausstellung nach einem Plan von Leone Pancaldi gestaltet.

Besichtigungen nur nach Anmeldung unter Tel.410545.

Unter den 93 im Museum ausgestellten Gemälden befinden sich: Die *Madonna auf dem Thron* von Pietro Lianori (15.Jh.); Kruzifix auf einer Tafel von Marco Zoppo (15.Jh.). Aus dem 16.Jh.: *Madonna mit Kind und Heiligen* von Innocenzo da Imola; *Kreuzigung und Heilige* von Prospero Fontana; *Stigmen des hl.Franziskus* von Denjs Calvaert; *Kruzifix und Heilige* von Bartolomeo Passarotti. Aus dem 17.Jh.: *Der Tod des hl.Franziskus* von Leonardino; *Der hl.Franziskus* von Bartolomeo Cesi. Aus dem 18.Jh.: *Die Herrlichkeit des hl.Johannes Nepomuk* von Giuseppe M. Crespi; *Hl.Petrus und hl.Paulus* ebenfalls von Giuseppe M. Crespi; *Der hl.Gaetano*, *Die Heilige Familie* und *Die Kreuzabnahme* von den Brüdern Gandolfi. Auch das 19.Jahrhundert ist im Museum zahlreich vertreten, wobei die Plastiken besonders zu erwähnen wären: *Madonna Sedes Sapientiae*, eine Gruppe aus Backstein von Zaccaria Zacchi da Volterra (16.Jh.); die *Pietà* aus Backstein von Camillo Mazza (17.Jh.); *Der hl.Giuseppe Benedetto Labre*, ein Werk aus Wachs, das Angelo Piò zugeschrieben wird; *Die Passion Christi*, kleine Marmorfiguren (14.Jh.); ein *Madonna* aus bemaltem Backstein von Sebastiano Sarti, auch Rodelone genannt (18.Jh.).

MUSEO STORICO DIDATTICO DELLA TAPPEZZERIA

Die **Villa Spada** in der Via di Casaglia 1-3 (Ecke Via Saragozza) ist eine prunkvolle, neoklassizistische Villa, mit deren Bau der Graf Giacomo Zambeccari um 1790 den Luganer Architekten Giovanni Martinetti (Bironico 1764 - Bologna 1830) beauftragte. Als «Palazzo di Ravone» nach einem Flußlauf der nahen Umgebung benannt, entstand der Palast im Jahre 1749. Martinetti verband das Gebäude durch einen kleinen, terrassenförmig angelegten Garten mit einem Park zu Füßen der beginnenden Hügelkette und stattete es mit Statuen des Bildhauers Giacomo de Maria aus (die einzig erhalten gebliebene ist die des **Herkules**). Im Jahre 1820 ging der gesamte Komplex an den römischen Prinzen Clemente Spada Veralli über, der 1829 auch die angrenzenden Besitzungen von S.Alò erwerben konnte. Er ließ einen Turm in mittelalterlichem Stil errichten und den gesamten Palazzo Malvezzi restaurieren, der seitdem Villa Spada genannt wird. Hier wurde in den ersten Augusttagen des Jahres 1849 der Barnabit Pater Ugo Bassi, Kaplan der aus Rom vertriebenen garibaldinischen Legion, eingekerkert und zum Tode verurteilt.

---

1. Die Porta Saragozza aus dem 14.Jahrhundert und 1859 erweitert. 2. Der Bonaccorsi-Bogen (17.Jh.): Hier beginnt der Laubengang zur Kirche S.Luca. 3. Die Kirche S.Giuseppe dei Cappuccini (19.Jh.). 4. Der Meloncello-Bogen von Dotti (18.Jh.). 5. Die Villa Spagna von Martinetti (18.Jh.), heute Sitz des Museo della Tappezzeria.

5

Nach einer langen Periode der Verwahrlosung ist die Villa Spada heute restauriert und seit 1990 Sitz des **Historisch-Didaktischen Museums für Stoffverarbeitungskunst** (Museo Storico Didattico della Tappezzeria). Dieses wurde durch den Bologneser Polsterer Cavaliere Vittorio Zironi 1966 ins Leben gerufen und war bis 1990 im Palazzo Salina Brazzetti in der Via Barberia untergebracht. Die über 6000 Stücke zählende Sammlung soll Kenntnisse vermitteln über die Geschichte der Materialien sowie deren verschiedene Bearbeitungs- und Restaurierungstechniken; sie dokumentiert älteste Traditionen der Stoffherstellung und der Handstickerei, einst blühende Handwerke in der Stadt.

Bei den Attraktionen dieser Räume handelt es sich um Brokate, Damaste, «Bandera»-Teppiche (typische Stickerei des 18.Jahrhunderts aus Piemont mit farbiger Wolle auf weißer Leinwand), Samte, «Puntefiamma», Gobelins, «Mezero»-Gewebe und viele andere kostbar und künstlerisch verarbeitete Stoffe, Handwebstühle (darunter einer für Besatzwaren aus dem 14.Jahrh. und ein hölzerner aus dem 18.Jahrh., der im 19.Jahrh. für das «Jacquard»-System umgebaut wurde), Geräte und Zubehör für Polster- und Tapezierarbeiten (Ziernägel, Besatzwaren, Rahmen, Schablonen, Bordüren, Fransen, Gestelle, Armlehnen usw); ein außergewöhnlich mannigfaltiges Material aus Europa, Afrika und Asien, das die Zeit vom Frühmittelalter bis zum Jugendstil reflektiert. Unter den Kostbarkeiten findet man: Sonette auf Seide für die Hochzeitsnacht aus dem 18.Jh.; ein **Brokatell**, das die christlichen Bilder der Moschee S.Sofia in Istanbul bedeckte; Seidenstoff (**lampasso**) aus dem 8.Jh. vom Goldaltar der Kirche St.Ambrosius in Mailand; ein **Baldachin aus der Kirche Madonna di S.Luca** aus Moirè von 1870; **50 Banner von Kunstwerkstätten**, eine Schenkung der Stadt Bologna. Zu den Ausstellungsräumen zählen: Eine herrliche Galerie mit Reliefs von de Maria; der **Saal Boschereccia** mit Gemälden eines Malers, der in der Tradition von Martinelli stand; der **Saal des Meridians**, der geräumig und mit dem schönen *Zefiro* von De Maria ausgestattet ist, dient Konferenzzwecken.

Das Museo della Tappezzeria (Tel. 425030), unter der Leitung des Archäologen Stefano Zironi, ist täglich von 9.00 - 13.00 Uhr zu besichtigen; montags und an Feiertagen unter der Woche geschlossen.

1

2

Nicht weit entfernt betritt man über eine eindrucksvolle Prunktreppe die **Villa delle Rose** (Via Saragozza 232), ein Gebäude aus dem 18.Jahrhundert mit einem Säulengang, das die Brüder Cella auf der Erhebung des Monte Franco, dem ehemaligen Familienbesitz der Familie Spannocchi, errichteten. Die Villa, nach dem Testament der Nerina de Piccoli, der Witwe des Grafen Guelfo, von Armandi Avogli übernommen, hat einen Italienischen Garten mit exotischen Pflanzen, der heute als öffentliche Grünanlage auch für Veranstaltungen genutzt wird. Guido Zucchini richtete hier die **Galleria Comunale d'Arte Moderna** (Städtische Galerie für moderne Kunst) ein, die nach dem Krieg von Francesco Arcangeli (1961) restauriert und 1975 auf die Piazza delle Costituzione verlegt wurde. Die Villa ist Teil dieser Galerie und dient als Veranstaltungsort für Kunstaustellungen sowie für künstlerische und kulturelle Treffen. In der Villa befinden sich Bronze- und Marmorstatuen aus dem 19. und 20.Jahrhundert. Von diesen sind die zwei Statuen der *schlafenden Venus* von Cincinnato Baruzzi; die *Bronzereliefs mit Faunen* von Silverio Monteguti; die großen *Bronzeakte* und die *Dämmerung* aus Marmor von Giuseppe Romagnoli sowie die *Kassandra* von Ercole Drei besonders sehenswert.

1. Museo della Tappezzeria (Museum für Stoffverarbeitungskunst): Ein Ausstellungssaal. 2. Museo della Tappezzeria: Ein Webstuhl für Besatzware (14.Jh.). 3. Die Basilika della Madonna di S.Luca von Dotti. 4. Das helle Kircheninnere. 5. Blick den Säulengang entlang, der hinauf zur Kirche S.Luca führt.

3

4

5

DIE BASILIKA SANTUARIO DELLA MADONNA DI SAN LUCA

Der Ursprung dieses großen Wallfahrtsortes auf dem «Guardia»- Hügel geht auf das Jahr 1192 zurück, als Angelica di Caicle, die sich dem religiösen Leben widmen wollte, für die Kanoniker von S.Maria di Reno Gelände kaufte, um diese für den Bau eines Klosters auf dem Hügel zu gewinnen.

So legte am 25.Mai 1194 der Bischof von Bologna Gerardo di Ghisla den Grundstein für eine Kirche, die der hl.Maria des «Guardia»- Hügels gewidmet war, und in der sich seitdem ein Bild der *Madonna mit Kind* befand, das noch heute verehrt wird.

Als im Jahre 1433 ein unaufhörlicher Regen schon die gesamte Jahresernte bedrohte, schlug der Rechtsgelehrte und Mitglied des Rates der Weisen Graziolo Accarisi vor, das Bild in einer feierlichen Prozession in die Stadt zu bringen, um so für das Ende des Regens zu bitten. Als der Zug gerade das Saragozza-Tor zur Stadt hin passierte, brach der Regen abrupt ab.

Dies steigerte die Gläubigkeit der Bürger erheblich, was wiederum dem Bischof von Bologna Nicolò Albergati und dem Senat der Stadt Anlaß war, diesen Umzug fortan jährlich wiederholen zu lassen, eine Tradition, die sich bis zum heutigen Tage erhalten hat. Dadurch gewann die Kirche so sehr an Bedeutung, daß sie erweitert werden mußte, und 1481 als Wallfahrtsort eingeweiht werden konnte.

Im Jahre 1459 wurde eine von jenem Accarisi geschriebene Legende veröffentlicht, in der dieser behauptet, in-

1

dem er sich auf die volkstümliche und allgemeingültige Bezeichnung «Bilder des hl. Lukas» für die ältesten Madonnenbilder stützt, jenes Bild stamme vom Evangelisten selbst und sei von Konstantinopel nach Bologna von einem Pilger gebracht worden.

Zur Erleichterung der Pilgerfahrten und des alljährlichen Umzugs wurde von Pater Don Lodovico Generoli eine Spendensammlung angeregt, bei der sich alle Bologneser und Bürger umliegender Gemeinden beteiligten, um jene wunderschönen Arkaden entstehen zu lassen, die uns noch heute bei einem Aufstieg zur Kirche S. Luca vom Stadttor aus mit ihren 666 Bogen, ihren rund 3,8 km Länge und einem Höhenunterschied von fast 200 m würdevoll begleiten.

Der Laubengang mit seinen einfachen und kräftigen Formen wurde vom Architekten Gian Giacomo Monti (1620-1692) entworfen und 1732 mit der Errichtung des monumentalen **Meloncello-Bogens** abgeschlossen, der ungefähr an der dreihundertsten Arkade den Schnittpunkt zwischen ebener und aufsteigender Strecke markiert und von Carlo Francesco Dotti (1678-1759) konstruiert wurde.

Die Bauarbeiten zur neuen Wallfahrtskirche begannen am 26. Juli 1723 unter Glockenläuten in der ganzen Stadt. Von der alten kleinen Kapelle blieb nur die Hauptkapelle erhalten, die bereits zwischen 1706 und 1713 mit barocken Formen ausgestaltet wurde.

Konstrukteur und Baumeister war der Architekt Dotti, dem das Gebäude als ein riesiges in sich ruhendes Bauwerk vorschwebte, das, einem großen Reliquienschrein gleich und umgeben vom Grün des Hügels, dessen Gipfel krönt. Von ferne schon entbietet die Stadt jedem Reisenden mit diesem Wahrzeichen, das sich thronend in jede Stadtsilhouette drängt, ihr Willkommen und läßt jeden heimkehrenden Bologneser ein Symbol heimatlicher Vertrautheit erblicken.

Zu Seiten des Kircheneingangs stellen zwei Marmorstatuen von Bernardino Cametti (1716) den hl. Lukas und den hl. Markus dar. In der Kirche findet man beim zweiten Altar links das monumentale Gemälde der *Madonna mit Kind in Herrlichkeit und die Schutzheiligen von Bologna* von Donato Creti (1671-1749). Die Szenerie der Hauptkapelle, die reich an Marmor- und Bronzeverzierungen ist und dessen Gewölbe Vittorio Bigari (1692-1776) mit aufeinanderfolgenden Szenen bemalte, wird von dem Marmoraltar dominiert, den Angelo Venturoli 1815 entworfen hatte.

Weiter oben in einer Nische mit Barockverzierungen steht das alte, verehrte Bild der *Madonna mit Kind*, das seit dem 12. Jahrhundert eine große Zahl von Gläubigen anlockt.

Das auf eine hölzerne Tafel gemalte Bild, das mit Ornamenten aus einem kleisterähnlichen Material verziert ist, zeigt eine «Hodegetria», ein Madonnenbild altbyzantinischen Typs, das der christlichen Überlieferung des 6. Jahrhunderts zufolge eine Kopie des vom Evangelisten Lukas gemalten Originals ist. Das in Bologna aufbewahrte Bild stammt allerdings aus dem 12. Jahrhundert und ist in Italien unter dem Einfluß der sogenannten «Ikonen der Kreuzritter» entstanden, jener Art Malerei, die nach den Kreuzzügen üblich wurde.

Wenn man das Gitter, das Pietro Fontana 1767 nach einer Zeichnung von Pietro Loraschi ausgeführt hat, noch einmal durchschreitet, findet man über dem ersten Altar links das Gemälde *Die Madonna mit Kind, der hl. Dominikus und die Mysterien des Rosenkranzes*, ein Jugendwerk von Guido Reni (1575-1642), der der Madonna von S. Luca seine Ergebenheit bezeugte, indem er einmal in der Woche zu Fuß den Hügel zu ihr hinaufstieg.

1. Das Bild der Madonna von S. Luca mit seiner kostbaren Umrahmung. 2. Die Kirche S. Girolamo della Certosa (14. Jh.). 3. Der hl. Petronius, eine Einlegearbeit von Biagio de'Marchi.

Der nächste Altar zeigt ein weiteres großes Gemälde von Donato Creti, das die *Krönung der Jungfrau* in Reihen von Engeln und Heiligen darstellt. Beim selben Altar findet man in einer kleinen Kapelle links die Plastik der *Kreuzabnahme* aus mehrfarbigem Backstein von Gaetano Gandolfi (Ende 18.Jh.).

Die *Madonna des Friedens* in der Kuppel wurde von Giuseppe Cassioli in den Jahren 1922-1932 gemalt.

LA CERTOSA

Kirche S.Girolamo della Certosa (Via Certosa 18). Der berühmte Jurist Giovanni d'Andrea, auch als «Arcidottore» bekannt und ein Freund von Cino da Pistoia und von Petrarca, schenkte 1333 den Kartäusermönchen einige Grundstücke in der Vorstadt, sodaß diese sich in Bologna niederlassen und ein Kloster errichten konnten. Der erste Stein wurde am 17.April des folgenden Jahres gesetzt, jedoch erst ab 1339 schritten die Arbeiten zügiger voran, als der Architekt und Kartäuser Pater Galgano di Vanni Baroccio vom Kloster Maggiano in Siena als Baumeister nach Bologna kam.

Pater Galgano erbaute sowohl die ältesten Kreuzgänge, als auch die Kirche, deren Form bis heute unverändert geblieben ist.

Sie besteht aus einem einzigen Schiff, mit einem ungewöhnlichen Grundriß in Form eines umgekehrten T. Die Kirche wurde am 2.Juni 1359 eingeweiht.

Erst im Jahre 1588 wurde der riesige Kreuzgang hinter der Apsis hinzugefügt, der früher zu den Klausurzellen der Mönche führte. Anfang des folgenden Jahrhunderts errichtete der Architekt Tommaso Martelli neben dem Campanile aus dem 14.Jahrhundert einen

3

eindrucksvollen Glockenturm, der mit seiner Größe und Ausgewogenheit eine Besonderheit in der Stadt darstellt.

Das Kircheninnere ist noch immer durch ein massives Gitter zweigeteilt. Im vorderen Teil, der für die Gläubigen bestimmt war, öffnet sich die Kirche zu zwei Seitenkapellen, deren eine dem *hl.Girolamo* (das Altarbild mit der *Kommunion des Heiligen* ist eine Kopie von Clemente Albri vom Original Agostino Carraccis) und die andere dem *hl.Bruno* gewidmet ist, dem Gründer des Kartäuserordens (das Altarbild dieser Kapelle ist von Bartolomeo Cesi). Im anderen Teil der Kirche, der den Mönchen vorbehalten war, befindet sich der *hölzerne Chor*, reich an Schnitzereien und Einlegearbeiten von erlesener Eleganz. Die Stühle nahe der Chorschranke wurden 1539 von Biagio de'Marchi ausgeführt, während die letzten sechs Stühle jeder Reihe von Giovan Battista Natali und Antonio Levanti 1611 hinzugefügt wurden. Interessant sind auch das Katheder und das Lesepult, ebenfalls von de'Marchi.

Die Gemälde der Hauptkapelle, das *Gebet Jesu im Garten*, die *Kreuzigung* und die *Kreuzabnahme* stammen von Bartolomeo Cesi (1616).

Die großen Gemälde, die man an den Seitenwänden in einiger Höhe betrachten kann, wurden um die Mitte des 17.Jahrhunderts von verschiedenen Malern ausgeführt. Vom Eingang links beginnend werden folgende Szenen der Reihenfolge nach dargestellt: *Die Taufe Jesu* (Elisabetta Sirani); *Das Abendmahl bei einem Pharisäer* (Giovanni Andrea Sirani); *Der wundersame Fischfang des hl.Petrus* (Francesco Gessi); *Der Auferstandene erscheint Maria* (Lorenzo Pasinelli); *Jesus triumphaler Einzug in Jerusalem* (Pasinelli); *Vertreibung aus dem Tempel* (Gessi); *Das Jüngste Gericht* (Domenico Canuti) und die *Himmelfahrt* (Giovanni Maria Galli da Bibiena).

Rechts der Kirche befindet sich der eindrucksvolle kleine *Kreuzgang der Madonnen*, in dem viele Marienbilder aufbewahrt werden, die aus jenen Kirchen stammen, die während der Napoleonischen Repression im Jahre 1797 zerstört worden waren. Das Kloster wurde 1801 in einen Gemeindefriedhof umgewandelt. Noch heute wird er entsprechend genutzt und hat im Laufe der Jahre Skulpturen und andere Kunstwerke bedeutender Künstler des 19. und 20.Jahrhunderts versammeln können.

Hier findet man auch die Ruhestätten so berühmter Persönlichkeiten wie Marco Minghetti (Politiker), Gaetano und Mauro Gandolfi (Maler), Giorgio Morandi (Büste von Giacomo Manz), Ottorino Respighi (Komponist), Riccardo Bacchelli (Schriftsteller) sowie vieler Gelehrter der Universität, unter denen Giosuè Carducci der bekannteste ist. Im Jahre 1827 wurde der kleine malerische, dreiseitig mit Arkaden umfaßte **Evangelische Friedhof** an den katholischen Friedhof angeschlossen. In den selben Jahren entstand der **Jüdische Friedhof** in der Nähe.

1. Der kleine Kreuzgang der Madonnen (15.Jh.). 2. Via Galliera: Der Palazzo Bonasoni.

SECHSTER WEG

(49) *Basilika S.Maria Maggiore*
(50) *Kirche S.Giorgio in Poggiale*
(51) *Kirche Ss.Gregorio e Siro*
(52) *Kathedrale S.Pietro*
(53) *Palazzo Ghisilardi-Fava - Museo Civico Medievale e del Rinascimento*
(54) *Garten «Montagnola»*
(55) *Städtische Gemäldegalerie für Moderne Kunst*
(56) *Istituto Tecnico Aldini Valeriani - Museo Laboratorio Macchine Scuola Industria (Werkstattmuseum für Maschinen, Schule und Industrie)*

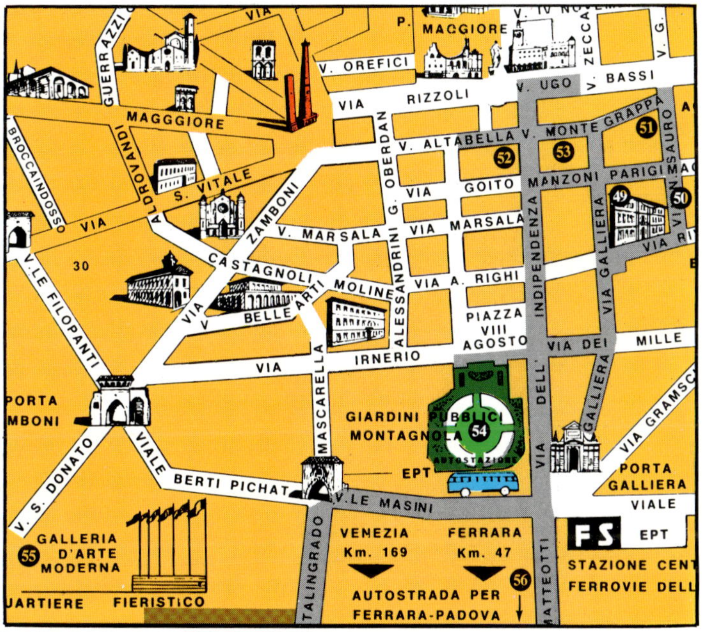

Via Galliera

Nach Meinung der Forscher war die Via Galliera die erste Hauptstraße der römischen Stadt mit nordsüdlicher Ausrichtung (*cardus*), die jene in Richtung Ost-West (*decumanus*, heute Via Ugo Bassi und Via Rizzoli) kreuzte, und mit Hilfe derer die Römer die ganze Stadt unterteilten. Begibt man sich in dieser Straße, die heute abseits der großen Verkehrsadern gelegen ist, auf historische Spurensuche, kann man auf Zeugnisse der Geschichte vieler senatorischer Familien stoßen. Aristokratie und Prunk erweisen sich als die Leitmotive ihrer historischen Gebäude.

Die Arkade des **Palazzo Torfanini** (Nr.4) stammt aus der Mitte des 16.Jahrhunderts, während der obere Gebäudeteil im 18.Jahrhundert ergänzt wurde. Der Architekt Alfonso Torreggiani erhielt 1732 vom Herzog von Modena, der den Palast käuflich erworben hatte, den Auftrag, diesen zu restaurieren, was er mit großem Respekt für die historische Bausubstanz realisierte: Er bewahrte die kunstvollen Kapitelle von 1544 und schuf im Hauptgeschoß eine Fensterreihe, die mit ihren eleganten Rahmen der Fassade eine maßvolle Struktur verleiht, ohne jedoch die unterschiedlichen Baustile in den Vordergrund zu drängen.

Der **Palazzo Dal Monte** (Nr.3-5) ist ein Gebäude aus dem 15.Jahrhundert, das Formigine zugeschrieben wird. Obwohl es sich mit dem typischen Bogengang ins gewohnte Bild von Bologna einpaßt, setzt sich das Gebäude doch durch die erhöhte Basis des Erdgeschosses und die Feinheiten der Architektur, wie z.B. den fünf Arkaden, deren Pfeiler durch korinthische Halbsäulen ergänzt sind, vom üblichen Straßenbild ab. Die vorspringenden Gurtgesimse und die Fenstergiebel mit den rahmengebenden korinthischen Halbsäulen harmonisieren die bewegten und die ruhigen Flächen der Fassade in perfekter Wechselwirkung mit den darunterliegenden Bogen. Das Innere präsentiert an den Umfassungswänden einer achteckigen Prunktreppe ein

2

1

Fresko aus dem 18. Jahrhundert von Gaetano Gandolfi, das die *Entführung der Deianira* darstellt. In den Sälen befinden sich Gemälde von Serafino Barozzi, die u.a. Allegorien der *Vier Jahreszeiten* und der *Neun Musen* darstellen.

Am **Dalle Tuate-Haus** (Nr.6) erblickt man sofort zwei plastische Porträts, von denen das eine am Eckpfeiler der Via San Giorgio ein Porträt von Giovanni II. Bentivoglio ist, das andere jedoch auf einem Kapitell eine unbekannte Person zeigt.

2

3

Die Identifizierung mit Giovanni II. wird auch durch eine Marmorinschrift bestätigt: «DIV.IO.B.II.P.P.». Nach einer glaubwürdigen Quelle stammt das hier wiederbenutzte Kapitell vom ehemaligen, zerstörten Wohnsitz der Familie Bentivoglio, der sich an der Stelle befand, wo heute das Teatro Comunale seinen Platz hat.

Der **Palazzo Aldrovandi**, heute Palazzo Montanari (Nr.8), ist ein imposantes Barockgebäude mit einer Fassade aus Ziegeln und istranischem Stein, mit deren Bau 1725 begonnen wurde. Die Zeichnung dafür fertigte Alfonso Torreggiani an, der mit den phantasievoll verzierten Eisengittern zum Schutz der Fenster des Erdgeschosses eine elegante Verknüpfung von Funktionalität und Ästhetik schuf. Angelini baute die *Prunktreppe* des Gebäudes, das in der *Galerie* (heute Stadtbibliothek) Fresken von Vittorio Bigari und Stefano Orlandi beherbergt, die den *Ruhm der Familie Aldrovandi* zeigen.

Die **Basilika S.Maria Maggiore** (Nr.10) ist eine romanische Kirche, die 1187 eingeweiht und 1665 von Paolo Canali restauriert wurde. In ihr befinden sich u.a. eine schöne Altartafel von Orazio Samacchini (*Madonna mit Kind und Heiligen*) und zwei mehrfarbige Backsteinstatuen von Giovanni Zacchi.

---

1. Der Palazzo Tanari (16.Jh.). 2. Der Palazzo Aldrovandi Montanari (18.Jh.). 3. Die Basilika S.Maria Maggiore (12.-17.Jh.). 4. Die Porta Galliera (17.Jh.) und die Überreste der alten Burg.

Die Rettung einiger Gebäude vom Ende des 15.Jahrhunderts, wie dem **Cervi-Haus** (Nr.13), dem **Argelati-Haus** (Nr.15) und dem **Palazzo Felicini** (Nr.14), ist dem Komitee für das historische und künstlerische Bologna zu verdanken.

Ausdruck des Respekts, den die Renaissance der Historie entgegenbrachte, sind die Arkaden, deren Kapitelle ihren Baumeistern die Gelegenheit boten, ihrer Phantasie in Vielfalt und Form freien Lauf zu lassen.

Wertvolle Terrakottaornamente aus dem 15.Jahrhundert kann man auch im **De'Buoi-Haus** bewundern, wo einige Drachen die Bogenrücken zieren und Amoretten sich in den Rebenblattvoluten des Gesimses tummeln. Solche Ornamente aus Terrakotta wurden in Bologna nicht nur für die eigenen Gebäude gefertigt, sondern fanden ihre Besitzer auch weit außerhalb der Stadtgrenzen.

Im Säulengang des **Palazzo Tanari** (Nr.18) befindet sich eine Figurengruppe von Giacomo De Maria (Ende des 18.Jh.), eine *Heilige Familie*, liebevoll aufgestellt zur Andacht für Fußgänger. Im Tanari-Palast findet man wertvolle Malereien von Fancelli, Pedrini und Martinelli. Hier übernachtete auch die Königin von Schweden Christine, die nach ihrem Übertritt zum Katholizismus in Italien lebte und sich hier mit Schriftstellern und Künstlern umgab.

Der **Palazzo Bonasoni** (Nr.21) ruht auf einem siebenbogigen Laubengang, dessen Arkaden von Säulen gestützt sind, die in der Mitte des Säulenhalses eine Art Kragen besitzen. Die Kompositkapitelle spiegeln mit ihren Delphinen, Palmen, Girlanden und Putten die ganze Themenvielfalt der Ornamentik des 16.Jahrhunderts wider. Ähnlich reich verziert sind die Fenstersimse, welche die Leichtigkeit einer Draperie nachahmen.

Der **Palazzo Merendoni** (Nr.26) ist 1775 von Raimondo Compagnini wieder aufgebaut worden. Er besitzt eine Prunktreppe, die Skulpturen und Stuckwerk von Domenico Piò trägt und mit einem Fresko von Gaetano Gandolfi bemalt ist.

Der **Palazzo Savioli** (Nr.40) trägt auch die Handschrift des Baumeisters Compagnini und gehörte dem Bologneser Dichter und Historiker Ludovico Savioli (1729-1804), dem Autor der Gedichtbändchen «Die Lieben» und «Bologneser Annalen».

Die Via Galliera, einst Mittelpunkt des gesellschaftlichen Lebens der Stadt, endet am gleichnamigen **Tor**, das Bartolomeo Provaglia 1661 errichtete, da das ursprüngliche Tor aus dem 13.Jahrhundert vom Einsturz bedroht war. Das Galliera-Tor demonstriert mit seinen gewaltigen Ausmaßen eine lokale Variation der barocken Baukunst: Das glatte Bossenwerk des Sockels steht im Widerspiel mit dem Vertikalismus der doppelten Lisenen, der Halbsäulen und des tempelartigen Aufsatzes in der Mitte des Gebäudes.

Die neben dem Tor gelegenen Ruinen sind Überreste des Kastells Galliera, das die päpstlichen Machthaber errichten ließen, um die Stadt mit militärischen Mitteln besser kontrollieren zu können. Die Festung wurde fünfmal aufgebaut und ebensooft vom wütenden Volk wieder gestürmt und niedergerissen. Die letzte Zerstörung geht auf das Jahr 1511 zurück, während des Pontifikats von Julius II. Dies mutet erstaunlich an, wenn man bedenkt, daß das Kastell mit acht Wachtürmen und Bollwerk umgeben war, deren Breite zwölf Ellen betrug.

In der Via Nazario Sauro 20 steht heute die entweihte **Kirche San Giorgio in Poggiale**. Ihr Vorhandensein ist seit dem 13.Jahrhundert nachweisbar, aber es ist gut

4

möglich, daß es sich um eine langobardische Gründung handelt. Die Ergänzung «in Poggiale» weist auf eine heute nicht mehr vorhandene Erhebung (poggio = Anhöhe) hin. Die Kirche wurde zwischen 1589 und 1633 nach einem Plan von Tommaso Martelli wieder aufgebaut. Das schöne Fenster verleiht dem Gebäude einen eigentümlichen Charakter. Von den Bombenangriffen des 25. September 1943 stark getroffen, blieb die Kirche lange Zeit verlassen und verfiel. Dann wurde das Gebäude von der Sparkasse Bologna gekauft und von 1974-78 restauriert.

Das ehemalige Gotteshaus ist heute Hauptsitz der **Kunst- und Historiensammlung** der Sparkasse, die im Laufe der Jahrzehnte beträchtlichen Umfang angenommen hat und sowohl als Ausstellung besichtigt als auch für Studienzwecke genutzt werden kann. Die Sammlung gliedert sich in: Die *Münzkundliche Abteilung* mit über 2500 Medaillen und 1600 Münzen der Münzprägestellen von Bologna (1191-1861) und Antignate sowie 150 Plaketten, Abzeichen, Karten, Gewichte und Maße; die Gemäldeabteilung mit ungefähr 400 Werken von hohem künstlerischen Niveau (z.B. die *Heilige Jungfrau* von Francesco Francia; *Madonna mit Kind und Heiligen* von Biagio Pupini; *Streit der Paladine* von Giovannino da Capugnano (16.Jh.); *Kreuztragung Jesu* von Bartolomeo Cesi; *Der Tod des Heiligen Bernardo Tolomei* von Domenico M. Canuti; *Szene einer Schlacht* und zwei *Jagdszenen* von Giuseppe M. Crespi; *Moses, aus dem Wasser gerettet* von Donato Creti; *Ein blinder Bettler* von Gaetano Gandolfi; *Porträt eines Malers* von Telemaco Signorini; *Der Wald* von Luigi Bertelli; *Selbstporträt* von Flavio Bertelli); die *Abteilung der Zeichnungen* mit ungefähr 2200 Werken vom 16.Jh. bis heute von den Carracis, von Rainaldi, Mitelli, Creti, Crespi, Gandolfi, Bigari, Panfili, Jarmorini, Giani, Calvi, Basoli, Serra, Fantuzzi, Savini u.a.; die *Abteilung der Stiche* mit über 7200 Arbeiten von Blaeu, Mattioli, Mitelli, Francesco M.Francia, Panfili, Raimondi, Canuti, Serra, Romagnoli, Morandi usw.; die *Abteilung der Fotografien* mit ca. 20.000 Bildern aus verschiedenen Sammlungen (von Romagnoli, Poppi, Zagnoli, Piazzi, Fantini). Die Sammlung umfaßt außerdem mehr als 200 Aquarellgemälde, 425 alte und moderne Lithographien, 20 Keramiken, 17.000 Manuskripte und Veröffentlichungen sowie Tausende von Postkarten.

1

2

Für die Besichtigung bitte die Leitung der Sammlung anrufen: Tel.230727 (Eingang von der Via G.B.Morgagni 3).

Kirche der Hll. Gregorius und Siro (Via Monte Grappa 13) wurde von dem Architekten Andrea da Valle aus Istrien geplant, und die Baumeister Tibaldo

1. Kirche S.Giorgio in Poggiale: Die Fassade (16.-17.Jh.). 2. Kirche der Hll. Gregorio und Siro: Die Fassade (1780). 3. Die Via dell' Indipendenza, von Süden aus gesehen.

Tibaldi und Giovanni Antonio da Milano begannen am 5.März 1532 mit den Bauarbeiten für diese Kirche, die die venezianische Kongregation des hl. Georg in Alga 1579 einweihte.

Das Gotteshaus ist einschiffig konstruiert und besitzt zu beiden Seiten symmetrisch angeordnete Kapellen. Es ist ein typisches Bauwerk der Gegenreformation, da es dem Gläubigen erlaubt, von jedem Punkt des Kirchenraumes aus die Zelebration zu verfolgen.

Im Jahre 1676 wurde die Kirche den Regularklerikern des Ordens der «Ministri degli Infermi» (Diener der Kranken) übertragen, die nach ihrem Gründer dem hl.Camillo de'Lellis auch «Camilliani» genannt wurden. Nach einem Erdbeben ließen die Mönche das Gewölbe und die Fassade 1780 nach einem Plan von Angelo Venturoli wieder aufbauen.

Das Wappen, das noch heute die Fassade schmückt, stammt von der Adelsfamilie Ghisilieri, die hier bis 1445 wohnte. Der Glockenturm ist durch einen Umbau im 16.Jahrhundert aus einem älteren Turm der Familie (14.Jh.) entstanden.

An den Altären der Kirche befinden sich zahlreiche bedeutende Gemälde: Das Leinwandgemälde von Ludovico Carracci (1555-1619), das den Triumph des *hl.Georg* über den Drachen auf Erden und den des *Erzengels Michael* über die Dämonen im Himmel zeigt; die *Taufe Jesu*, ein Jugendwerk in freundlichen Farbtönen des 25jährigen Annibale Carracci (1585); *Gregor der Große, der einen Häretiker bekehrt* am Hauptaltar von Denjs Calvaert (1581); *Die Himmelfahrt der Jungfrau* von Camillo Procaccini (1582); *Die Hll.Andrea, Lorenzo Giustiniani und der Abt Antonius vor Maria kniend*, ein schlichtes Werk von Lucio Massari (1569-1632) und schließlich *Die Herrlichkeit des hl.Camillo de'Lellis* von dem Veneter Giovan Battista Pittoni (1746).

Besonders interessant sind die Ornamente der Antependien in den Seitenkapellen und die des Hauptaltars, alle fein in Felsgestein gearbeitet und zum Teil bemalt oder vergoldet. Sie werden Andrea da Formigine zugeschrieben und stammen aus der zweiten Hälfte des 16.Jahrhunderts.

In der Kirche wurde 1694 der Anatomist Marcello Malpighi beigesetzt, der der Stolz der Bologneser Medizinerschule des 17.Jahrhundert gewesen war.

In der Via N.Sauro, der vierten rechten Querstraße, die von der Via Ugo Bassi abgeht, trifft man auf den **Palazzo Lambertini** (Nr.18) aus der zweiten Hälfte des 16.Jahrhunderts - heute Gymnasium «Marcello Malpighi» - in dem sich bis 1871 die Mitglieder der Freimaurerloge «Felsina» trafen, zu der auch der Dichter Giosuè Carducci gehörte. Geht man die Straße weiter und biegt an der Kreuzung mit der Via Riva di Reno rechts ab, gelangt man zum **Palazzo Gnudi**, den Francesco Tadolini 1796 entworfen hatte. Hier findet man eine Treppe aus dem 18.Jahrhundert, einen Salon mit wunderbaren Stuckverzierungen im Empirestil und einen Saal, wo sich die Darstellung *Das Opfer der Iphigenie* von Gaetano Gandolfi befindet.

Via dell'Indipendenza

Die Via dell'Indipendenza wurde geschaffen, um den Bahnhof, der anschließend gebaut werden sollte, mit dem Stadtzentrum zu verbinden In der zweiten Hälfte des 19.Jahrhunderts wuchs die Bedeutung der Straße nach Erweiterungsarbeiten zwischen 1885 und 1888 derart an, daß sie die aristokratische und moderne Via Galliera aus ihrer Schlüsselstellung für den städtischen Verkehr verdrängte.

Sie beginnt gegenüber dem Platz des Neptun an der Kreuzung mit der Via Rizzoli. In der ersten Teilstrecke, die früher «Blumenmeile» genannt wurde, stößt man auf die **Scappi-Häuser**, von denen eines (Nr.3) mit einem mittelalterlichen Turm ausgestattet ist, der sich auf einem Absatz zu einem schönen, einzelnen Fenster öffnet, das von einem Bogenpaar umrahmt wird. Ein Beispiel der Architektur des Jugendstils findet man trotz moderner Ergänzung in der **Palazzina Majani** (Nr.4), einem Bauwerk von Augusto Sezanne (1908).

3

CATTEDRALE DI S. PIETRO

Historischen Quellen ist zu entnehmen, daß Bologna vor dem 8.Jahrhundert keine eigentliche Kathedrale besaß und der Bischof von Pfarre zu Pfarre wechselte, ohne einen festen Sitz zu haben. Dieser entstand angeblich zwischen dem 8. und 9.Jahrhundert in der Kirche des hl.Petrus, die dann 1131 durch einen Brand zerstört wurde.

Jahrzehnte später ließ der Bischof Giovanni V. die Kirche mit romanisch-gotischen Formen wiedererstehen. So konnte sie am 8.Juli 1184 von Papst Lucio III. wiederum dem hl.Petrus geweiht werden, der als erster Schutzheiliger von Bologna geehrt wurde und so fand sein Porträt den Weg auf einige der ältesten in der Stadt geprägten Münzen.

Hier richtete die Universität von Bologna ihre feierlichen Zeremonien zur Verleihung des Doktortitels aus, was früher ein Privileg des Archidiakons der Kathedrale war.

Der Erzbischof Kardinal Gabriele Paleotti ließ die Hauptkapelle durch den Architekten Domenico Tibaldi wieder aufbauen, während sein Nachfolger Monsignore Alfonso Paleotti nach langem Zögern 1605 den Neubau der einsturzgefährdeten Kirchenschiffe bewilligte, der nach einem Plan des Barnabiten Ambrogio Mazenta da Milano, der wesentliche Erweiterungen vorsah, ausgeführt wurde.

1

Im Jahre 1610 beauftragte der neue Erzbischof Kardinal Scipione Borghese, der Neffe von Paul V., die Architekten Carlo Maderno und Flaminio Ponzio aus Rom, einen neuen Plan zu entwerfen, was aber den Interessen des Baumeisters der Kirchenbaufabrik entgegenstand.

In dieser umstrittenen Situation nahm man das Vermittlungsangebot des Architekten Nicolò Donati an, der nach vollkommener Öffnung des Vierungsturmes der Hauptkapelle ein riesiges Gewölbe schuf, das damals größte (mit 60 m Umfang) Europas. Die Konstruktion wurde von Lodovico Amatori fortgeführt, blieb aber noch mehr als ein Jahrhundert ohne Fassade, die erst zwischen 1743 und 1755 zusammen mit zwei Seitenkapellen und der Stirnseite nach dem Willen des Erzbischofs Kardinal Prospero Lambertini,

1. Kathedrale S.Pietro: Die Fassade (18.Jh.). 2. Der monumentale romanische Glockenturm (13.Jh.). 3. Das weitläufige Innere im Barockstil. 4. Ein einst säulentragender Löwe aus Marmor (13.Jh.).

der später Papst Benedikt XIV. werden sollte, von Alfonso Torreggiani hinzugefügt wurde. Die innere Ausgestaltung des Gewölbes übernahm der Architekt Giovanni Battista Natali.

Von besonderem Interesse ist der riesige Glockenturm, den Meister Alberto (der Baumeister des Arengo-Turms) in der zweiten Hälfte des 13.Jahrhunderts errichtet hatte, indem er den runden Kampanile der älteren Kathedrale des 9.Jahrhunderts lediglich umbaute und ihn um drei Stockwerke erhöhte. Diese konzentrische Verbindung der beiden Glockentürme gab dem ganzen Bauwerk eine Stabilität, die im 18.Jahrhundert ein Läuten der Glocken «auf Bologneser Art» entstehen ließ, d.h. man brachte die Glocken mit Hilfe großer Hanfseile so stark in Bewegung, daß sie rhythmisch ganze Umdrehungen vollführten.

Das Innere beeindruckt durch seine Weite. An der Tür werden *zwei Weihwasserbecken* (anstelle früherer Säulen) von Löwen aus rotem Veroneser Marmor getragen, von denen die berühmte Seitenpforte der romanisch-gotischen Basilika, die Meister Ventura zwischen 1220 und 1223 schuf, ihren Namen erhalten hat.

Andere Überreste der Tür befinden sich in der ersten Kapelle links zusammen mit dem großen *Taufbecken* aus dem 18.Jahrhundert von Ferdinando Saint Urbain aus Lothringen.

In der dritten Kapelle, die der Erzbischof Lambertini von seiner Berufung zum Pontifikat errichten ließ, kann man das schöne Gemälde von Donato Creti (1671-1749) bewundern, das die *Herrlichkeit des hl. Ignazius vor Maria mit dem Kind* darstellt.

4 

Die Hauptkapelle (Architekt Domenico Tibaldi, 1575) weist folgende Werke auf: Im Gewölbe die *Herrlichkeit des Ewigen Vaters mit Engeln*, ein Fresko von Prospero Fontana (1584), das Alessandro Tiarini 1616 im Bogen zum Schiff hin thematisch fortsetzte; in der großen Lünette die *Verkündigung*, das letzte Werk von Ludovico Carracci (1618-19); in der Nischenwölbung das Fresko *Der hl. Petrus, der von Christus den Schlüssel bekommt* von Giovan Battista Florini und Cesare Aretusi (Figuren).

2

In der breit angelegten Krypta befinden sich die *Kreuzigung*, eine hölzerne, sehr wertvolle Figurengruppe, die noch aus der älteren Kathedrale stammt, deren Überreste heute im *Bereich archäologischer Grabungen* unter der Kirche zu sehen sind. Der Zugang erfolgt durch die Krypta.

Geht man in die Kirche zurück, findet man an der Seitentür ein Weihwasserbecken, das aus Resten der Löwentür hergestellt wurde, und gelangt schließlich in das rechte Kirchenschiff, wo man folgende Werke besichtigen kann: Am ersten Altar *Der hl.Karl hilft armen Leuten* von Creti; am zweiten (Arch.Camillo Rusconi, erste Hälfte des 18.Jh.) das Altarbild und die anderen Gemälde von Marco Antonio Franceschini (1648-1729); das Fresko *Der hl.Petrus empfiehlt Papst Celestino, den hl.Petronius zum Bischof von Bologna zu ernennen* in der kleinen Kuppel, das letzte Werk von Vittorio Bigari (1776); am dritten Altar (Arch.Angelo Venturoli, 1789) *Der hl.Petrus, der den hl.Apollinaris weiht* von Ercole Graziani (1688-1765).

1. Fresken von Prospero Fontana auf dem Gewölbe des Presbyteriums. 2. Die Kreuzigung aus Holz (12.Jh.). 3. Via del Monte: Der Palazzo Boncompagni (16.Jh.). 4. Via Manzoni: Der Hof des Palazzo Ghisilardi Fava (15.Jh.).

Bemerkenswert ist auch die vierte Kapelle. In einer schönen Marmoreinfassung, geschaffen 1906 nach einer Zeichnung von Edoardo Collamarini, bewahrt sie in einem reich verzierten Reliquienbehälter aus dem 15.Jahrhundert die Reliquie der hl.Anna auf, eine Schenkung von 1433 durch Heinrich IV. von England an Nicolò Albergati, den Bischof von Bologna. Die letzte Kapelle beherbergt seit Juni 1992 die große Terrakottagruppe der **Pietà**, ein Werk von Alfonso Lombardi (1497-1537). Sie stammt aus der Krypta, wo sie Kardinal Paleotti 1584 aufstellen ließ.

Rechts der Metropolitankirche beginnt die Via Altabella, wo der **Palast des Erzbischofs** aus dem 13.Jahrhundert steht, was der hohe äußere Portikus gleich verrät.

Im Innenhof beeindruckt die Architektur des Domenico Tibaldi, die den Geist der Gegenreformation atmet, und dessen Umstrukturierung im 16.Jahrhundert in Einklang mit den religiösen Vorschriften der Zeit erfolgte.

Biegt man links in die Via S.Alò ein, erreicht man den **Turm der Familie Prendiparte**, den man auch den *Gekrönten* nennt wegen seines kronenartigen Absatzes.

In der Via del Monte (zweite linke Querstraße der Via dell'Indipendenza) trifft man auf den **Palazzo Boncompagni** (Nr.8), der im Jahre 1545 gebaut wurde und der Überlieferung nach Vignola zugeschrieben wird.

Der horizontale Gleichklang des Sockels ist durch ein eindrucksvolles Portal unterbrochen, das Keller- und Erdgeschoß miteinander verbindet. Die Fenster des Erdgeschosses sind mit doppelten Voluten eingerahmt. Beeindruckend ist der perspektivische Effekt, der durch das Zusammenspiel des eleganten Portals und der Wendeltreppe in der Vorhalle entsteht.

3

MUSEO CIVICO MEDIEVALE E DEL RINASCIMENTO

Das Museum hat seinen Sitz im **Palazzo Ghisilardi-Fava**, in der Via Manzoni 4.

Seit dem Frühjahr 1985 befindet sich das Museum in den Räumen dieses schönen kaufmännischen Palastes, den der Meister Zilio (Egidio) Montanari zwischen 1483 und 1491 für den Großnotar und Kanzler der «Sechszehn» Bartolomeo Ghisilardi errichtete. Das Gebäude wurde 1810 vom Grafen Fava gekauft und ging dann in den Besitz der Gemeinde über. Die Beschädigungen, die der Palast aufgrund unsachgemäßer Nutzung und Umbauten im Laufe der Zeit erlitten hatte, sind durch eine mehr als zehnjährige Restaurierung mit Hilfe modernster wissenschaftlicher Methoden beseitigt worden.

Nachdem die alten baulichen Strukturen wieder zum Vorschein gekommen und erneuert worden waren - wegen seiner Architektur gilt der Palast zusammen mit dem Palazzo Sanuti Bevilacqua (s.S.168) als das ausgereifteste und wunderbarste Beispiel im profanen Bauwesen des 15.Jahrhunderts - wurde auch die Wiederentdeckung und Identifizierung älterer Gebäudeteile möglich, so des *Conoscenti-Turmes* (13.Jh.) und der Ruinen des *Palladiums* (Mauerwerk mit Selenitquadern und Doppelbogen mit Blöcken aus gleichem Material). Dieses war das Schutzheiligtum für die zivile und mi-

4

litärische Macht der Stadt, das sich seit Mitte des 7. Jahrhunderts direkt am nordwestlichen Abschnitt des *Mauerrings aus Selenitgestein* befand (von dem hier beachtliche Überreste zu sehen sind) und im Jahre 1115 zerstört wurde.

Die Sammlungen des Museums, die zwischen 1881 und 1962 in der Mittelalter-Abteilung des Museo Civico aufbewahrt wurden (s.S.88), basieren zum einen auf dem ursprünglichen Kern des Museums von Ferdinando Cospi (1605-1686), zum anderen auf den Werken, die Marsigli im Palazzo Poggi zwischen 1709 und 1712 für das Istituto delle Scienze sammelte und schließlich auf den Bodentafeln und Sarkophagen aufgelöster Kloster, die auf Initiative von Luigi Frati seit 1866 in einer Sammlung zusammengefaßt sind.

Das Museum ergänzen weiterhin alte Stücke von Aldrovandi und Werke des 19. Jahrhunderts aus den Sammlungen von Palagi. Hier ist hauptsächlich die Entwicklung der Bologneser Kunst vom Mittelalter bis zur Renaissance dokumentiert, wobei das Hauptaugenmerk auf den Ausstellungsstücken des Manierismus und der Barockzeit liegt, die einen inhaltlichen Zusammenhang bilden. Gleichzeitig werden die Beziehungen von Bologneser Kunst und Universität mit zeitgenössischen italienischen und ausländischen Werkstätten und Schulen manifestiert.

Vielfältig vertreten sind auch die angewandten Künste (Elfenbein-, Keramik- und Glasarbeiten, Medaillen, Musikinstrumente, Stoffe, Waffen usw.), die einen Querschnitt durch die Zeiten der Stadtrepublik und der Herrschaft der Bentivoglio liefern und die «historischen Sammelleidenschaften» der Bologneser il-

1

lustrieren. Die Erweiterung des Ausstellungsweges unter Einbeziehung des sich anschließenden Palazzo Fava (Eingang Via Manzoni 2) ermöglichte das Projekt der Zusammenlegung der Keramik- und der Musikinstrumentensammlung in fünf Sälen. Diese sind mit Kassettendecken und Fresken der Carraccis (1584) ausgestaltet (bewundernswert sind die mit Geschichten der Europa, dem Sagenkreis der Äneis und den Geschichten um Iason und das Goldene Vlies).

Das gesamte Ausstellungsmaterial wird durch erläuternde Beschriftungen ergänzt. Das rationell gelöste Problem der Proportionen zwischen Museum und architektonisch interessantem Ausstellungsort macht den Palazzo Ghisilardi zu einem der modernsten und eindrucksvollsten Ausstellungswege Italiens.

Erdgeschoß. Saal IV, den Grabmälern der Universitätsgelehrten gewidmet: *Grabmal von Giovanni d'Andrea*, ein Marmorsarkophag des Venezianers Jacopo Lanfrani (1348); *Fragmente des Grabmals von Carlo, Roberto und Riccardo da Saliceto* aus Trachyt von einem anonymen Künstler (1403); *Grabmal von Bartolomeo da Saliceto* aus Marmorgestein von Andrea da Fiesole (1411); bemerkenswert bei all diesen Grabmälern und Bodengrabtafeln ist der außergewöhnliche Naturalismus und der plastische Charakter der in Stein gehauenen Figuren. Die Mitte des Saales beherrschen sieben ungewöhnliche Statuen aus Kalkstein mit Resten der originalen Farbigkeit. Sie gehen auf das Jahr 1390 zurück und stammen aus den Fassadennischen des Palazzo della Mercanzia. Obgleich sie verschiedenen Künstlern zugeschrieben werden, zeigen sie alle den Einfluß des Venezianers Pier Paolo dal-

1. Museo Civico Medievale (Mittelaltermuseum): Straßenkreuze aus dem 12. und 13. Jahrhundert. 2. Das Grabmal von Giovanni di Andrea (1348) von Jacopo Lanfrani. 3. Manno da Siena: Bonifatius VIII. (1301).

e Masegne. Dargestellt sind die **Justiz** (möglicherweise von Masegne selbst) und in sechs Halbplastiken die Schutzheiligen Bolognas: **Dominikus, Petrus, Florian, Ambrosius, Petronius** und **Franziskus**. Saal V, Goldschmiedekunst: Ein *langobardisches Kreuz* aus Goldfolie aus dem 8.Jahrhundert. Saal VI, Ausstellungsstücke unterschiedlicher Herkunft: Ein *Kreuz* auf einer Steinsäule und ein *Kreuz mit dem «Agnus Dei»*, ebenfalls aus Stein, beide aus dem 12.-13.Jh.; eine *bronzene Handwaschschüssel* aus Niedersachsen (13.Jh.); *Gebet im Garten*, eine Elfenbeinschnitzerei aus Norditalien (12.Jh.). Saal VII: *Sockel eines Weihwasserbeckens* mit vier männlichen Figuren von einem Bildhauer der Poebene (13.Jh.); die *Hl.Ursula*, aus Kupfer getrieben (14.Jh.); *Statue von Bonifatius VIII.*, ein einzigartiges Stück, aus Kupfer getrieben auf einer hölzernen Tafel (1301) von Manno Bandini da Siena; die *Kreuzigung*, bemaltes Glas aus dem Ausland (13.Jh.); ein bronzener *Kerzenhalter* mit anthropomorphen Darstellungen aus Niedersachsen (13.Jh.); der *Chormantel des hl.Dominikus* (aus gleichnamiger Wallfahrtskirche), ein englisches Werk aus Flachs und Seide (Anfang 14.Jh.), mit 19 Episoden aus dem Leben Christi und Mariä sowie Figuren von Engeln und Heiligen bestickt.

Kellergeschoß. Saal VIII: *Grabtafel von Filippo Desideri* aus Stein von Arriguzzo Trevisano (1315). Saal IX: Eine *Marmorstatue des hl.Petrus, dem Märtyrer* von Giovanni di Balduccio; der *Stein des Friedens* vom «Meister von Corrado Fogolini», 1322 als Erinnerung an die Beilegung eines Streites zwischen den Studenten der Universität und der Stadt geschaffen. Saal X: *Grabmal von Pietro Cerniti* aus Stein von Roso da Parma (1338); die berühmte *Bodengrabtafel von Domenico Garganelli* aus Kalkstein, farbigem Marmor und Bronze, um 1478 von Francesco del Cossa ausgeführt; *Grabmal von Bonifacio Galluzzi* aus mehrfarbigem, istranischem Stein von Bettino da Bologna (1346); *Statue der Madonna mit Kind*, auch Santa Maria von Bethlehem genannt, aus Marmor (13.Jh.). Saal XI: *Grabmal von Lorenzo Pini* von Paolo di Bonaiuto (1397). Saal XII: Ein massives Marmortriptychon (*Madonna mit Kind, die Hll.Petrus und Georg, Engel* und ein *Heiliger* auf der erhalten gebliebenen Spitze) von Jacopo della Quercia und seinen Schülern (Anfang 15.Jh.); *Figuren der Weihnachtskrippe*, ein Hochrelief aus Marmor von Andrea da Fiesole (1424). Saal XIII: *Bodengrabtafel von Bernardino Zambeccari* aus Stein von Andrea da Fiesole (1424); *Grabtafel von Pietro Canonici* aus bemaltem Stein von Vincenzo Onofri (1502); *Grabmal von Matteo Gandoni* aus der Werkstatt von Agostino di Giovanni und Angelo di Ventura (1330).

Erster Stock. Saal XV, Bronzegegenstände und kleinere Bronzefiguren von der Renaissance bis zur Barockzeit: Das *Modell des Neptun* für den Brunnen des gleichnamigen Platzes von Giambologna (1564); der *Erzengel Michael* von Alessandro Algardi; *Büste von Gregor XIII. Boncompagni* von Alessandro Menganti (1572); *Büste von Gregor XV. Ludovisi*, Gian Lorenzo Bernini zugeschrieben (1621); die kleineren Bronzefiguren *Marsia* und *Die Grablegung Christi* von Andrea Briosco, auch Riccio genannt; ein *Kästchen* mit Reliefs, Severo di Ravenna zugeschrieben (alle Werke 16.Jh.) sowie Skulpturen von Vittoria, Aspetti, Giambologna und Campagna. Säle XVII und XVIII, Hieb- und Stichwaffen sowie Schußwaffen, vorwiegend aus den Sammlungen von Cospi und Marsigli: Ein *geweihter Stoßdegen* aus Stahl und Silber, in Rom für Ludovico Bentivoglio angefertigt (15.Jh.); *Schild mit dem hl.Georg*, eine Zeichnung aus der Werkstatt von Francia, ein auf Holz übertragendes Pergament; *mehrteilige Rüstung für den offenen Kampf* aus Norditalien (1570); *Horn* der Familie Bentivoglio aus der Emilia (15.Jh.); *Degen* mit eingraviertem Wappen der Bentivoglio (ca.1500); *Rundschild* mit eingravierten Verzie-

3

1

2

3

rungen der Mailänder Schule (Ende 16.Jh.); *Veronica*, ein Stuckwerk von Francesco di Simone Ferrucci da Fiesole (15.Jh.). Säle XIX und XX, türkische und andere Waffen: Ein *Paar Tschinken* (leichte Arkebusen) mit dem Wappen der Familie Marsigli aus Schlesien (17.Jh.); *Köcher* für Bogen und Pfeile (17.Jh.). Saal XI, Elfenbein- und Knochenschnitzereien: *Kästchen mit dem Mythos von Pyramus und Thisbe* aus der Werkstatt der Embriachi (15.Jh.); *Triptychon der Madonna mit Kind und Episoden aus dem Leben Christi* aus Frankreich (14.Jh.); *Salzfaß* aus Elfenbein, afroportugiesisch (15.-16.Jh.); *Becken* mit Geschichten von David aus Elfenbein, Hirschhorn und Metall von dem Deutschen J.M.Maucher (17.Jh.). Saal XXII, Glasgegenstände: Ein *Flaschenpaar aus Murano* mit den Wap-

4

pen der Familien Bentivoglio und Sforza (15.Jh.); ein *himmelblauer Kelch*, vergoldet und aus Murano (15.Jh.); ein *Rippenkelch* aus Murano (16.Jh.); ein *Prunkteller* aus Murano (16.Jh.); ein kleiner *Becher* aus geblasenem Filigranglas aus Murano (18.Jh.); ein *Parfümfläschen* mesopotamisch-syrischer Herkunft (13.Jh.).

Die Sammlung der Musikinstrumente, sowie die reichhaltige *Kollektion abendländischer Keramiken* werden in den Räumen des Palazzo Fava ausgestellt, wo die Carraccis herrliche Fresken mit mythologischen Geschichten Homers, Vergils und Flaccos schufen. Die Sammlung abendländischer Keramiken umfaßt etwa 300 Stücke, die die außergewöhnlich vielfältige Produktion vom 13. bis zum 19.Jahrhundert dokumentieren und die aus zahlreichen, mehr oder weniger bedeutenden Werkstätten stammen (Faenza, Ferrara, Imola, Bologna, Urbino, Pesaro, Castel Durante - später Urbinia genannt - Lodi, Venedig, Albisola, Savona, Castelli, Cafaggiolo, Montelupo, Gubbio usw.); unter den ausländischen Stücken sind die spanisch-maurischen (Manises) und die deutschen (Siegburg, Köln, Frechen, Kreussen, Westerwald usw.) hervorzuheben. Besondere Aufmerksamkeit verdienen: Ein *Tintenfaß mit den vier Schutzheiligen von Bologna*, Majolika aus Faenza (15.Jh.); ein *Pokal mit einer Frauenbüste*, die von einem Dolch durchbohrt ist und die Legende «Amore» darstellt, Majolika aus Faenza

5

1. Giovanni di Balduccio: Der hl. Petrus der Märtyrer (13.Jh.). 2. Der «Stein des Friedens» von 1322 (Detail). 3. Francesco del Cossa: Bodengrabtafel von Domenico Garganelli (ca.1478). 4. Bettino da Bologna: Grabmal von Bonifacio Galluzzi (1346). 5. Madonna von Bethlehem (13.Jh.).

1

2

3

(1499); ein *Becher mit Klemens VII., der Karl V. krönt*, Majolika der Casa Pirota aus Faenza (ca.1530); eine *Töpferscheibe mit der Darstellung der Trauer um eine Kriegerin*, Majolika von Baldassarre Manara aus Faenza (1534); *Jesus bei Simon auf einem Becher* von Leocadio Solombrino, Majolika aus Forlì (1564); ein *Apothekengefäß*, das einen bärtigen Alten zeigt, Majolika aus Venedig (ca.1570); eine *Töpferscheibe mit dem Traum von Astiage*, Majolika von Francesco Xanto Avelli aus Urbino (1536); eine weitere *Töpferscheibe mit Adonis und Mirra* von Nicolò Pellipario da Urbino (1525); ein *Teller, der mit der Vorstellung der Jungfrau bemalt ist*, Majolika von Nicolò Pellipario (1532); ein *dreilappiges Becken mit dem Triumph der Galatea* von Fontana aus Urbino (ca.1575); *Bacchus und Silen*, eine Rundplastik aus der Werkstatt «Aldrovandi» Bologna (18.Jh.); interessant ist auch die Steingutabteilung des Reno-Tales (Colle Ameno dei Ghisilieri).

Die *Sammlung von Kodizes und Miniaturen* umfaßt rund 140 Kodizes mit Matrikeln, Satzungen und Choralbücher aus dem 13. bis 15.Jahrhundert, überwiegend aus Bologna: Darunter das berühmte *Stammbuch der Stoffhändler*, eine Bologneser Miniatur von 1411, die das Blühen des «Mercato di Mezzo» (Mittlerer Markt) bezeugt. Die reichhaltige *Medaillensammlung* mit Tausenden Münzen und Medaillen von hohem künstlerischen und historischen Wert dokumentiert hauptsächlich die mehr als hundertjährige Aktivität der Münze von Bologna. Unter den Münzen aus der Zeit der Bentivoglio findet man den berühmten *Testone* von dem Goldschmied und Maler Francia. Aus dem 15.Jahrhundert stammen wertvolle Exemplare von Pisanello und Sperandio.

1. Giambologna: Skizze von Neptun. 2. Jacopo della Quercia: Triptychon. 3. Niccolò Pellipario: Teller mit Adonis und Myrrhe (ca.1575). 4. Schild mit dem hl.Georg, aus der Werkstatt des il Francia. 5. Kirche Madonna di Galliera: Die Fassade (1510).

Im Februar 1988 wurde eine weitere Abteilung (zwei Säle) eingeweiht, die dem Interesse Bolognas an fremden Kulturen gewidmet ist. Die beiden Säle ahmen in Charakter und Atmosphäre jene *Räume der Wunder* nach, die für die Barockzeit typisch waren. Hier findet man rund 350 Kunstwerke, die den berühmtesten Bologneser Sammlungen - von der Cospis bis zu der Palagis - entstammen und italienischer, europäischer, lateinamerikanischer, afrikanischer und asiatischer Herkunft sind.

In dem sich anschließenden neugotischen Bau («*Castellaccio*»), der als Stall nach 1810 errichtet wurde, befindet sich das *Lapidarium des Mittelalters und der Renaissance*. In dieser Sammlung beschrifteter Steintafeln findet man auch eine *Platte zum Pressen von Baumwollpapier*, die *jüdischen Stelen aus der Renaissance* und das umstrittene *Epigraph von Aelia Lelia Crispis*, eine historische und philologische Kuriosität. Daneben sind architektonische und dekorative Fragmente aus der Romanik und späterer Epochen ausgestellt, so z.B. ein *gotisches, zweibogiges Fenster* der Kirche S.Giacomo und ein großes *Wappen der Dalla Rovere* aus Sandstein.

Öffnungszeiten: wochentags von 9.00 - 14.00 Uhr; sonntags von 9.00 - 12.30 Uhr; dienstags und an Feiertagen geschlossen. Tel. 228912.

Kirche S.Maria di Galliera (Via Manzoni 3). Die Kirche existiert seit 1304. Im Jahre 1478 wurde in einer ihrer Arkaden ein Fresko der *Madonna mit Kind* gemalt, dem Wundertaten zugeschrieben wurden.

Zwischen 1479 und 1492 wurde S.Maria di Galliera unter der Leitung des Baumeisters Zilio di Battista Montanari vollständig wieder aufgebaut. Er versah die Seitenwand mit wertvollen Terrakottaornamenten, von denen jene *Büste eines Heiligen* (Sperandio zugeschrieben), umgeben von einem runden Rahmen, noch zu sehen ist.

Im Jahre 1510 wurde die Fassade nach einem Plan von Donato di Gajo da Cernobbio errichtet. Der Schöpfer der heute stark zerstörten Ornamente ist unbekannt.

Papst Gregor XV. (Alessandro Ludovisi aus Bologna) wies die Kirche 1622 der Bruderschaft des Oratoriums zu, dessen Gründer der hl.Filippo Neri war. Die Mönche restaurierten und erweiterten die Kirche im Jahre 1684 nach einem Plan des Architekten Giuseppe Torri.

Eine Kostbarkeit sind die Türklopfer des Hauptportals aus dem 16.Jahrhundert. Im Inneren sind die Gewölbe und die Apsis von Giuseppe Marchesi (1700-

5

1771), auch «Sansone» genannt, ausgestaltet worden. In der ersten Kapelle links wird ein Gemälde von Guercino (*Die Ekstase des hl.Filippo Neri*) ausgestellt, das 1647 angefangen und 1662 mit der *Madonna* vollendet wurde.

Die Skulpturen sind von Angelo Gabriello Piò (1690-1769).

Die Gemälde der zweiten Kapelle malte Francesco Albani (1578-1660), und die Statuen schuf Giovanni Tedeschi (1651).

Die Sakristei ist sehr gut erhalten und beherbergt eine große Anzahl von Gemälden, u.a. ein *Porträt des Filippo Neri* von Zuccari (1593).

In der Hauptkapelle kann man zwei Engel von Giuseppe Mazza (1653-1741) und ein besonderes Ornament von Francesco Galli da Bibiena sehen.

Auf der rechten Seite der Kirche befindet sich das Gemälde *Der hl.Franziskus von Sales mit dem hl.Franziskus von Assisi und die hl.Anna reihen sich um die Jungfrau mit Kind in Herrlichkeit* von Marc'Antonio Franceschini (1648-1729).

Ein weiteres Gebäude von Vignola, der **Palazzo Bocchi** (Nr.16), steht in der Via Goito (dritte Querstraße rechts von der Via dell'Indipendenza). Auf seinem Sockel ist eine Inschrift eingemeißelt, die aus lateinischen Versen des Dichters Horaz und einem jüdischen Bibelzitat besteht. Achille Bocchi errichtete diesen Palast und gründete in ihm im Jahre 1546 die Accademia Ermatena. Er gab auch bei Prospero Fontana jenen Freskenzyklus in Auftrag, von dem nur die Fresken im Gewölbe eines Saales im Erdgeschoß und der auf einem Kamin gemalte Herkules erhalten sind.

Biegt man von der Via Goito rechts in die Via Albiroli ein, kommt man zum mittelalterlichen **Turm Guidozagni**. Wendet man sich hingegen der linken Seite zu, erreicht man die Via Marsala, deren Wohnhäuser zum Teil aus dem 13.Jahrhundert stammen. Eines von ihnen ist der **Palazzo Grassi** (Nr.12), Sitz eines Offizierskasinos, der ein großes spitzbogiges Portal und einen Altan, der von hölzernen Balken getragen wird, besitzt. Die Kapelle wurde 1704 von Ercole Graziani bemalt.

Kehrt man zur Via dell'Indipendenza zurück, kann man nach der Kathedrale die Vorderfront der **Monte di Pietà** (Pfandleihanstalt, Nr.11) betrachten, die 1758 von dem Architekten Marco Bianchini restauriert wurde. Früher wohnten hier die Kanoniker der Kathedrale. Über dem Hauptportal findet man eine Rundplastik der *Pietà*. Der Innenhof mit einer doppelten Loggienanordnung stammt vom Ende des 15.Jahrhunderts.

Gegenüber der Kathedrale steht der **Palazzo dell'ex Seminario** (Palast des ehemaligen Seminars, Nr.8), der jetzt, zusammen mit dem **Palazzo Fava**, Besitz des Grand Hotels Baglioni ist. Letzterer verbirgt in seinem Inneren sechs wunderbar bemalte Säle aus dem 16.Jahrhundert. Drei Freskenzyklen davon werden den Carraccis zugeschrieben: Im großen Saal *Episoden aus dem Leben Iasons*; im kleinen sich anschließenden Raum die *Geschichten der Europa* und ein Raum, der durch die Episoden des 2. und 3. Buches der Äneis inspiriert ist und die *Sagen vom Trojanischen Pferd bis zur Flucht* veranschaulicht.

Das **Teatro dell'Arena del Sole** (Nr.44) wurde 1810 von Carlo Asparri entworfen. Das Vorhandensein des Theaters zeigt, daß dieses Stadtviertel schon in der napoleonischen Zeit, also lange vor der Schaffung der Via dell'Indipendenza, ein reges kulturelles Leben besaß. Die Fassade des Gebäudes sowie sein Inneres wurden 1888 von Gaetano Rubbi vollständig umgebaut. Die Statuen der Fassade sind Werke Alfredo Neris.

Die monumentale **Freitreppe der Montagnola**, die 1896 nach einem Plan von Tito Azzolini und Attilio Muggia vollendet wurde, beschließt mit ihrem Brunnen im Mittelpunkt (Dino Sarti) würdevoll den Straßenzug. Jener Brunnen trägt die Skulptur *Einer nackten Frau mit einem Pferd, die gerade von einem Polypen angegriffen wird*. Die Bologneser nennen sie scherzhaft die «Frau des Giganten». Über die Treppe erreicht man den **Garten der Montagnola**. Die Erhebung des Montagnola (Hügelchen) ist hier entstanden, als das Kastell Galliera niedergerissen wurde. Der Architekt Giovanni B.Martinetti legte hier im Jahre 1806 einen öffentlichen Park an, dessen Pflanzen symmetrisch angeordnet sein sollten. Auch diese Grünanlage wurde zu Zeiten Napoleons als ein Ort öffentlicher Vergnügungen verstanden, wo Ballonflüge, traditio-

nelle Maifeste, Pferderennen oder Stierkämpfe stattfanden. Diesen Garten hat Stendhal in seinem Werk «Rom, Neapel und Florenz» erwähnt. An seiner südlichen Seite schließt sich die **Piazza VIII Agosto** an, ein ehemaliger Marktplatz, dessen Name an den Tag des Jahres 1848 erinnert, an dem die österreichischen Truppen geschlagen wurden. Seit 1251 fand hier jeden Sonnabend des Monats August der große Viehmarkt statt. Auch heute noch treffen sich hier jeden Freitag und Sonnabend Händler aus ganz Bologna und Umgebung zum traditionellen **Markt der Piazzola**, um die verschiedensten Waren feilzubieten. Hier findet man ein breites Angebot an moderner Kleidung, Hausrat und anderem, sowie Antiquitäten, Schmuck und Kurioses auf dem gegenüberliegenden Flohmarkt.

Santuario del Sacro Cuore (Wallfahrtskirche des Heiligen Herzens; Via Matteotti 25). Diese Kirche, die der Erzbischof Kardinal Domenico Svampa 1903 bei dem Architekten Edoardo Collamarini in Auftrag gab, wurde 1912 vollendet und den Salesianern einer nahegelegenen Einrichtung übergeben. Da der Erzbischof bereits fünf Jahre zuvor verstorben war, wurde die Kirche von seinem Nachfolger, dem Kardinal Monsignore Giacomo Della Chiesa, eingeweiht, der zwei Jahre später Papst Benedikt XV. werden sollte.

In dem Gebäude, das nach dem tragischen Einsturz der Kuppel (1929) sofort restauriert wurde, befinden sich folgende Gemälde: *Der hl.Giovanni Bosco* von Augusto Majani (1937); *Die Taufe Christi, Der Durchzug des hl.Joseph* und die *Hll.Theresa und Rita* von Renato Pasqui (1951); die *Heilige Familie* von Alessandro Franchi (1905) und in der Krypta das *Grabmal des Kardinals Svampa.*

Das Bauwerk vereint romanische, gotische und orientalische Elemente zu einem harmonischen Ganzen, wie es für die Architektur des frühen 20.Jahrhunderts üblich war und stellt das bedeutendste Beispiel sakraler Baukunst in Bologna in jener Zeit dar.

GALLERIA COMUNALE D'ARTE MODERNA

Zur **Galleria comunale d'arte moderna**, die im Messegelände in einem modernen Gebäude untergebracht ist, gelangt man, wenn man die Innenstadt durch die Porta Mascarella verläßt und die Richtung der weißen Türme des Dienstleistungszentrums einschlägt. Die Galerie wurde 1975 von der Villa delle Rose hierher verlegt und erhielt den Namen «Giorgio Morandi». Ihr Eingang befindet sich auf der Piazza della Costituzione 3 (Tel. 502264/502859/503277). Das Gebäude wurde von Leone Pancaldi entworfen und ist mit dem *Palazzo della cultura e dei congressi* (Palast für Kultur und Kongresse) verbunden, der 1975 von Melchiorre Bega und Lieuwe Op'Land konstruiert wurde. Die Galerie besteht aus zwei Stockwerken und einem Kellergeschoß mit 2000 m². In jedem Stockwerk gehen von einem zentralen Salon die übrigen Ausstellungsräume

3

ab. Die sehr umfangreiche Gemäldesammlung der Kommune mit über 2000 Werken (Gemälde, Skulpturen, Zeichnungen, Stiche) des 20.Jahrhunderts sollte hier ihren festen Platz in einer *ständigen Ausstellung* erhalten. Dies konnte bisher jedoch nicht verwirklicht werden, da in fast allen Räumen eine Kunstausstellung nach der anderen organisiert wurde.

Die Gemäldesammlung, die die Stadt durch Schenkungen, Hinterlassenschaften und Käufe erworben hat, kann sich mit Werken Bologneser und anderer zeitgenössischer Künstler rühmen, die u.a. signierten: Flavio und Luigi Bertelli, Nino Bertocchi, Umberto Boccioni, Remo Brindisi, Alberto Burri, Carlo Carr, Athos Casarini, Felice Casorati, Carlo Corsi, Adolfo De Carolis, Giorgio De Chirico, Filippo De Pisis, Max Ernst, Virgilio Guidi, Jean Ipousteguy, Carlo Leoni, Norma Mascellani, Sebastian Matta, Luciano Minguzzi, Jackson Pollock, Concetto Pozzati, Alfredo Protti,

1. Montagnola: Die effektvolle Freitreppe (1896). 2. Der «Teich der Schildkröten». 3. Städtische Galerie der Modernen Kunst: Der Eingang.

Bruno Saetti, Pio Semeghini, Ardengo Soffici, Mario Sironi und Graham Sutherland.

Die Galerie ist an Wochentagen sowie an Feiertagen von 8.00 - 20.00 Uhr geöffnet; dienstags bleibt sie geschlossen.

MUSEO - LABORATORIO MACCHINE SCUOLA INDUSTRIA

In der Via S.Bassanelli 9, hinter der Porta Galliera, ist im Istituto tecnico industriale Aldini-Valeriani (Technische Hochschule; Tel. 370367) das Museolaboratorio macchine scuola industria eingerichtet. Es ist eine Sammlung des wissenschaftlich-didaktischen Materials, das in der Hochschule Anwendung findet. Diese Dokumentation entstand nach einer Ausstellung mit gleicher Thematik im Jahre 1980 und umfaßt einen Zeitraum von mehr als zwei Jahrhunderten.

Die Hochschule ging in den Jahren 1877 und 1878 aus dem Kern der schon bestehenden *Bologneser Schule der Technik «Aldini-Valeriani» hervor*, die dank des Erbes von Luigi Valeriani (1828) und Giovanni Aldini (1834) zwischen 1842 und 1844 gegründet werden konnte. Hier sind Modelle von Maschinen, physikalische Experimentiergeräte, Apparaturen für chemische und biologische Versuche und andere Anschauungs- und Arbeitsgegenstände von 1750 bis 1950 aus ganz Europa ausgestellt. Besonders interessant sind die Modelle des Bolognesers Sebastiano Zavaglia (1824-1876) und seiner Mitarbeiter Antonio und Clodoveo Franchini, der Mechanischen Werkstatt Castel Maggiore und anderer europäischer Werkstätten - darunter Clair in Paris und Breguet in Bern - sowie eine beträchtliche Zahl von Ausstellungsstücken aus England.

Das Museum ist montags, dienstags, donnerstags und freitags von 9.00 - 13.00 Uhr und mittwochs und sonnabends von 9.00 - 18.00 Uhr geöffnet; an Feiertagen bleibt es geschlossen.

In der Nähe des Stadttors Porta Galliera wird in der Via Vittorio Bigari 1 seit geraumer Zeit die Eröffnung eines *Verkehrsmuseums* vorbereitet. Es soll die traditionellen Verkehrsmittel von Schiene und Straße aus Bologna und seiner Umgebung zeigen, von den Pferdebahnen und Schienenbussen von einst bis zu den Fahrzeugen unserer Tage.

Weit hinter der Porta Maggiore, die Via Emilia entlang, erreicht man S.Lazzaro di Savena. Hier befindet sich das **Museo Archeologico «Luigi Donini»** (Via Fratelli Canova 51, Tel. 465132), in dem Zeugnisse der lokalen Geschichte von der Urgeschichte bis zum römischen Zeitalter ausgestellt sind.

Nach San Lazzaro führt die Via Emilia zur Ortschaft Cicogna, wo die **Villa Cicogna** (Nr 242-244) aus dem Jahre 1570 steht. Ein Bogengang verleiht der Vorderseite Ausdruck. Er ist mit Temperamalerei versehen, die in einer Darstellung ausmalt, wie der Palast jetzt aussähe, hätte man den ursprünglichen Plan, der vermutlich von Vignola stammt, ausgeführt.

Von der Via Emilia biegt nach einiger Zeit eine Straße rechts ab, die sich durch das Tal des Idice schlängelt und schließlich bei dem Ort Monterenzio anlangt.

MONTERENZIO

In Pianella di Monte Savino, am östlichen Hang des Monte Bibele, wurden 1970 in einer Höhe von 525 m Reste einer Siedlung gefunden. Bedeutende Ausgrabungsarbeiten, die im Jahre 1972 begannen, brachten ein **etruskisch-keltisches Dorf** aus dem 4.-2.Jahrtausend v.Chr. zum Vorschein, das in künstlichen Terrassen angelegt und in *Insulare* aufgeteilt war. Man fand hier Überreste losen Mauerwerks aus Sandsteintafeln, einer großen *Zisterne* für die Wasserversorgung und verschiedene Spuren, die auf einen Fruchtbarkeitskult deuten. Auf dem Gipfel des nahegelegenen Monte Tamburino hat man im Jahre 1979 bei Grabungen eine *Nekropole* entdeckt. Über hundert Gräber hat man inzwischen freigelegt, von denen eines, vermutlich das Grab eines Stammesadligen, mit Tongeschirr und Waffen reich ausgestattet war. Im Zentrum von Monterenzio wurde 1983 das **Museo di Monterenzio e della Valle dell'Idice Luigi Fantini** eröffnet, in dem man alle Funde aus der Umgebung von Monte Bibele und Monte Tamburino zusammengetragen hat. Hier sind u.a. ausgestellt: Hausgeschirr aus Backstein, Spindeln und Spulen, Webstuhlgewichte, Werkzeuge (Hacken, Sensen, Feuerböcke), schwarz bemaltes Geschirr (Schüsseln, Teller, Tassen, Suppenteller, Kantharoi, Skyphoi, Vasen und Phialen), Metallgegenstände (Fibeln, Ringe, Messer), Gläser und Münzen; daneben urgeschichtliche Funde der Bronze- und Eisenzeit sowie Material aus der Zeit der römischen Kolonisation.

Das Museum im Casa della Cultura (Kulturhaus) ist wochentags von 9.00 - 13.00 Uhr, sonnabends und an Feiertagen zusätzlich von 15.00 - 18.00 Uhr geöffnet; montags geschlossen.

1

2

MUSEO STORICO DEL SOLDATINO

Außerhalb der Stadt in Richtung Porta S.Stefano die Via Murri entlang, stößt man auf die Via Toscana, wo sich die **Villa Aldrovandi** (Nr.19) befindet, der jetzige Verwaltungssitz des Bezirkes Savena. Sie wurde von Francesco Tadolini in der zweiten Hälfte des 18.Jahrhunderts im Stil venezianischer Villen von Palladio errichtet, was an den Loggien ersichtlich ist, die das Gebäude halbkreisförmig umgeben. Der interessanteste Teil der Villa ist das kleine Theater mit seinen Rängen, die bemalte Brüstungen begrenzen. Sie werden gestützt durch Karyatiden aus Stuck (Petronio Tadolini), die ihre Hände dem Innenraum entgegenstrecken, als müßten sie jeden Moment eine Girlande oder Lichterkette zur Ausschmückung des Theaters in Empfang nehmen.

Die Villa Aldrovandi, auch «Mazzacorati» genannt, bietet im Erdgeschoß dem **Museo Storico del Soldatino «Mario Massaccesi»** (Historisches Museum des Spielzeugsoldaten) Platz, das nach seinem Gründer benannt ist (Bologna, 1920-1981). Das Museum wurde 1973 im Palazzo Zambeccari an der Piazza Calderini eröffnet und 1991 hierher verlegt. Auf relativ engem Raum werden in Glasvitrinen Tausende Ausstellungsstücke gezeigt, seltene Exemplare von militärischen Modellen, Ausrüstungen für «Kriegsspiele» oder auch Teile von Serien. Vor allem dank der Sammlung von Massaccesi durchläuft man hier fast zwei Jahrhunderte Modellkunst italienischer, deutscher, englischer, französischer, russischer und anderer Herkunft, von den Serien aus Karton des päpstlichen Heeres (um 1820) bis zu denen unserer Tage, in den Materialien der jeweiligen Zeit: Karton, Zinn, Blei, Aluminium, Blech, Gips, Plaste, Hartgummi usw. Zu den ältesten Teilen zählen die von: Adam Schweitzer von 1820, Ammon aus Fürth (1880-1910), Pellerin d'Epinal (1870), Heyde, Lucotte, Mignot, Lineol, Antonini und den Gebrüdern Schneider (1903-1904). Die Ausstellungsstücke sind chronologisch angeordnet.

Das Museum ist sonnabends von 15.00 - 18.30 Uhr sowie sonntags und an Feiertagen von 9.30 - 12.30 Uhr geöffnet. Tel.6234703 (Pförtner der Villa); den Besuch von Schulklassen bitte vorher beim Leiter Ing.Roberto Nannetti anmelden, Tel. 419102.

3

4

5

1. Museum von Monterenzio: Eisenhelm mit Wangenschutz und Bronzezubehör. 2. Hausgeschirr aus Keramik, Grabausstattungen. 3. Museum des Spielzeugsoldaten: Ein Ausstellungssaal. 4. Erik di Pomerania. 5. Sardischer Fahnenträger von 1848 und eine Gußform.

Außerhalb des Stadttores Castiglione biegt man in die Via degli Scalini ein und nimmt den langsamen Anstieg zum Hügel Barbiano hinauf bis zur **Villa Guastavillani** (Nr.16), die von Ottaviano Mascherino entworfen wurde. Von der Villa hat man ein herrliches Panorama auf die Täler der Flüsse Idice und Savena. Das Eingangsportal begrüßt nicht nur jeden Ankömmling, sondern vermittelt auch jedem, der hindurchschaut, einen Eindruck, als sähe er durch ein perspektivisches Fernrohr die wechselnden Farben der Landschaftsfluchten. In der Villa befindet sich ein großer Saal mit Mosaiken, der mit Seemuscheln ausgelegt ist, sowie weitere reich verzierte Säle.

In der Via Marco Emilio Lepido, nach der Porta S.Felice, wurde in der zweiten Hälfte des 18.Jahrhundert das Wohnhaus der Familie Zagnoni errichtet, das man später als **Villa Pallavicini** kannte. Am Giebeldreieck des Gebäudes kann man den Stil von Palladio bemerken. In der Villa befinden sich viele verschiedene Temperagemälde von Vincenzo Martinelli und Petronio Fancelli.

1

2

Im reizvollen Tal des Reno führt die Landstraße «Porrettana» nach Marzabotto. Auf dem Weg dahin kann man an vielen interessanten Orten Rast machen: Die **Schleuse des Reno** aus dem 12.Jahrhundert bei Casalecchio di Reno; das **Mausoleum von Guglielmo Marconi** bei Pontecchio (geschaffen von Marcello Piacentini), in dem der berühmte Erfinder 1941 seine letzte Ruhestätte gefunden hat; die naheliegende **Villa Griffone**, in der Marconi 1895 erste radiotelegrafische Experimente durchführte, und schließlich die romanische **Pfarrei S.Lorenzo di Panico** aus dem 12.-13.Jahrhundert bei Panico.

MARZABOTTO

Im Zentrum von Marzabotto befindet sich die **Ossarium-Gedenkstätte** für die 1830 Einwohner des Dorfes, die im Herbst 1944 von SS-Major Reder auf den Befehl von Kesselring niedergemetzelt wurden.

Marzabotto ist auch für die Überreste einer etruskischen Stadt aus dem 6.-4.Jahrhundert v.Chr. weltbekannt. Sie sind auf einer Terrasse von Schwemmland, dem Pian di Misano, gefunden worden, in dem Gebiet bedeutender Ausgrabungen südlich des Dorfes. Deshalb erhielt die Siedlung den Namen **Misa**. Sie ist die einzige vorrömische Stadt Norditaliens mit rechtwinkliger Anordnung, bei der vier große Hauptstraßen acht Wohnviertel begrenzen. Ein freier Platz im Zentrum (*insula*) bildet die *Agora* oder das *Forum*. Die Fundamente der Häuser bestehen aus einer Verbindung von Kiesel und Kalk. Bei den Ausgrabungsarbeiten, die seit dem 19.Jahrhundert ununterbrochen fortgeführt werden, wurden auch mehrere Öfen für die *Metallschmelze* und das *Brennen* von Tongeschirr entdeckt, sowie eine Nekropole außerhalb des östlichen *Stadttors*. Im Nordwesten, im Park der Villa Aria, ist eine weitere *Nekropole* und die *Akropolis* mit den Überresten von vier heiligen Gebäuden, von Altären (einer mit einem zentralen Brunnen, genannt *mundus*) und ein Aquädukt ans Licht gekommen. Die Ausgrabungen wurden 1831 von den Grafen Giuseppe und Pompeo Aria und von Giovanni Gozzadini und Edoardo Brizio fortgeführt. Seitdem ist das gesamte archäologische Gebiet Staats-

5

6

1. Die Villa Aldrovandi von Francesco Tadolini (18.Jh.). 2. Die Villa Pallavicini (18.Jh.). 3. Pontecchio: Die Villa Griffone (Rückseite). 4. Mausoleum von Guglielmo Marconi (1941). 5. Marzabotto: Die Reste der etruskischen Stadt Misa (Detail). 6. Nekropole im Osten (Detail).

1

2

4

eigentum und die Ausgrabungen werden von der zuständigen Oberintendantur geleitet. Alle Fundstücke sind im **Museo Archeologico Nazionale «Pompeo Aria»** ausgestellt. Die Anordnung der Stücke vermit-

telt dem Besucher ein genaues Bild von der etruskischen Stadt, den religiösen und wirtschaftlichen Tätigkeiten ihrer Einwohner. Hier findet man architektonische Fragmente, etruskische Inschriften, Denkmäler und Grabbeigaben, Skulpturen aus Bronze, Marmor und Backstein, Keramiken, Einrichtungsgegenstände, Werkzeuge, Geschirr usw.

Die Ausgrabungsstätte ist täglich von 8.00 - 19.30 Uhr geöffnet; das Archäologische Museum ist täglich von 9.00 - 12.00 Uhr und von 15.00 - 18.30 Uhr geöffnet, montags geschlossen.

Der Straße «Porrettana» folgend, erreicht man nach der Ortschaft Vergato nach wenigen Kilometern die **Rocchetta Mattei**, ein ungewöhnliches Bauwerk. Cesare Mattei ließ diese phantasievolle Mischung von Stilen in der zweiten Hälfte des vergangenen Jahrhunderts auf den Resten einer mittelalterlichen Burgfeste errichten.

CHIESA DI RIOLA

Der erste Plan der Kirche S.Maria Assunta wurde 1966 vom Architekten Alvar Aalto nach dem Willen des Erzbischofs Kardinal Giacomo Lercaro durchgeführt. Als man den Plan aber der Öffentlichkeit vorstellte, verursachte der Entwurf eine solche Auseinandersetzung, die den Anfang der Arbeiten mehr als fünf Jahre verzögerte.

Als der Bau endlich unter Leitung von Vezio Nava, einem Mitarbeiter des finnischen Meisters, in Angriff genommen und mit den genialen bautechnischen Konstruktionen von Mario Tamburini verwirklicht wurde, hatte man den Plan so verändert, daß die Kirche um eine Spannbreite verkürzt wurde.

Die Arbeiten fanden im Jahre 1978 ihren Abschluß und das Werk versetzte seine Besucher sofort in Erstaunen, wegen der ungewöhnlichen archtektonischen Lösungen die Aalto gewählt hatte beim Einfall des Lichtes, der Anordnung der Räume und der Wahl der Materialien, die sich sehr von seinen früheren Werken unterschieden. Noch heute ist der monumentale Charakter der Kirche beeindruckend, der den lokalen Ideen von einem heiligen Raumes sehr fremd ist.

5

6

7

1. Museo Archeologico Pompeo Aria: Der neue Flügel. 2. und. 3. Ausgestellte Funde in dem Museum. 4. Riola: Die Rocchetta Mattei (19. Jh.). 5. Kirche von Alvar Aalto, 1978 beendet: das sehr helle Kircheninnere. 6. Russische Ikone. 7. Die Kirche von dem Flußbett des Reno aus gesehen.

BOLOGNA

alma mater studiorum

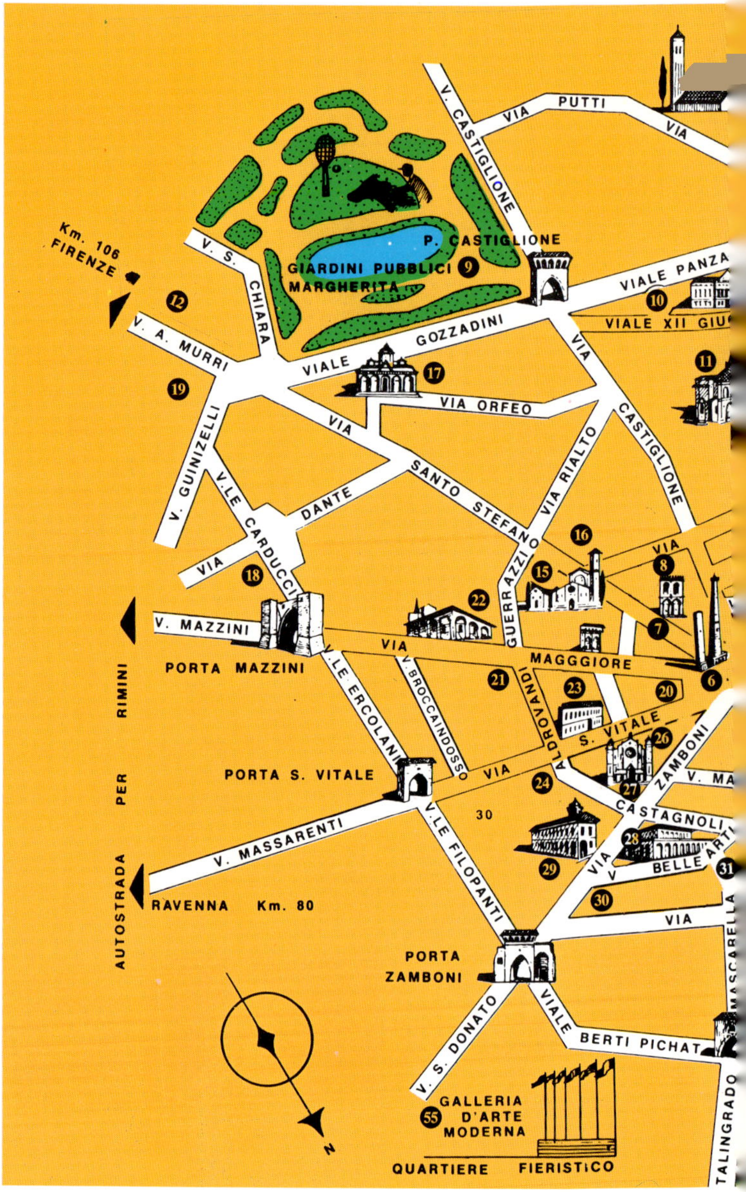

Legende:

1. Palazzo del Comune und Collezioni Comunali d'Arte (Städtische Kunstsammlungen) - Morandi-Museum
2. Palazzo del Podest
3. Basilika S.Petronio
4. Der Neptunbrunnen
5. Palazzo di Re Enzo
6. Die Zwei Türme
7. Palazzo della Mercanzia
8. Palazzo Pepoli antico
9. Der Margherita-Garten und die Kirche S.Maria della Misericordia
10. Palazzo Ruini-Ranuzzi, heute Justizpalast
11. Basilika Santuario di S.Domenico
12. Museo del soldatino
13. Archiginnasio und Museo Civico Archeologico
14. Kirche S.Maria della Vita
15. Basilika S.Stefano
16. Kirche S.Giovanni in Monte
17. Kirche S.Maria del Baraccano
18. Museum und Bibliothek «Carducci» - Museo del Risorgimento
19. Basilika S.Antonio da Padova
20. Basilika Ss.Bartolomeo e Gaetano
21. Palazzo Davia Bargellini - Civico Museo d'Arte Industriale und Galleria Davia Bargellini
22. Basilika S.Maria dei Servi
23. Palazzo Fantuzzi
24. Kirche S.Vitale ed Agricola
25. Palazzo Malvezzi de Medici
26. Konservatorium
27. Kirche S.Giacomo Maggiore
28. Teatro Comunale (Stadttheater)
29. Palazzo Poggi und die Museen der Universität
30. Staatspinakothek
31. Palazzo Bentivoglio
32. Basilika S.Martino
33. Kirche S.Giovanni Battista dei Celestini
34. Archivio di Stato (Staatsarchiv)
35. Palazzo Bevilacqua
36. Kirche S.Procolo
37. Kirche Corpus Domini o «della Santa»

(38) Kirche Ss.Annunziata
(39) Villa Aldini
(40) Kirche S.Michele in Bosco
(41) Kirche S.Salvatore
(42) Palazzo Caprara
(43) Basilika S.Francesco
(44) Villa Spada - Museo Storico Didattico della Tappezzeria
(45) Basilika S.Paolo Maggiore
(46) Collegio di Spagna (Spanisches Internat)
(47) Basilika Santuario della Madonna di S.Luca
(48) Kirche S.Girolamo della Certosa
(49) Basilika S.Maria Maggiore
(50) Kirche S.Giorgio in Poggiale
(51) Kirche Ss.Gregorio e Siro
(52) Kathedrale S.Pietro
(53) Palazzo Ghisilardi-Fava - Museo Civico Medievale e del Rinascimento
(54) Garten «Montagnola»
(55) Städtische Gemäldegalerie für Moderne Kunst
(56) Istituto Tecnico Aldini Valeriani - Museo Laboratorio Macchine Scuola Industria (Werkstattmuseum für Maschinen, Schule und Industrie)

INHALTSVERZEICHNIS

LA FOTOMETALGRAFICA EMILIANA SRL
San Giovanni in Persiceto - Bologna

Ausgedruckt in Italien